CineActive 2

Jukka Halttunen

CINEACTIVE 2

Kustantaja: BoD · Books on Demand GmbH, Helsinki, Suomi
Kirjapaino: Libri Plureos GmbH, Hampuri, Saksa

ISBN: 978-952-80-8578-2

Kannen kuva: Kilyan Sockalingum

Sisällys

JOHDANTO

CineActive on palannut huomattavasti aiemmin kuin ensimmäisen kirjan johdannossa kuvittelin. Näiden kansien välissä on jo toinen kokoelma erilaisia elokuvia paikoitellen hyvin omalaatuisesti arvioituna.

Kuten CineActive 1:n johdannossa myös kerroin, kuuluin kauan sitten kaveriporukkaan, joka harrasti intohimoisesti elokuvia ja alkoi säännöllisin väliajoin kokoontua katsomaan niitä porukalla pitkinä, yli yön kestävinä maratoneina. Tyypillisesti tällainen katseluputki avautui myöhään lauantai-iltapäivänä ja päättyi sunnuntaiaamuna.

Tein tuolloin katselujen ohella myös muistiinpanoja katsotuista elokuvista. Vanhimpien elokuvien arviot tässäkin kirjassa ovat osin poimintoja noista muistiinpanoista, kuten olivat jo ensimmäisessäkin kirjassa. Tämä siis selvennyksenä sille, miksi kirjan alkupuolen tekstit ovat niin paljon hullumpia kuin loppupuolen. Kaikki ovat toki joka tapauksessa perehtymisen arvoisia!

Toisin kuin viimeksi, tämänkertaiseen elokuvakimaraan ei osunut yhtään elokuvaa 1950-luvulta ja 1960-luvultakin vain yksi. Näin ollen sen sijaan, että noilla vuosikymmenillä olisi yhteinen luku kuten viime kerralla, yhdistin 1960-luvun ainoan teoksen 1970-lukuun. Tämä johti aivan erityisen laajaan kokonaisuuteen, koska juuri 1970-luku on tällä kertaa erityisen vahvasti edustettuna.

Jokaisen elokuva-arvion ohessa on tieto käsiteltävän elokuvan viimeisimmästä katselupäivämäärästä sekä tieto katsotusta versiosta: levyn formaatti tai käytetty streaming-palvelu. Lisäksi elokuvista on vakioidusti näkyvillä sen nimi, ohjaaja, pääosien näyttelijät, valmistusmaa(t) ja -vuosi, sekä oma arvioni elokuvasta asteikolla 1 – 10 seuraavalla sivulla näkyvän asteikon mukaisesti.

Elokuvat on aseteltu kirjassa ikäjärjestykseen siten, että aloitetaan vuosikymmenten takaa ja päädytään aivan lopussa kaikkein uusimpiin teoksiin. Jokaisen arvion alussa on infolaatikko ja kuva joko elokuvan julisteesta tai videojulkaisun kannesta, pääsääntöisesti jälkimmäisestä.

Olen myös jälleen käyttänyt arvioiden ohessa arvosteluasteikon perässä näkyviä symboleita tarpeen mukaan.

10	Mestariteos!
9	Loistava
8	Erittäin hyvä
7	Melko hyvä
6	Tyydyttävä
5	Siedettävä
4	Melko huono
3	Erittäin huono
2	Tyrmistyttävän huono
1	Jätettä

 Tämä symboli tarkoittaa, että arviotekstissä on käytetty poliittisesti epäkorrekteja ilmaisuja, joista on mahdollista triggeröityä. Etenkin nuorten lukijoiden kannattaa varoa.

 Tämä symboli tarkoittaa, että arviotekstissä avataan elokuvan tapahtumia niin yksityiskohtaisesti, että se saatetaan kokea spoilaamisena. Jos et ole nähnyt elokuvaa, varo.

Jos hyvin käy, CineActive 3 tulee saataville vuoden 2025 kesään mennessä. Näillä lyhyillä johdantosanoilla, tervetuloa laadukkaiden elokuvien viihdyttävään maailmaan.

1960- JA 1970-LUVUT

ONCE UPON A TIME IN THE WEST

Italia/USA 1968
Ohjaus: Sergio Leone
Pääosissa: Charles Bronson,
Claudia Cardinale, Henry
Fonda
Katsottu: 31.10.2024
Formaatti: 4K Ultra HD

8

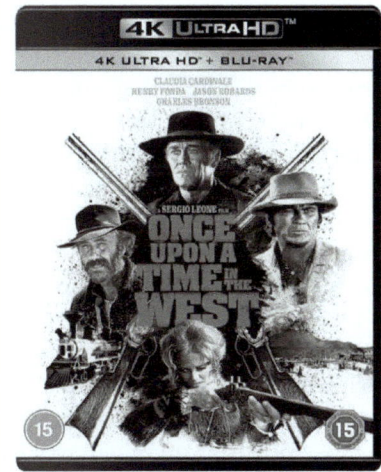

Katsellessani **Sergio Leonen** kenties arvostetuinta lännenelokuvaa *Once Upon a Time in the West* 4K:na, kaiken kaikkiaan noin neljättä kertaa, tulin ensi kertaa ajatelleeksi, että sen suomenkielinen nimi *Huuliharppukostaja* on harhaanjohtava. Se kehystää **Charles Bronsonin** huuliharppua soittelevan Harmonican tarinan päähenkilöksi, mitä tämä ei tarkemmin katsoen ole.

Leonen massiivisessa westernissä ei ole päähenkilöä sanan perinteisessä merkityksessä. Siinä on kyllä neljä keskeistä hahmoa, jotka onkin aseteltu levyn jälleen uudenlaiseen kansikuvaan, mutta se kertoo yhtä lailla heistä kaikista. Kuten elokuvan nimikin vihjaa, se on laaja ajankuva ja tarkastelee kohti Amerikan länsirannikkoa kurottavaa, vähitellen modernisoituvaa yhteiskuntaa usealta kantilta. Keskeisiä henkilöitä on muutama, sivuhenkilöitä paljon lisää.

Once Upon a Time in the West alkaa tilanteesta, jossa kolme yrmeän näköistä pyssysankaria odottelee junan saapumista pienen erämaan laitamilla sijaitsevan kaupungin asemalle. Jakso on äärimmäisen viipyilevä ja tahti verkkainen. Yhden miehistä hätistäessä kiireettömästi kasvoilleen pyrkivää kärpästä pelkästään sitä seurataan yli minuutti. Kun juna vihdoin saapuu, siitä astuu ulos Bronsonin henkilöimä Harmonica. Tulitaistelu menee nopeasti ohi.

2 tunnin ja 46 minuutin huikeaan kokonaispituuteen yltävässä westernissä ei ole varsinaisesti mitään turhaa; tuo pituus on vain seurausta hitaahkosti etenevistä kohtauksista. Ne esittelevät meille

muut keskeiset henkilöhahmot: **Jason Robardsin** *(Johnny Got His Gun,* kts. CineActive 1) ruokkoamattoman, paljolti lain ulkopuolella toimivan pyssymies Cheyennen; **Claudia Cardinalen** leskeksi jääneen kaunotar Jillin, jonka omistukseen on jäänyt arvokas tila; sekä **Henry Fondan** kylmän tappajan, joka haluaa raivata tämän tieltään. Ennen kuin kaikki nämä henkilöhahmot on edes esitelty kunnolla, elokuva on pyörinyt noin 50 minuuttia. Mihinkään ei kuitenkaan tunnu olevan kiire, sillä ajankuva on kiinnostava ja hahmoihin on mukavaa tutustua kaikessa rauhassa.

Once Upon a Time in the West perustuu tarinaan, jonka Leone on laatinut kahden nimekkään ohjaajakollegansa **Dario Argenton** ja **Bernardo Bertoluccin** kanssa. Tuntuu kuin hän käyttäisi jälleen arkkityyppejään *Hyvistä, pahoista ja rumista* (1966, kts. CineActive 1). Vaitelias Bronson on tämän elokuvan **Clint Eastwood,** tummiin asuihin pukeutuva Fonda **Lee Van Cleef** ja Robards siivottomine partoineen **Eli Wallach.**

Taustalla vaikuttavana teemana erottuu sivistyksen väistämätön saapuminen villille rajaseudulle. Sitä symboloi kohti länttä ja siellä siintävää valtamerta kohti rakentuva rautatie, jonka etenemisestä tarinan konfliktit pohjimmiltaan juontuvat. Fondan näyttelemä kylmäsilmäinen Frank tekee hirmutekojaan osittain invalidisoituneen rautatieparonin toimeksiannosta ja palkkalistoilla.

Elokuvan edellisestä katselusta oli kulunut pitkä aika ja muistelin sen olleen noin 7 pinnan arvoinen. Se osoittautui kuitenkin muistikuvia vahvemmaksi ja jätän sen mielihyvin hyllyyn 4K-versiona – siitäkin huolimatta, ettei sen resoluutio näyttänyt kankaalla kovinkaan vakuuttavalta. Suurimman osan ajasta olisin voinut yhtä hyvin katsoa jo omistamaani blu-raytä. Hetkittäin 4K kyllä näytti voimansa myös kuvan tarkkuuden suhteen, mutta suuremman osan aikaa ihailin sen filmimäisyyttä ja värikylläisyyttä.

•

Justine on legendaarisen markiisi **Donatien Alphonse François de Saden** pääteos. Vuonna 1787 valmistunut ja vuonna 1791 julkaistu romaani täynnä sadismia, seksuaalista väkivaltaa, kirkon pilkkaa ja ajoittain pitkiksi venyviä poliittisia liturgioita jotka kuvastavat kirjailijan aatemaail-

JUSTINE DE SADE
Ranska/Italia/Kanada 1972
Ohjaus: Claude Pierson
Pääosissa: Alice Arno, Yves
Arcanel, Michel Bertay
Katsottu: 28.9.2024
Formaatti: DVD

7

maa. Minulla on ollut kirja hyllyssäni jo ennen kuin olin nähnyt
yhtään Justine-elokuvaa.

Niitä nimittäin riittää! Justine-elokuvat ovat kuin Godzilla-eloku-
vat, paitsi että niitä on lukumääräisesti vähemmän. Jossakin vaihees-
sa minun oli pakko paitsi nähdä ne kaikki, myös näyttää ne kavereil-
le. **Chris Bogerin** ohjaama *Cruel Passion* (1977) oli videopaniikin
aikakaudella niistä tunnetuin. Sitä käytettiin esimerkkinä videoiden
aiheuttamasta turmeluksesta. Lisäksi sen nimiosassa oli kuuluisuus,
Britannian prinssi Andrew' kanssa tuolloin heilastellut **Koo Stark**.

Justine-elokuvista periaatteessa laadukkain on puolestaan espan-
jalaisen yhden miehen eksploitaatiotehdas **Jesús Francon** *Justine*
(1969), jonka nimiroolissa nähtiin **Romina Power** ja muissa rooleis-
sa mm. Oscarillakin palkittu **Jack Palance** sekä muuten vain sekoi-
lustaan kuuluisa **Klaus Kinski**.

Mielestäni paras versio Justinen tarinasta on kuitenkin **Claude
Piersonin** ohjaama *Justine de Sade,* joka tavoittaa juuri oikeanlaisen
tasapainon skandaalinkäryisen sisällön ja huumoripitoisen käsittelyn
välillä. Paikoin aika karmeista tapahtumistaan huolimatta elokuva on
suorastaan viihdyttävä ja sen kanssa saa naureskellakin.

Tarinan keskushenkilö on siis Justine (aikansa pehmopornotähti
Alice Arno), joka on jäänyt 1700-luvun lopun Ranskassa orvoksi ei-
kä edes tiedä oikeaa nimeään vaan käyttää sen sijasta nimeä Thérèse.
Elokuvan kehyskertomuksessa hän on juuri löytänyt sisarensa Juliet-

ten (**France Verdier**), josta joutui lapsena eroon, ja kertoo tälle uskomattomia kokemuksiaan takaumina.

Justine on omistanut koko elämänsä hyveille ja kiltteydelle, joten de Saden logiikan mukaan hän siksi kohtaa koko ajan hirveitä vastoinkäymisiä; väkivaltaa, raiskauksia, orjatyötä, perversioita. Juliette on sen sijaan mennyt jo nuorena tyttönä bordelliin töihin ja päässyt paheellisen uran kautta rikkaisiin naimisiin sekä ylipäänsä vauraaseen ja yltäkylläiseen elämään.

Francon elokuvaan verrattuna *Justine de Sade* lähtee kertaamaan romaanin tapahtumia hirmuisella vauhdilla: jo kymmenen minuutin jälkeen Justine on kokenut kovia kolmeen otteeseen. Kaava on koko ajan sama: ensin joku mies löytää hänet heitteiltä ja vie kotiin, sitten paljastuu että tämä onkin joko seksinhimoinen pervertikko tai muuten vain väkivaltainen jolloin Justine kokee ensin kovia ja joutuu sen jälkeen pakenemaan.

Kiivastahtisen alun jälkeen elokuvan vauhti vihdoin rauhoittuu, kun raiskattu Justine jää yksin metsään, jossa hän piileksii pusikossa kun paikalle tulee kaksi homomiestä iloisiin naimapuuhiin. Näistä toinen painautuu puuta vasten toisen työntyessä tähän takaa päin. Penetroivan miehen näyttelijäsuoritus ilmentää todellista kiihkoa.

Kaverusten löydettyä seuraavaksi Justinen tämä päätetään sitoa kiinni raajat levälleen neljän puun väliin. Outoa kyllä, tähän käytettävät narut olivat puiden ympärillä jo valmiiksi odottamassa. *Props department* oli selvästikin vienyt ne sinne ajan säästämiseksi. Tämä kaikki oli kuitenkin vain pelottelua. Justine sai ainakin vähäksi aikaa hyvän kodin rikkaan miehen, hänen homorakastajansa ja ensiksi mainitun vaimon luota.

Uudessa kodissa kuitenkin sattui noloja tilanteita aina kun Justine yllätti isäntänsä homorakastajan seurasta. Yhden tällaisen tilanteen päätteeksi viimeksi mainittu nyppi poistuessaan kirpun Justinen olkapäältä ja vielä hihitti mennessään. Melkoista luonnenäyttelyä.

Kun Justine ei kuitenkaan suostunut myrkyttämään isäntänsä käskystä talon emäntää, vaan tämän sijasta tapettiin innokas pieni koira, olikin tullut aika palauttaa Justine jälleen nyt jo tutuksi käyneeseen metsään odottamaan seuraavaa hyväksikäyttäjää. Tällä kertaa ei kuitenkaan ilman rangaistusta: Justinen kimppuun usutettiin kaksi äkäistä koiraa raapimaan ja puremaan!

Onneksi hänet löysi metsästä verissäpäin oikea kirurgi, joka tutki ja hoiti haavat. Olisiko tässä uusi, turvallinen koti? Vuorossa oli yksi elokuvan keskeisistä kohtauksista, jossa Justine kurkki salaa kirurgin harrastuksia. Tämä astui aluksi huoneeseen kolmen naisen kanssa, hurjan ja mahtipontisen fanfaarin säestyksellä!

Alkoi pirteä ryhmäruoskinta. Yksi naisista kiipesi telineelle, jotta kirurgi saattoi pöyhiä tämän takapuolta samalla kuin ruoski toista. Kolmas seisoi kirurgin takana ja ruoski puolestaan tätä. Ilmeisesti tämä kolmikko oli keksinyt, mikä oli seksissä heidän juttunsa.

Lopulta Justine päätyi etsimään kirurgin kadonnutta tytärtä, joka löytyi kellarin vankisellistä. Tämä oli tarkoitus tappaa! Ennen kuin naiset ehtivät yhdessä paeta, heidät napattiin kiinni, minkä jälkeen siirryttiin tutkimaan tilannetta yläkertaan. Tässä kohden kuultiin pitkät pätkät suoraan de Saden tekstiä: kirurgi perusteli, että koska hän oli antanut elämän tyttärelleen, hänellä oli myös oikeus ottaa se tältä pois.

Justine palasi lopulta tutuksi käyneeseen metsään, jossa käyskenteli lammaslauma. Ei kai lähistöllä vaan sattunut olemaan seksinhimoista lammaspaimenta? Ei näkynyt, sen sijaan Justine kohtasi aivan Monty Pythonin **Michael Palinin** näköisen munkin, joka houkutteli hänet mukanaan luostariin. Siellä varmasti oltaisiin hartaita ja Justine saisi vihdoin olla rauhassa?

Turha toivo! De Sade vihasi aikanaan erityisesti kirkkoa, joten oli selvää, että luostarissa toteutettiin kaikkein inhottavimpia perversioita. Katsoja saattoi ihmetellä enää vain sitä, miksi munkit ylipäänsä käyttivät kaapuja, kun olisi ollut yksinkertaisempaa olla koko ajan alasti. (Ehkä se johtui siitä, että alasti oleminen olisi ollut syntiä?)

Munkeilla oli jo muutamia naisia hallussaan ennestäänkin, ja Justinen testaaminen näiden läsnäollessa päätyi yhteen elokuvahistorian epäeroottisimmista ryhmäseksikohtauksista. Seuraavaksi Justinea uhattiin omituisen näköisellä suipolla laitteella, jossa näytti olevan jonkinlainen mäntä. Oliko se maitopumppu? Vai oliko tarkoitus laittaa hyönteismyrkkyä haaroihin?

Uskonnollinen katsoja olisi varmaan pitänyt seuraavia kohtauksia törkeänä rienauksena. Paavi ei toisaalta ole tätä elokuvaa tiettävästi vielä pannaan julistanut, vaikka se saattaisi toisaalta olla kyllä aiheellista, ihan taiteellisistakin syistä.

Justine onnistui onneksi pakenemaan munkkien luota vain joutuakseen seuraavaksi verta imevän, vampyyrimäisen miehen linnaan. Siellä hän päätyi ensin jälleen kahden homopojan riisumaksi. Näistä toisella oli pinkit ja toisella vaaleansiniset housut.

Äärimmäisen järkyttävässä kohtauksessa vampyyrimies paljasti ensin Justinen takamuksen ja alkoi pöyhiä sitä kädellään, ja otti sen jälkeen toiselle kädelle vertailun vuoksi toisen homomiehistä erittäin karvaisen takapuolen! Tällainen näky saattaa tulla uniin! Seurasi erittäin monimutkainen ryhmäseksikohtaus, jossa oli niin paljon liikkuvia osia, että jos jollakulla olisi mennyt rytmi sekaisin niin siitä olisi seurannut katastrofi.

Justine pakeni jälleen tuttuun metsikköön, jonne hän osui juuri sopivasti pelastamaan miehen kahden maantierosvon kynsistä. Mitä hyvää siitä seuraisi? No mitäpä muuta: mies vei Justinen linnaansa ja alisti hänet pakkotyöhön. Työsopimus, josta ei tosin pahemmin neuvoteltu, saneli että hänen piti pyörittää kolmen muun naisen kanssa suurta väkipyörää kymmenen tuntia päivässä, mistä hän saisi kerran päivässä palkaksi tummaa leipää ja papuja. Kyllä varmaan pierettäisi töitä tehdessä!

Onneksi pakkotyön lomassa oli aikaa myös harrastuksille. Justinen kaapannut mies harrasti runkkaamista hirttoköyden jatkeena ja teki Justinesta apulaisensa tähän hommaan.

Justine de Saden britti-DVD on kohtuullisen hyvälaatuinen. Hiukan ihmetystä herättää kuitenkin kielten vaihtelu elokuvan aikana lennosta. Välillä kuuntelemme englanti-dubbausta, välillä taas ranskankielistä puhetta englanniksi tekstitettynä. Jälkimmäistä olisi ollut mukava kuulla enemmänkin, koska dubbauksesta oli ajoittain vaikea saada kunnolla selvää.

•

Neljän miehen joukko lähtee viikonlopuksi melomaan Georgian pohjoisosissa sijaitsevalle Cahulawasseen joelle ennen kuin sinne rakennetaan pato, joka muuttaa joen suureksi tekojärveksi.

Deliverancen keskushenkilöksi tulisi kasvamaan perheellinen Ed (**Jon Voight**), joka yrittää jo heti tarinan alkuvaiheissa puolustaa porukan pulskinta jäsentä Bobbyä (**Ned Beatty**)

DELIVERANCE
USA 1972
Ohjaus: John Boorman
Pääosissa: Jon Voight, Burt
Reynolds, Ned Beatty
Katsottu: 1.2.2008
Formaatti: Blu-ray

8

machomies Lewisin (**Burt Reynolds**) soimauksia vastaan kertoen
tämän olevan hyvin arvostettu vakuutusalalla. Lewis ei näyttänyt va-
kuuttuneelta, mutta katsoja tietenkin arvasi Bobbyllä olevan anaali-
raiskausvakuutuskin, eli hän varmastikin saisi tämän elokuvan jäl-
keen koko porukan parhaat korvaukset.

Perillä! Nyt pitäisi vain enää löytää sopivat, luotettavat autokuskit
ajamaan porukan autot Aintryyn (lausutaan melkein kuten kirjoite-
taan, mutta hillbillymäisemmin), jonne suunniteltu melontamatka
päättyisi.

Heti kun ensimmäinen potentiaalinen autokuski alkoi näyttää
paikallisten tiukkaa asennetta, Ed näytti haluavan lähteä takaisin
kaupunkiin golfaamaan. Lewis selitti tälle kuitenkin, että joukko oli
menossa joelle melomaan. Miksi haluatte mennä sinne? kysyi paikal-
linen mies. Koska se on siellä, vastasi Lewis. Tämä taitaakin olla
aidosti eksistentialistinen elokuva.

Autoasiat saatiin lopulta sovittua ja seuraavaksi päästiin jo mat-
kaan. Ensin siirretään autot sopivaan melontaretken lähtöpaikkaan
ja sitten annetaan ne palkatuille kuskeille siirrettäväksi Aintryyn.
Miksi ajat niin lujaa, kysyi joku seurueesta Lewisiltä. Koska se on
siellä, oli varmaankin loogisin, eksistentialistinen vastaus.

Duelling banjos -osuuden sankari oli vuorostaan seurueen neljäs
jäsen Drew (**Ronny Cox**), joka sai paikallisen, down-syndroomaisen

nuorukaisen soittamaan paremmin kuin kukaan koskaan. Piakkoin tämän jälkeen alkoikin sitten rajunpuoleinen koskenlasku. Tultiin ensimmäiseen todella isoon koskeen. Jos vene kaatuu, niin pitäkää melasta kiinni, muistutti miehekäs Lewis kokemattomampia kavereitaan. Mitähän apua siitä mahtaa olla? Kun koskenlaskusta oli yllättäen selvitty hengissä, totesi Bobby, että se oli toiseksi parasta mitä hän oli kokenut. Paras onkin vasta tulossa, saattoi elokuvan jo aiemmin nähnyt katsoja arvata.

Hetkeä myöhemmin Lewis siirtyi taas filosofiseen moodiin. Joskus tämä systeemi pettää, hän haaveili. Silloin tietokoneista ei olisi enää hyötyä, vaan vahvimmat selviäisivät. Kaiketi mies kuvitteli olevansa itse yksi näistä vahvimmista.

Ensimmäinen yö villissä erämaassa päättyi kauniiseen aamutunnelmaan. Ed heräsi ensimmäisenä huomaamaan, että joku oli pystyttänyt keskelle leiripaikkaa toteemin. Sillä ei ollut päätä! Lewis ei ollut vielä herännyt. Näki varmaankin haaveunta systeemin pettämisestä.

Ed lähti metsälle. Näytti siltä, että hänen yrittäessään ampua peuraa jousipyssyllä hänellä oli käytössään samanlaisia nuolia kuin Rambolla. Toivottavasti ei sentään räjähtäviä kuten kakkososassa, ettei tule välittömästi liekitettyä bambia.

Retken toisen päivän melomisen aluksi kuvassa näkyi taustalla erittäin jyrkkä kallioputous. Siitäkö ne olivat tulleet alas? Varmaan vielä kaljamuki kourassa. Lopulta elokuvan ensimmäinen seksikohtaus alkoi lähestyä, kun kaksi metsäläistä ilmestyi yhtäkkiä flirttailemaan kahdestaan jääneiden Bobbyn ja Edin kanssa. Toinen miehistä katsoi erityisen tiukasti Bobbyä, ikään kuin riisuen tätä katseellaan.

Panotouhujen katselu sai katsojan miettimään oliko näyttelijän työ näihin aikoihin kovin kivaa. Tuohon aikaan nämä eivät kaiketi valittaneet turhasta. Bobby näytti haluavan maksaa potut pottuina sen jälkeen kun hänen raiskaajansa oli ammuttu. No niin, laitahan nyt ne housut jalkaan, ei me olla mitään nekrofiilejä, muut näyttivät ajattelevan. Estelyistä huolimatta Bobby yritti kuitenkin hetken päästä hyökätä ruumiin kimppuun vielä uudestaan. Ei kannattaisi, ei se ole enää lämmin, ja pitää odottaa ainakin pari viikkoa ennen kuin se on taas liukas.

Drew ei osannut suhtautua siihen, että raiskaavat metsäläiset vain haudattiin alueelle, joka jäisi pian tekojärven alle. Hänestä olisi pitänyt ilmoittaa tapahtuneesta virkavallalle. Riskinä tosin olisi, että nämä olisivat olleet haudattujen läheisiä sukulaisia. Oli miten oli, Drew ei enää suostunut puhumaan muille.

Sitten äkkiä karkuun! Yhden erityisen hurjan koskenlaskun jälkeen Lewisin reiteen oli ilmaantunut ilkeän näköinen möykky luuta ja lihaa. Nyt mun taskussa ollut broileri on ihan paskana, tämän saattoi arvata manailevan.

Kaikki näytti olevan mennyttä, kun Lewisin rampautumisen lisäksi myös Drew heitti henkensä ja valui koskeen. Nyt olisi oikea hetki ottaa vakuutus kaikille! Jäljelle jääneet tulivat siihen tulokseen, että jonkun oli täytynyt ampua Drew ja ainoa keino selvitä uhkaavasta tilanteesta olisi kiivetä ylös jyrkkää kalliorinnettä ja eliminoida siellä vaaniva ampuja.

Ed kiipesi siis rinnettä ylös ja joi matkalla ylhäältä valuvaa vettä. Toivottavasti ampuja ei ole kusella siellä ylhäällä... Ja kyllähän kallion laelta tosiaan löytyi metsäläinen kiväärin kanssa. Miten ihmeessä Ed onnistui ampumaan itseään nuolella samalla kun ampui metsäläisen? Pienen miettimisen jälkeen oli helppo päätellä, että jos meikäläinen lähtisi jousipyssyn kanssa metsään niin kävisi varmaan ihan samalla tavalla.

Oli miten oli, kyseessä oli joka tapauksessa sankarimme Edin ihan ensimmäinen kaato, jonka äärellä tulikin sitten vietettyä herkkä hetki. Ensimmäisen kaadon vertahan pitäisi juoda. Kavereille olisi tosin varmaan myöhemmin hankala selittää, että minkä pää sulla oikein on tuolla seinällä.

Ed yritti parhaansa saadakseen ampumansa metsäläisen ruumiin raahattua mukanaan todistusaineistoksi, mutta liukastui ja putosi jokeen ruumiineen ja köysineen. Enää puuttuisi, että tämä sotkeutuisi molempiin ja hukkuisi. Bobbykin katsoi tilannetta sivusta: ei saatana, tuon kanssa mä en lähde enää metsälle ollenkaan.

Kun päästiin vihdoin uudelleen liikkeelle, Drew löydettiin joesta parin ison kiven välistä käsi luonnottoman näköisesti niskan takana vinossa. Jossakin vanhassa tv-show'ssa Ronny Coxia oli pyydetty näyttämään miten hän oikein tuon teki, ja hän oli pystynyt venäyttämään sen tuolla tavalla yhä edelleen. 1970-luvun alussa kyseinen taito lienee ollut vaatimus tähän rooliin.

Sen ihan viimeisen koskenlaskun jälkeen tultiin parin todella karsean näköisen autonromun koristamaan poukamaan. Siinä on meidän autot, innostui katsoja. Ei kun ne olivatkin vaan Aintryn asukkien hylkyjä. Paikka näytti aika karmealta hökkeliasumusten sarjalta.

Lopulta saavuttiin taloon, joka näytti paikalliselta viiden tähden hotellilta. Toivottavasti sitä ei oltu rakennettu helvetin sisäänkäynnin päälle. Yhden seitsemästä. Pelastumisen jälkeen Ed alkoi vollottaa illallispöydässä. Mä en enää kestä tätä! Ei enää papuja tälle herralle, muut näyttivät ajattelevan.

Sillä välin Lewis oli päässyt lääkärin hoitoon. Varokaa kun menette katsomaan häntä, lääkäri varoitteli, hän saattaa menettää jalkansa. Ja saattaa täkäläisellä sairaanhoidolla menettää sen toisenkin jalan. Varsinkin jos on metsäläisten lanko sairaanhoitajana.

Lopussa kuviin ilmestyi myös elokuvan pohjana olleen kirjan (jonka olen myös lukenut) kirjoittanut **James Dickey** paikallisen sheriffin cameo-roolissa. Hän ei halunnut nostaa asiasta skandaalia, vaan totesi lyhyesti: *"I want this town to die peacefully"*. Painamme tämän kommentin mieleen ja palaamme siihen piakkoin.

THE GIRL TRADERS
Sveitsi 1972
Ohjaus: Erwin C. Dietrich
Pääosissa: Peter Baumgartner,
Rena Bergen, Raphael Britten
Katsottu: 16.6.2024
Formaatti: DVD

7

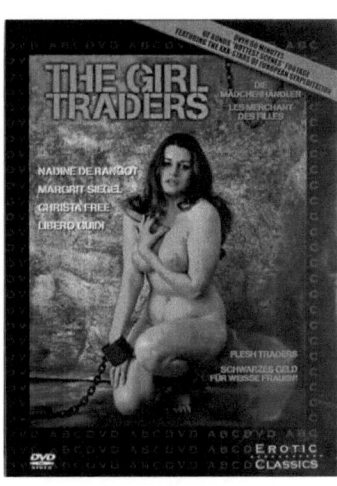

Yksi 1970-luvun alun hauskimmista sveitsiläisistä elokuvista, *Die Mädchenhändler* tunnetaan useilla englanninkielisillä nimillä, kuten *White Slavers, Penthouse Playgirls* ja *The Girl Traders*. Käytän viimeksi mainittua nimeä, koska se lukee katsomani DVD:n kannessa. Ohjaaja on Sveitsin

lahja maailmalle, roska-auteur **Erwin C. Dietrich**, jonka hellyttävistä, pikkutuhmista teoksista on vaikea olla pitämättä.

Käsitellään kohta myös toinen hänen klassikoistaan, *Eine Armee Gretchen* (1973), joka kuvaa saksalaisten naisten kokemuksia toisen maailmansodan rintamalla. Tuo elokuva minulla on peräti blu-raynä. Mutta ensin vuotta vanhempi *The Girl Traders,* jonka varoittelee nuoria naisia valkoisen orjakaupan vaaroista. Siitä hyllyssäni on pelkkä DVD.

Jutun ideana on, että hassun kömpelö rikollisorganisaatio toimii Sveitsissä ja houkuttelee nuoria naisia ottamaan osaa järjestämiinsä tissien kauneuskilpailuihin. Niiden voittajat huumataan ja myydään arabisheikkien haaremeihin. Toiminta vaikuttaa varsin tuottavalta, minkä näkee jo girl traderien pääkonttorin kalliista mosaiikkikaakeloinnista.

Heti elokuvan aluksi katsojalle näytetään mikä on homman nimi, kun mieskaksikko kaappaa hissiin matkalla olleen kauniin naisen ja huumaa tämän kloroformilla. Seuraavaksi tiedoton uhri kannetaan selliin, sidotaan hyvin löyhästi vuoteeseen ja riisutaan alastomaksi.

Dietrich ei kuitenkaan tyydy pelkkään naiskauneuteen. Seuraavaksi nimittäin katselemme uuvuttavan pitkään miten orjakauppiaiden lihava ja karvainen pomo riisuutuu alastomaksi ja käy suihkussa. *Male frontal nudity* on täysin häpeämätöntä. Elokuva on selvästi suunnattu molemmille, tai nykyään kai pitäisi sanoa kaikille sukupuolille.

Pomo menee saunaan, jossa loikoilee jo ennestään pari hänen miespuolista alaistaan sekä yksi nainen. Toinen miehistä on aivan erityisen karvainen ja hiveleekin siksi itseään koko kohtauksen ajan. Saunakohtaus kuvattiin varmaan elokuvaan ihan ensimmäisenä. Sen jälkeen tämä porukka hitsautui tiimiksi!

Meidät viedään yökerhoon, jonka svengaavan tunnelman katkaisee yhtäkkiä mutapainiesitys. Satunnainen, aluksi vähän vastusteleva nainen valitaan ottamaan erä meksikolaiseksi Santoksi pukeutunutta miestä vastaan. Nainen vastustelee ensin, mutta myöntyy sitten ja riisuutuu saman tien alasti kaikkien edessä. Kohtaus menee heittämällä elokuvahistoriaan, tai siis ainakin sveitsiläisen elokuvan historiaan.

Tästä eteenpäinkin kävi niin, että aina kun kuka hyvänsä nainen tuli kuvaan, tämä riisuutui välittömästi alastomaksi. Näin kävi saman tien, kun siirryttiin ennalta tuntemattoman naisen kanssa ennen näkemättömään huoneistoon, jossa tämä luki riisuuduttuaan lehdestä girl traderien tissikauneuskilpailusta ja ajatteli heti, että hänellä olisi erinomaiset mahdollisuudet pärjätä siinä.

Yllättäen äsken mutapainiin osaa ottanut nainen tuli samaan huoneeseen peseytymään suihkussa. Myös hänelle luettiin ääneen sama ilmoitus: tissien kauneuskilpailun voittajalle (Miss Bosom) olisi tiedossa ihka aito *screen test in Hollywood!*

Seuraavassa kohtauksessa baaritiskillä huomattiin Sveitsin olevan niin korkealla merenpinnasta, että siellä viiksetkin kasvavat ylöspäin. Viiksimies kertoi baaria hoitavalle kaunottarelle, että hänenkin kannattaisi ottaa osaa Miss Bosom -kilpailuun. *"Who has the most beautiful bosom in the world?"* Tällä menolla kilpailuun tulisi runsauden pulaa, kun lähes kaikki sveitsiläiset naiset olisi kutsuttu mukaan.

Sitten päästiinkin jo itse kilpailuun. *"May the most beautiful bosom win!"* Kilpailijat tulivat lavalle siveästi pikkuhousuissa mutta rinnat tietenkin paljaina. Kaikkien kilpailijoiden valkoiset, pitsikoristellut pikkuhousut olivat täysin identtiset, ettei kukaan saisi kisassa epäreilua etua. Jännää oli kuin euroviisuissa!

Yksi kerrallaan esiteltävistä kilpailijoista numeroilla 4 ja 5 näytti lisäksi olevan sama peruukki. Kisan juontaja julisti esittelykierroksen lopuksi rakastavansa kaikkia kilpailijoita. Olipa hän todella empaattinen! Ja onneksi lopussa kaikki kymmenen kilpailijaa nähtiin lavalla yhtä aikaa rivissä, joten varmistui että heistä kaikilla oli tosiaan omat pikkuhousut yllään sen sijaan, että jakoivat yhtä paria. Kaikkien tisseistä näytettiin vielä lähikuvaa ennen kuin tuomarit vetäytyivät miettimään.

Kyseessä ei selvästikään ollut tissien suuruuskilpailu, koska hyvin pienirintainen kilpailija numero 6 voitti: hän oli Margaret from Liverpool. Taisi kyllä olla tuomaripeliä. Eikö edes häntä itseään yhtään epäilyttänyt se, että hän voitti tuon kisan? Ilmeisesti ei, sillä Margaret vain tuuletti voittoaan. Mun voittajatissit! *"Three most beautiful bosoms in the world",* julisti juontaja kolmen kärjen seisoessa rinnakkain lavalla.

Kilpailun jälkeen Margaret allekirjoitti tarvittavat sopimukset Berliinin Hiltonin penthousessa, jonka vieressä oli kätevästi Swissairin toimisto. Hänelle tarjoiltiin seuraavaksi samppanjaa, eikä häntä edes epäilyttänyt se että samppanjapullo oli jo etukäteen avattu (ja tyrmäystipat siis sujautettu sinne). Kun Margaret hetken päästä jäi yksin penthouseen, hän tietenkin riisuutui välittömästi alastomaksi,

kuten kaikki muutkin elokuvan naishahmot. Sitten tipat jo vaikutti-
vatkin ja taju meni kankaalle.

Margaret vietiin heti sen jälkeen omaan selliinsä. Kätevää, että
hän oli valmiiksi alasti. Ilmeisesti kilpailun järjestäjät olivat arvioi-
neet, että juuri Margaretista saisi parhaan hinnan girl treidauksessa.
Jälleen tajutonta naista kantoi kaksi miestä. Jälkiäänitys oli mitä
sattuu: Margaretin tyrmään vieneet miehet keskustelivat elokuvan
ääniraidalla koko ajan ilman että kummankaan suut liikkuivat.

Girl traderien johtaja saattoi tarkkailla Margaretia sellissään suo-
raan omalla pöydällään seisovasta monitorista. Treidattavia tyttöjä
kaapattiin myös keskellä kirkasta päitää syrjäisellä tiellä, aseilla uha-
ten suoraan autosta. Sitten näiden piti riisuutua pikkuhousuja lukuun
ottamatta. Kohtauksen taustalla kukkui sveitsiläinen käki. Kaapatut
naiset vietiin päämajaan, jossa näiden haluttiin sekstailevan keske-
nään pomon työhuoneen matolla! Kuinka joku voi keksiä jotakin
tällaista?

Välillä nähtiin, miten treidattu girl pääsi uuden omistajansa luok-
se jonnekin Arabian niemimaalle. Kun tämä alkoi lähennellä, nainen
totesi vain kylmän rauhallisesti: *"Let's get it over with"*. Seurannut peh-
moseksikohtaus oli varmaan yksi elokuvahistorian flegmaattisimmis-
ta. Nainen taisi nukahtaa sen aikana. Seuraavana vuorossa ollut mies
oli sitten vastaavasti kiihkeämpi. Väliin leikattiin paikallisväritykseksi
hauskoja second unitin ottamia kuvia kameleista.

Huumattujen naisten kantajat innostuivat vähän liikaa ja menivät
omin päin Margaretin selliin voidakseen sitoa tämän vuoteeseen ja
käyttää tätä sen jälkeen. Outoa kyllä, he eivät muistaneet että pomol-
la oli näköyhteys selliin. Tämä tulikin aika nopeasti ase kädessä aja-
maan miehet pois sieltä ja antamaan näille saman tien potkut ilman
irtisanomisaikaa.

Seuraavaksi nähtiin jälleen yksi koominen kaksikko vaanimassa
uutta uhria, joka tietenkin heti riisuutui alastomaksi kameran edessä
ja meni nukkumaan. Sitten tämä kannettiin täysin näkyvästi kadulle
ja tajuttomana paareilla pakettiautoon ja vietiin pois. Ihan normaalia
toimintaa Sveitsissä, tätä tapahtuu koko ajan. Hajaantukaa, täällä ei
ole mitään nähtävää.

Takaisin girl traderien päämajaan, jossa heidän pomonsa alkoi
yhtäkkiä panna naispuolista kollegaansa oman työhuoneensa matol-
la, sillä samalla jolla olivat aiemmin sekstailleet autoajelultaan kaapa-

tut naiset. Tämä kohtaus oli kyllä taas romanttisinta, mitä on nähty aikoihin. Mahdollisesti jopa kauneinta, mitä on koskaan kuvattu. Elokuva voisi itse asiassa jatkua tällaisena tajunnanvirtana vielä vaikka kymmenen tuntia, miksi tämä pitäisi lopettaa? Ellei sitten humanitäärisistä syistä.

Seuraavaksi girl traderit siirtyivät meren rannikolle, jossa he saalistivat moottoriveneellä uimapatjalla täysin alasti kelluvaa naista. Ja kyllähän tämä oli totta kai mahdollista kaapata patjaltaan ilman että kukaan huomasi. Sieppauksen jäljiltä huonovointiselle naiselle annettiin veneessä suusta suuhun tekohengitystä.

Ainoa naispuolinen girl trader meni seksikkäässä nahka-asussa kiusaamaan kahleissa roikkuvaa naikkosta, kutitellen tätä riikinkukon sulalla. *"You've got to enjoy this!"* Seuraavaksi hän riisuutui itsekin alasti ja alkoi suudella kiihkeästi kahlittua uhriaan. Pomo katsoi tilannetta omasta monitoristaan ja naureskeli.

Aletaan olla jo elokuvan loppupuolella. Vuorossa oli pitkä jakso, jossa naiset hakivat odotushuoneessa istuvia miehiä panolle. Heillä oli sitä tehdessään yllään vain sukkanauhaliivi, pitkät sukat ja korkkarit. Jonkinlainen ilotalo siis! Yksi asiakas nähtiin todella kiihkeässä kuusysissä. Seuraavaa tuli hakemaan itse Miss Bosom -kilailun voittaja Margaret, eli hän ei ollutkaan joutunut arabien maille! Hän ahdisti asiakkaansa tuuletinta vasten siten, että tämän hiuksista leikkautui pälvikalju keskelle päätä. Aika julmaa!

Seuraava asiakas halusi kuvata omat touhunsa, joten tämä kokosi hassun musiikin säestyksellä tripodin sängyn päätyyn. Seurasi sarja hassuja poseerauksia koomisen musiikin säestyksellä. Pian tämän jälkeen elokuva yhtäkkiä päättyi, kun ainoa naispuolinen girl trader hieroi pomoa ja mietti ääneen: entä jos poliisi pääsee meidän jäljille? Pomo piti tätä kiristyksenä, mutta suostui kuitenkin siihen, että lähdettiin lentokoneella Meksikoon. Onnellinen, vaikkakin todella äkillinen loppu! Viimeisessä kuvassa nähtiin pakokoneen nousu.

•

Night of the Lepus on jättikokoisista tappajajäniksistä kertova eräänlainen tieteiskauhuelokuva, jota on esitetty mm. TNT-kanavalla sen *not to be missed* -elokuvien sarjassa. Vai olikohan se sittenkin *not to be not missed.* Oli miten hyvänsä, heti

NIGHT OF THE LEPUS

USA 1972
Ohjaus: William F. Claxton
Pääosissa: Stuart Whitman,
Janet Leigh, Rory Calhoun
Katsottu: 27.6.2024
Formaatti: Blu-ray

6

elokuvan aluksi tunnelma viritettiin oikeanlaiseksi näyttämällä kuvia jäniksistä (jäljempänä: lepus), jotka juoksivat täyttä vauhtia päin verkkoaitaa ja pomppasivat sitten koomisesti takaisin. Aikamoisia hirviöitä. Hiukan alkoi jo pelottaa!

Stuart Whitmanin näyttelemä tutkija Roy oli juuri mielipuuhassaan, keräämässä Arizonan erämaassa lepakoita häkkiin vaimonsa (**Janet Leigh**) ja suunnilleen 10-vuotiaan tyttärensä Amandan kanssa, kun hänet yllättäen kutsuttiin selvittelemään paikallista lepusongelmaa. Mies ehdotti ratkaisuksi hormoneja, kaiketi koska hänellä sattui olemaan niitä käsillä. Kun sinulla on vasara, kaikki näyttää nauloilta.

Vain hetkeä myöhemmin pahin tapahtui: lepus puri miestä! Muuttuisiko tämä yöllä lepukseksi? Ainakin tämä oli ensimmäinen muistutus lepuksien väkivaltaisista taipumuksista ihmisiä kohtaan.

Amanda tykkäsi kovasti lepuksista ja alkoi vanhempiensa selän takana sotkea tutkimuksia siirtämällä hormoneilla pumpatun suosikkiyksilönsä kontrolliryhmäläisten häkkiin, jotta sen henki säästyisi. Seuraavaksi tyttö jo pyysikin sitä lemmikikseen, mistä kuitenkin seurasi vain se, että se pääsi pakoon. Katastrofin ainekset alkavat siis olla kasassa, kun yksi hormonilepus on päässyt luontoon.

Hiukan epäselväksi tosin tässä kohtaa jäi, mitä haittaa Amandan karkuun päästämästä hormonilepuksesta voisi olla, koska eihän se pystyisi mitenkään lisääntymään paisuttuaan liian isoksi voidakseen paritella tavallisten lepuksien kanssa. Vai risteytyisikö se kenties hevosten kanssa? Siitä voisi saada ihan oman kauhuelokuvansa.

Seurasi kauhea kohtaus, jossa palava lepus joksi kirkuen ulos pensaspalosta. Tässä elokuvassa ei eläimiä välttämättä kohdeltu hellävaroen. Aiemmin oli jo nähty kuvia koelepusten raatojen heittelystä roskapönttöihin. Maanalaisessa kaivostunnelissa, johon Amanda meni seuraavaksi, nähtiin ensi kertaa todella iso lepus. Kysyisiköhän hän siltä, miksi sillä on niin isot korvat.

Mitä tarkoitti, että lepusten jäljiltä löydetyt uhrit olivat *horribly mutilated?* Voiko siis olla mahdollista, että ruumis olisi myös *beautifully mutilated?* Koska Janet Leigh oli *Psykosta* kuuluisa, hän oli koko ajan mukana tutkimuksissa, mutta ei tehnyt mitään muuta kuin katsoi miesten touhuja vierestä näyttäen pelästyneeltä.

Yhdessä elokuvan hauskimmista kohtauksista kokoonnuttiin keskellä erämaata olevan aukon ympärille kuulostelemaan, oliko kyseessä lepusten käytävän suuaukko. Kun aukosta pudotettiin sisään yksi ainoa kivi, alkoi maan alla kauhea meteli. Lepukset ryhtyivät selvästikin heti kiistelemään siitä, kuka pudotti kiven.

Päätettiin sitten räjäyttäen romahduttaa koko kaivoskäytävä, joka näytti olevan lepusten pesäpaikka. Henkilöhahmojen mielestä sieltä löytyi tuhansittain valtavia lepuksia, kuvissa niitä tosin näkyi vain tusina. "Ne ovat yhtä isoja kuin sudet! Ja yhtä ilkeän näköisiä!"

Yöllisissä kauhukohtauksissa lauma isoja lepuksia laukkasi verenhimoisena ihmisuhrien toivossa. Juoksukuvat esitettiin hidastettuina, tai sitten vain näytti siltä, koska lepukset olivat niin hirmuisen isoja. Ne yritettiin esittää pelottavina, mutta vaikea niitä oli ottaa vakavasti. Seurasi verilöyly hevoshaassa. Nämä puput eivät todellakaan syö enää vihanneksia!

Nähtiin piiritystilanne, joka alkoi lepusten saapuessa juuri niin kuin melkein kaikki vaaralliset tilanteet Arizonassa ylipäänsä: mies menee, ottaa kiväärin käteensä ja marssii määrätietoisen näköisenä ulos. Meillä on täällä kuulkaa aseita! Niillä ratkaistaan ongelmat.

Maatalon kellariin linnoittautunut joukko toi hakematta mieleen *Night of the Living Deadin* piiritystilanteen, missä osaltaan auttoi lepusten liikkumista yössä kuvaavien jaksojen psykedeelinen, matala, sykkivä äänitausta. Se toi mieleen tuon vanhemman elokuvan ne jaksot, joissa näytettiin ihmissyöntiä yksityiskohtaisesti.

Ja eihän siinä mitään, kyllä tuo **George A. Romeron** zombie-
elokuva on hyvinkin voinut toimia osittain tämän elokuvan innoitta-
jana. Se oli tätä tehtäessä vain neljä vuotta vanha, ja koska se nousi
maineeseen vasta vähitellen sanan kiiriessä, se tuntui silloin tuota
neljää vuottakin tuoreemmalta. Zombien paikalla oli jättiläisjäniksiä,
mutta periaate oli hyvin samanlainen.

Kun elokuvassa nähtiin ensimmäinen helikopteri, huomasi miten
paljon monikanavaääni olisi voinut parantaa katselukokemusta, kun
kopteri olisi saatu surraamaan ympäri huonetta. Lisäksi olisi ollut
kiva saada yksi lepus paikalle, että nähtäisiin päälaen irtileikkautumi-
nen *Dawn of the Deadin* helikopterikohtauksen tyyliin (lisää aiheesta
jäljempänä). Tai vähintäänkin voitaisi näyttää miten lepukselta leik-
kautuisivat pelkät korvat! Siinä olisi sekin hyvä, että silloin lepus ei
kuolisi heti ja sitä olisi mahdollista kuulustella.

Lepukset olivat niin vikkeliä ja niitä oli niin paljon, ettei päähän
ampuminen ollut kovin käytännöllinen ratkaisu niiden aiheuttamaan
ongelmaan. Toki armeija kutsuttiin paikalle niitä ampumaan, mutta
sen lisäksi tarvittiin sähköä ja tulta. Ennen tätä nähtiin kyllä useita
pelottavia piiritystilanteita, joista yhteen joutui ansaitusti kaikkeen
tapahtuneeseen viime kädessä syyllinen, noin 10-vuotias Amanda.

Elokuvan tarina perustuu kirjaan nimeltä *The Year of the Angry
Rabbit,* ja sen aihe on sinänsä vakava, vaikka se katsoessa vähän ko-
medialta maistuukin. Johdantopuheen mukaan jänikset tuhoavat niin
paljon viljelyksiä tietyissä osissa maailmaa, että ne voivat aiheuttaa
nälänhätiä jos niiden lisääntymistahti ei hidastu.

Tästäkin huolimatta tuntuu hämmentävältä, että jotkut ovat aika-
naan tehneet tällaista elokuvaa ihan tosissaan. Yksi heistä oli sivu-
roolissa nähtävä, *Star Trekin* miehistön lääkärinä parhaiten tunnettu
DeForest Kelley.

Elokuvan iästä huolimatta blu-rayn kuva on erittäin laadukas. Le-
vy on tosin häveliäästi lukittu A-alueelle. Olisi ollut mielenkiintoista
nähdä sille tehty jatko-osa, jossa hirviöiden roolin ottaisivat luontais-
ta uhkaavuutta huokuvat, hormoneilla jättimäisiksi paisutetut sudet.
Nimikin olisi helppo keksiä: *Night of the Lupus.*

SENSUELA
Suomi 1973
Ohjaus: Teuvo Tulio
Pääosissa: Marianne Mardi,
Mauritz Åkerman, Ossi Elstelä
Katsottu: 28.9.2024
Formaatti: DVD

7

Sensuela on yhden kotimaisen elokuvan melodramaatti-simmista ohjaajista, **Teuvo Tulion** viimeinen elokuva. Se on myöskin melko harvinaislaatuinen teos siinä suhteessa, että sen sisältämän paljaan pinnan määrän vuoksi sille ase-tettiin teattereissa ikärajaksi 18 vuotta.

Äärimmäisen kömpelösti toteutettu elokuva (7 pistettä pikemminkin viihdyttävyydelle kuin elokuvallisille ansioille) kertoo Lapin tyttö Lailasta (**Marianne Mardi**), joka ihastuu joskus jatkoso-dan aikoihin isänsä, tuimailmeisen Aslakin (**Ossi Elstelä**) yli tuhat-päisen porotokan lähistölle pakkolaskun tekevään saksalaiseen lentä-jä Hans Mülleriin (**Mauritz Åkerman**).

Aslak tietää miten poroilta purraan kivekset irti, ja tästä nähdään useita esimerkkejä. Niiden liittyminen juoneen ei tässä vaiheessa näytä selvältä, mutta asiaan tullaan vielä palaamaan. Aslakin taidoilla tulee olemaan tärkeä rooli loppukahinoissa. Tuskaansa "huutavat" porojen täytetyt päät lisäävät huumoria elokuvan alkupuolelle.

Lailan ja Hansin orastava romanssi ei saa näissä oloissa tilaisuutta toteutua, mutta kun he tapaavat toisensa muutamaa vuotta myö-hemmin paikallisissa poroajoissa, ei mikään voi enää estää lemmen leiskuntaa. Hans elättää nyt itsensä valokuvaajana, ja hänellä on iso kamera hihnoilla kiinni kaulassaan. Sullapas on pitkä objekti, Laila taisi heti huomata. Hän oli luonnonlapsi ja eli vaistojensa varassa, vaikka isä olikin jo aikaa sitten kertonut hänelle että miehet haluavat pelkästään pillua.

Vain yksi ratkaisu oli tässä tilanteessa oikea, ja se oli muutto Helsinkiin, himojen kaupunkiin. Laila lensi sinne Hansin kanssa lappalaispuku edelleen yllään, päähinettä myöten. Isälleen hän sentään jätti kirjeen paikallisen hotellin portieerille. Se oli varmaankin lasku?

Perillä Laila ja Hans juhlivat juoden samppanjaa. Seuranneessa rakastelukohtauksessa hämmensi se, miten miehen käsi toistuvasti meni Lailan tussulle ja tämä siirsi sen aina kuitenkin siitä pois. Eikö hän halunnut nautintoa? Vai oliko kyseessä sievistely tyyliin: minkälaiseksi tytöksi minua oikein luulet? Taisi olla vähän myöhäistä, jos siitä oli kyse.

Koska Hans oli ammatiltaan valokuvaaja, hän luonnollisesti teki Lailasta mallin kuvauksiinsa. Sitten olivatkin vuorossa alastonbileet syntisessä Helsingissä! Siellä totisesti riitti yläosattomia tanssityttöjä. Tulio on varmaan ollut kuvauksissa koko ajan munasillaan niin kuin **Paul Verhoeven** *Starship Troopersissa*.

Hansin kanssa menivät pian sukset ristiin, koska tämä ei voinut olla flirttailematta muiden naisten kanssa. Hansia näytellyt Mauritz oli huhujen mukaan vaasalainen kultaseppä, joka ei ollut ennen tätä elokuvaa koskaan näytellyt. Ei uskoisi, kun katsoi hänen sisäistynyttä tulkintaansa.

Laila muutti siis omilleen, tai siis tapaamansa Lindan kämppäkaveriksi. Miehet olivat kuitenkin edelleen kiinnostuneita hänestä. Aika paljon **Tony Curtisin** näköinen mies houkutteli Lailaa töiden jälkeen moponsa kyytiin. Lieneekö hän veijari vai pyhimys?

Tästä Laila sai uuden sulhasen, jonka kanssa hän lähti heti mökkeilemään aivan Helsingin edustalla sijaitsevalle saarelle, jonka ohitse ruotsinlaivatkin seilasivat. Tämä on elämäni ihanin kesäloma, kertoi Lailan uusi sulhanen kesäisessä saarimaisemassa samalla kun valtava määrä Lailan ruokkimia lokkeja lenteli rakastuneen parin ympärillä.

Koska oli kesäloma, pari meni myös saunaan. Saunomiskohtaus kestikin todella pitkään pysäyttäen siihen mennessä juohevasti sujuneen juonenkuljetuksen. Tulion kerrotaan leikanneen *Sensuelaa* 1970-luvun alkupuolella kruununhakalaisessa klassikkoravintola Kolmessa kruunussa. Tämä lienee ollut niitä jaksoja, joita hän ei ollut pahemmin huomannut leikata.

Aslak ei ollut kuitenkaan unohtanut. Hän päätti matkustaa itse Helsinkiin, synnin pesään, järjestämään asiat parhain päin. Vanha pukki ahdistelee nuoria tyttöjä, näytti mummo ihmettelevän talon porraskäytävässä Aslakia. Hans sai tältä rajut syytökset nähtyään Lailan kuvia tyttökalenterissa: sinä myyt tytärtäni! Hans vain nauroi epäluontevasti, mutta jotakin tälle ongelmalle oli selvästi tehtävä.

Päätettiin siis pitää valehäät Aslakin hämäämiseksi, vaikka Laila ja Hans eivät enää oikeasti halunneet toistaan. Ehkä sen jälkeen Aslak antaisi periksi ja palaisi takaisin porotokkansa luokse Lappiin. Kunpa valehäävieraat eivät vaan rupeaisi tanssimaan kesken kaiken alasti, kuten olivat aiemmin jo monta kertaa tehneet! Silloin kaikki voisi mennä täydestä.

Kaikki näytti ensin menevän hyvin, mutta sitten Lailan oikea mielitietty tuli vihaisena paikalle ja pilasi kaiken. Seurasi tappelu, jonka huipennukseksi Aslak puri Hansilta pallit irti aivan samalla tavoin kuin hänen oli aiemmin nähty tekevän poroille. Tässä oli todella sopiva rangaistus petolliselle miehelle!

Kaikki tämä oli liikaa Lailalle, joka hoiperteli rantaan harkiten heittäytymistä mereen. Siellä hänet kuitenkin pelasti sattumalta mies nimeltä Jon. Tai no pelasti ja pelasti, oikeastaan mies vei Lailan suoraan Reeperbahnille ruoskittavaksi. Hans vieraili siellä myös, jolloin Laila sai hienon tilaisuuden kostoon, kettuilemalla tämän kyvyttömyydelle. Ja onneksi vanha kämppäkaveri Linda tuli apuun.

Kun päästiin takaisin Suomeen, Lailalle kerrottiin että Aslak oli jo kuollut. Hän jätti sinulle omaisuutensa (ja arvatenkin myös arkullisen kiveksiä), olet nyt rikas nainen.

Sensuelan suomalainen DVD-julkaisu ei ole laadullisesti kummoinen, mutta eipä ole toisaalta itse elokuvakaan. Se on kuin *Plan 9 from Outer Spacen* kotimainen vastine sillä erolla, että tarina on kiinnostavampi ja paljasta pintaa nähdään varsin paljon.

•

 Sveitsiläisen roska-auteur Erwin C. Dietrichin toiseen maailmansotaan sijoittuva *Eine Armee Gretchen* (tunnetaan myös nimellä *Fräuleins in Uniform*) on ollut joskus saatavana suomi-kasettina nimeltä *SS-naiset rintamalla*. Vaikuttaa siltä, että Dietrichin kunnianhimo on kasvanut sitten

EINE ARMEE GRETCHEN
Sveitsi 1973
Ohjaus: Erwin C. Dietrich
Pääosissa: Elisabeth Felchner,
Karin Heske, Renate Kasché
Katsottu: 17.6.2024
Formaatti: Blu-ray

8

edellisvuoden *The Girl Tradersin,* joka ei pyrkinyt varsinaisesti tari-nankerrontaan vaan oli pelkkää pehmopornoa. Tällä elokuvalla sen sijaan voisi ainakin periaatteessa olla aidosti historiallista merkitystä!

Jo alkutekstien taustalla soiva marssi sai katsojan vakuuttuneeksi siitä, että nyt on tulossa taidetta. Miksi saksalaisissa marssilauluissa aina toistetaan fraaseja: *Pallerii! Palleraa!* Tarkoittavatko ne jotakin? Nyt niitä ainakin sai kuunnella sydämensä kyllyydestä.

Sitten itse asiaan. Toisen maailmansodan lähestyessä loppuaan vapaaehtoiset saksalaisnaiset liittyvät joukkoina armeijaan, minkä jälkeen he, kuten suomi-videon kannessa taisi lukeakin, päästävät tykkien jylinässä himonsa valloilleen. Saattoi hyvin arvata, että jos Erwin C. Dietrich ottaa käsitelläkseen tällaisen aiheen, juuri niinhän siinä totta kai käy.

Tosin olihan meilläkin Suomen ilmatorjunnassa ainakin vielä 1980-luvulla ihan sama juttu kun tässä naisten joukko-osastossakin: oli täysin luonnollista olla alasti. Niin totesi myös yksi iloisista naisis-ta, joka tuli armeijan lääkärintarkastuksesta muiden joukkoon ilman rihman kiertämää. Ei kai vaan mies tarkistanut sinua, kysyivät kave-rit. Älä naurata, olemme nyt armeijassa ja on luonnollista olla alasti.

Hetkeä myöhemmin alastomia naisia oli huoneessa enemmänkin. Lääkärintarkastuksen yhteydessä todettiin aiheellisesti, ettei nainen voisi ajaa rintamalla raskaita kuorma-autoja. Varsinkaan alasti, mietti varmaankin Dietrich. Siinä voisi vaihdekeppi luiskahdella ties minne.

Naisten tarkastukset suorittava lääkintämajuri oli todella flegmaatti-
nen: hän vain istuskeli löysänä pöytänsä päällä eikä näyttänyt käyttä-
vän muita välineitä kuin stetoskooppia naisten käydessä vuorotellen
hänen luonaan.

Menen ihan kananlihalle kun joku katsoo minua alasti, kertoi yksi
naisista. "Kiimaiset ämmät!" tuhahti puolestaan viiksekäs upseeri
äkäisesti yllättäessään hoitsun kuhertelemassa potilaan kanssa. "Teen
teistä ilmoituksen!" tämä varoitti. Naiset vain kohauttivat olkiaan
tämän mentyä, ilmeisesti aikeenaan jatkaa lempimistä. Kun ilmoitus
kerran tehdään kuitenkin, niin mitäpä menetettävää tässä enää on.

Siihen päättyi valmistautuminen sotimiseen ja tuli aika lähteä ju-
nalla kohti rintamalinjoja. Sinnekin naiset näyttivät lähtevän huolet-
tomina kesämekoissaan. Heistä tuhmin meni junamatkan aikana
vessaan naimaan mukavaa miestä. Naisupseeri tuli tietenkin heti
kohta ulkopuolelle vaatimaan ovea auki. Varmaankin periaatteella:
tämä on armeija! Täällä ei rakastella ilman käskyä!

Miehen poistuttua urheasti ikkunasta ulos ja junan katolle, nainen
avasi vessan oven ja näytteli viatonta. Naisupseeri kävi vielä nuuhki-
massa ilmaa, erottuisiko lemmen hajuja. *"I don't need anyone to wipe my
butt!"* viisasteli seksikohtauksesta epäilty nainen.

Sitten kuitenkin tuli ilmahyökkäys, ja seksivälikohtaus unohtui.
Kaikki menivät makuulle radan varteen, jossa ilkeiden brittien hävit-
täjä osui tietenkin juuri siihen ainoaan paikalla olleeseen mieheen.
Kaikkien muiden välistä meni kyllä sarja niin että nurmi pöllysi. Ne
olivat varmaan vain varoituslaukauksia.

Henkiinjääneet kokoontuivat nimenhuudon jälkeen kasarmille il-
tapalalle, jossa heillä kaikilla oli yhtäkkiä yllään aivan yhdenmukaiset
raidalliset vankipuvut. Iltapalan jälkeen kaikki menivät yhdessä alas-
tomina suihkuun. Kun hoitaja kiipesi illan päätteeksi jälleen sänkyyn
suosikkityttönsä kanssa, taustalta kuului tilanteeseen erinomaisen
hyvin sopivaa puhallinmusiikkia todella kovalla volyymillä.

Ensimmäisenä päivänä aktiivipalveluksessa kaksi naista meni
miespuolisen aliupseerin kanssa pusikkoon yrittäen morsettamalla
saada yhteyttä muihin joukko-osastoihin, mutta niin vain meni sekin
kohtaus pian heinikossa päällekkäin piehtaroinniksi: sekä aliupseerin
kanssa että naiset keskenään.

Kenttäpostin saapuminen oli riemukas hetki. Oli vaikeaa löytää
rauhallista paikkaa kirjeen lukemiseen, kun tuvassakin rakasteltiin.

Kävele ulos, niin siellä heti metsikössä yksi pari nai koivujen välissä. Kolmas pari oli sukeltanut todelliseen ryteikköön, miten pääsevät sieltä edes pois kun hommat on hoidettu.

On kyllä pakko myöntää, ettei edes meidän aikanamme ilmatorjunnassa rakasteltu tällä lailla koko ajan. "Kaikki johtuu sodasta", vastasi elokuva tähän ihmettelyyn kuin arvaten että se askarrutti katsojaa. Sota-aikana tällainen on ihan luonnollista. "Elämme kiihkeää elämää." "Muutkin kuin eläimet tekevät näin."

Yhdelle naisista naispuolinen kaveri kirjoitteli toiselta puolelta rintamaa, että oli lähettänyt paketissa sukkia ja voita. Siis samassa paketissa?! No, menee ainakin sukat sitten helposti jalkaan. Kirjeen mukaan toisella puolella rintamaa ei ollut yhtä kiihkeää kuin täällä. *"The way things are here, I may end my days as a virgin."*

Punatukkainen nainen käveli metsässä upseerin kanssa ja alkoi äkkiä riisuutua. Tarkoituksena ei ollut seksi, vaan uinti viereisessä lammessa. Punatukka houkutteli upseeria mukaan. Tämä vastusteli kuvan ulkopuolella, ei kuulemma ehkä osannut edes uida, mutta sitten aivan yhtäkkiä loikkasi alasti veteen kuvan ulkopuolelta, mikä tuli aikamoisena yllätyksenä katsojalle. Olihan loiskahdus! Miten mies ehti riisuutua niin nopeasti?

Seuraavassa luonnossa panokohtauksessa taustalla soi jälleen puhallinpainotteinen marssimusiikki. Mies ja nainen hivelivät panon aikana miehen kivääriä: nainen piipusta ja mies tukista. Tämä yhdyntä päättyi sitten tietenkin (aseen) laukeamiseen! Täytyy jo ihmetellä, miten joku pystyy ylipäänsä keksimään jotakin tällaista.

Naisupseerin aamulla suorittama käskynjako nauratti katsojaa. Ei enää yhdyntöjä eikä muutakaan epäsaksalaista käytöstä. Tämä yksikkö siirretään nyt toiselle leirille. Outoa, miksi heitä yleensä säilytettiin ikään kuin keskitysleirillä, vaikka siellä ei ollut vankeja.

Punatukka yllätti upseerimiehen sängystä toisen naisen kanssa ja oli tähän hyvin pettynyt: varoitteli sukupuolitaudeista ja juoksi pois nyyhkyttäen. Karkureitakin nähtiin: yksi muista naisista, myöskin punatukkainen, oli lähtenyt harhailemaan pettyneenä metsään ja tuli pidätetyksi lähimmällä sorakuopalla. Häntä epäiltiin pakoyrityksestä rakastajansa luo. *"We have ways of making you tell the truth, young lady!"* Esimerkiksi tästä naiselle näytettiin yhden miespuolisen karkurin teloitus.

Tämä punapää ei edelleenkään puhunut, joten hänet lukittiin aika lailla samanlaiseen selliin kuin *The Girl Tradersin* treidattavat naiset. Sinne jouduttuaan hän näki painajaisia siitä, että hänet ammuttaisiin samalla tavalla kuin äskeinen mies, mutta ilkosen alasti! Se riitti: hän suostui sittenkin puhumaan. Aiemmin luvattu siirto toiselle leirille taisi jotenkin jo unohtua, mutta sen sijaan mustaunivormuinen Gestapon upseeri tuli kertomaan naisille, että osa heistä oli valittu tositoimiin rintamalla.

Ensimmäinen punatukka oli tutustunut jo uuteen upseeriin, mutta tämä oli paljon vanhempi kuin se edellinen ja harmaantunut. Silti nainen oli valinnut todella hemaisevan alusasun vietelläkseen tämän miehen, josta käytti nimeä Harold? Harald? Seurasi hiukan samantapainen rakastelu lattialle levitetyllä matolla kuin *The Girl Tradersin* kohtaus, joka oli ehkä kauneinta mitä siihen mennessä oli koskaan kuvattu. *"A woman needs to be dominated"*, nainen vakuutteli jälkihehkuissaan. Upseerilla oli kuitenkin huonoja uutisia. *"Very soon you'll be going to the front."* Olisiko nainen edes antanut jos olisi tiennyt sen?

Elokuvan loppu alkoi jo lähestyä. Yksi naisista, blondi, karkasi suon laitaan päästelemään outoja viheltäviä huudahduksia. Se oli varmaankin seksuaalinen kutsu- eli soidinhuuto. Ja sehän tehosi! Aljosha tuli oitis soutuveneellä paikalle antamaan tytölle kyytiä. Ja tämän perässä käveli valtava lauma ankkoja! Nekin olivat selvästi kuulleet sen saman huudon ja olivat valmiita soitimelle.

Myös tämä nainen uskoutui rakkaalleen: Aljosha, minun pitää lähteä kohta rintamalle. Aljoshalla oli hyvät tietolähteet, hän tiesi että Saksahan on häviämässä tämän sodan, mitä te nyt tuolla lailla vielä yritätte. Päätettiin sitten rakastella heinikossa, tiedä vaikka olisi viimeinen kerta. Taustalla soi torvimarssin sijasta haikea balalaikka.

Seuraavaksi siirryttiin vihdoin rintamalle, että nähtäisiin komea loppusota. Ja sellainen myös nähtiin! Venäläiset tulivat paikalle punatähdin koristelluilla tankeilla, kun taas saksalaiset puolustautuivat vain konekivääreillä. Yksi yritti sentään viedä telamiinan lähimmän tankin alle, mutta tuli ammutuksi. Dietrich osaa selvästi tehdä myös toiminnallisia kohtauksia: ei tämä ollut lainkaan huono suoritus ottaen huomioon budjetin rajoitteet. Lisäksi venäläiset vielä peräätyivät yllättävän helposti. Olisipa tosielämä tällaista.

Samaan aikaan leirillä Aljosha oli saatu vangiksi ja hänet teloitettiin. Häntä rakastaneen blondin reaktio ei ollut aivan niin voimakas kuin olisi voinut luulla, vaikka hän näyttikin pettyneeltä.

Vuorossa oli upseerien iltajuhla, johon tuli cameo-rooliin *The Girl Tradersin* pomomies saksalaiseksi upseeriksi pukeutuneena! Nyt meni oikein kylmät väreet. Toinen upseeri yritti tuoda tärkeää viestiä ulkomaailmasta, mutta hänen juttunsa eivät kiinnostaneet ketään, kun menossa olivat juhlat ja parasta aikaa hieno strippausnäytös, jossa blondi riisuutui portaikossa tanssahdellen isot natsiliput taustalla. Jaa hetkinen, hän ei ollutkaan aito blondi. Vieras upseeri lannistettiin viemällä hänet sänkyyn ensimmäisen punapään kanssa.

Seuraavana päivänä sota jatkui. Alussa naisten tarkastuksia tehnyt lääkintämajuri olikin nyt täydessä taisteluvalmiudessa ja upseerin univormussa laatimassa Saksan viimeisiä suunnitelmia. Samaan aikaan naiset oli koottu alastomina kynttilöin valaistuun huoneeseen. *"I wonder if they'll give us back our clothes"*, yksi heistä sanoi. Ei selvinnyt, miksi ne oli alun perinkään heiltä viety.

Kun taistelu saavutti alueen, alastomien naisten oli pakko paeta ilkosillaan pitkin maaseutua. Tällainen ei tullut **Sam Peckinpahin** mieleen, kun *Rautaristiä* kuvasi, vaikka tämä elokuva oli kyllä silloin jo valmistunut ja olisi siis ollut käytettävissä inspiraation lähteenä. Alastomat naiset juoksivat laajan aukean läpi suojaan saksalaisten asemiin. Sen jälkeen heidät lastattiin kuorma-auton suljetulle lavalle, ja lopussa auto ajoi kohti horisonttia. Taustalla jälleen tunnusmarssi. *Pallerii! Palleraa!*

Tyhmä ja perinteisin kriteerein arvioituna huono, mutta äärimmäisen viihdyttävä elokuva! Saksalainen blu-ray on laadullisesti erinomainen. Kuva on terävä, kirkas ja selkeä. Levyltä ei kuitenkaan löydy mitään tekstityksiä, vain alkuperäinen saksankielinen ääniraita ja englanninkielinen dubbaus. Lisäksi levyn alussa on ärsyttävä mainoskavalkadi. Puhe englanniksi on kuitenkin hyvin selkeästi äänitetty.

•

 Luonto jatkaa iskemistään takaisin! Edellä käsiteltiin jo pitkästi jättiläispupujen hyökkäystä ihmisten kimppuun, nyt ovat vuorossa sähkön ärsyttämät kastemadot. Vaikka premissi kuulostaa hölmöltä, taitava ohjaaja **Jeff Lieberman** saa

SQUIRM USA 1976 Ohjaus: Jeff Lieberman Pääosissa: Don Scardino, Patricia Pearcy, R. A. Dow Katsottu: 18.10.2024 Formaatti: Blu-ray 7	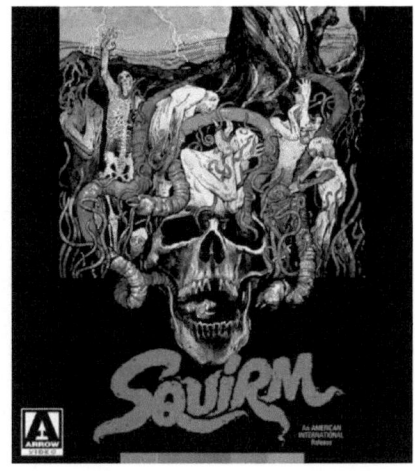

homman toimimaan ja parantaa myöhemmin vielä tästäkin upealla, tunnelmallisella slasherillaan *Just Before Dawn* (1981), jonka pariin kenties ehdimme CineActive 3:ssa.

Alkutekstit lupaavat elokuvan aiheena olevan *"one of the most bizarre freaks of nature ever recorded"*. Sen jälkeen näemme lähikuvissa, miten voimakkaan myrskyn kaadettua voimalinjan maahan siitä yliannoksen sähköä saaneet madot kirkuvat tuskasta. Ne siis ihan oikeasti kirkuvat elokuvan ääniraidalla. En ole aivan varma siitä, onko kaikki nähtävä tieteellisesti pätevää, mutta onhan tämä erittäin vaikuttava alku joka tapauksessa.

Elokuvan päähenkilö on silmälaseissaan aivan **Elton Johnilta** näyttävä Mick (**Don Scardino**), joka saapuu tapahtumapaikalle pieneen Atlantin rannikolla sijaitsevaan georgialaiseen Fly Creekin kaupunkiin bussilla. Sinne hänet on kutsunut paikallisen kolmihenkisen perheen vanhempi tytär Geri (**Patricia Pearcy**) oikein yökylään sen jälkeen, kun kaksikko on ohimennen tavannut toisensa antiikkiesineitä etsiskellessään.

Mick näyttää varautuneen hyvin vierailulle: painavan matkalaukun lisäksi hänellä on mukanaan myös onkivapa ja tennismaila. Kun bussimatkan keskeyttää myrskyn tielle kaatama puu, hän poistuu jatkaakseen matkaa kävellen, kysyen tosin ensin bussikuskilta missä on lähin miestenhuone. Kun sellaista ei löydy, Mick kusee neuvokkaana miehenä metsään samalla kun kastemadoissa aivan ylipääsemätöntä vitutusta aiheuttava voimalinja pomppii kipinöiden lähistöllä.

Ilmeisesti ohjaaja Lieberman halusi heti synnyttää katsojassa inhan mielikuvan siitä, miten Mickille olisi käynyt, jos hän olisi kussut suoraan voimajohtoon. On se hurja, olisivat Lapinlahden Linnutkin sanoneet (heidän klassikkosketsissäänhän sama tehtiin pelkkään sähköpaimeneen).

Köh, takaisin asiaan. Mick lähtee rämpimään oikopolkua metsän halki kohti Fly Creekiä, ja kas kummaa: Geri kävelee häntä vastaan. Mistä hän arvasi missä Mick olisi? Yksi asia johti toiseen, ja pian Mick sai jo luvan suudella Geriä. Tästähän on tulossa nopeatahtinen romanssi.

Paikkakunnalla on kuitenkin myös kilpakosijoita. Gerin perheen naapurissa sijaitsevan matofarmarin poika, reppanan oloinen Roger (**R. A. Dow**) jää vain tuijottamaan Gerin perään tämän lähtiessä Mickin kanssa metsästämään antiikkiesineitä. Se tuntui kieltämättä luonnolliselta reaktiolta, koska Geri oli varsin söpö tyttö, mutta miksei matofarmarin poika ollut hänelle kelvannut?

Paikallinen sheriffi (**Peter MacLean**) sai aikaan hämmästyksen tunteita: voisiko hän olla enää yhtään löysemmän näköinen? Varmaan sitten, kun madot ovat syöneet hänet. Miehen oli helppo tulkita ajattelevan *Deliverancen* kollegansa tapaan: *"I want this town to die peacefully."* Myös hän oli epäileväinen ja ilkeä suurkapungista tullutta Mickiä kohtaan, väittäen tämän matohavaintoa sekä puhtaaksi kaluttuna löytämää, sittemmin kadonnutta luurankoa pelkäksi maalaisiin kohdistuvaksi kiusanteoksi.

Lieberman tuntuu itsekin ymmärtäneen, ettei tappajamadoista kertova elokuva saisi olla liian ryppyotsainen sen kaukaa haetusta premissistä johtuen, joten draamaa olisi hyvä keventää huumorilla. Hyvä esimerkki tästä oli jakso, jossa Mickin kanssa keskusteleva Gerin pikkusisko Alma (**Fran Higgins**) veti yhtäkkiä rintaliiviensä kätköistä esiin marisätkän. Seuraavaksi piti löytää tulitikku, siis etsimään liiveistä sitäkin. Ei löytynyt, mutta Mickillä oli onneksi sytkäri mukanaan. Muutaman henkosen jälkeen Alma putosi yhtäkkiä maripöllyissään arkkuun, jonka reunalla oli istunut. Oli kuin koko elokuva olisi tehty ihan pilvessä, tilannekomediaa riitti.

Pahaenteisiäkin asioita alkoi vihdoin tapahtua. Kuten jo edellä tuli mainittua, Mick ja Geri löysivät puhtaaksi kalutun luurangon!

Kenelle se oli mahtanut kuulua? *"They all look the same to me"*, vitsaili Mick vakavalla hetkellä. Vasta tämän jälkeen löysä sheriffi tuli tutkimaan asiaa ja heitti lisää herjaa Mickille kun luuranko oli kadonnut. Hetkeä myöhemmin se kuitenkin yllättäen löytyi matofarmarin kuormurin tavaroiden joukosta. Miten se oli sinne joutunut? Tämä jäi epäselväksi. Ehkä Lieberman kertoi asiasta lisää kommenttiraidalla. Välttääkseen tulemasta yllätetyksi Mickin ja Gerin piti äkisti piiloutua kuormurin toiselle puolelle, ja samalla painautua lähekkäin. Tässä elokuvassa on jännitystä ja romantiikkaa! Mitä muuta voi enää vaatia?

Jostakin oudosta syystä Mick halusi tutkia pääkalloa tarkemmin. Ilmeisesti hän aikoi yrittää tunnistaa kenelle se oli kuulunut, vaikka oli saapunut kaupunkiinkin vasta samana aamuna. Hän sai irrotettua kallolta leukaluun, okei. Sitten hän yritti tunnistaa kallon yläosaa, mikä osoittautui varsin riskialttiiksi, koska Roger oli tällä välin havainnut tilaisuutensa iskeä Geri mukaansa. "Mulla on matofarmi!" kuuluu ilman muuta kymmenen parhaan iskurepliikin joukkoon.

Miehen romanttiseksi tarkoittaman hetken keskeyttivät kuitenkin madot, jotka pureutuivat yhtäkkiä laumana hänen kasvoihinsa. Tästä komeasta, etovasta erikoistehosteesta elokuva lienee parhaiten tunnettu. Sen toteutti nuori **Rick Baker** *(An American Werewolf in London, Videodrome)* assistenttinaan **Rob Bottin** *(The Thing, Total Recall,* joista jälkimmäiseen palaamme tuonnempana). Nämä kaksi efektineroa siis *samassa elokuvassa!*

Elokuvan hämmästyttävimmästä roolisuorituksesta vastasi Gerin ja Alman äiti Naomia näytellyt **Jean Sullivan**, jonka melodramaattisesti lausumat repliikit tuntuivat koko ajan olevan jostakin toisesta elokuvasta. Liebermanin henkilöohjaus näyttäisi tässä kohden pettäneen pahasti.

Vuorossa oli illalliskohtaus (ulkona oli tosin edelleen valoisaa), jossa Sullivan esitti jälleen parhaita taitojaan. Jostakin oudosta syystä pöydässä oli katettu pöytä myös Rogerille. Gerin istuuduttua siihen äiti moitiskeli tätä ja kehotti siirtymään Mickin viereen. Miksei tämä alun perinkin tehnyt niin? Oliko ihastus jo hiipumassa?

Kesken mukavan aterian puu kaatui yhtäkkiä talon päälle! Siinä taisi mennä 75 % elokuvan budjetista. (Toivottavasti se ei kaatunut siihen kohtaan taloa jossa kotiteatteri oli.) Tilanteen ollessa tämä

Alma päätti mennä suihkuun. Katsojan oli pakko toivoa, ettei tämä vaan ottaisi vaatteita pois päältä.

Puun kaadosta olivat tietenkin vastuussa villiintyneet madot. Sen sijaan, että Mick ja Geri olisivat olleet huolissaan siitä, miksi näin kävi, he päättivät että pitää hakea vaneria tukkimaan tuhot. Silloin eivät madotkaan pääse sisään. Hoidetaan oireita sairauden sijaan!

Mick ei ollut aiemmin käynyt Fly Creekissä, mutta osasi silti etsiä tarvittavat vanerit kun hänelle kerrottiin, että juokse puoli mailia tuohon suuntaan, siellä niitä on. Metsässä tuli kuitenkin eteen ongelma, kun matonaama-Roger hyökkäsi kimppuun, nyt avoimen vihamielisenä kilpakosijaansa kohtaan. Vanerien toimitus lykkääntyi, kun sankarimme heitettiin maakuoppaan ja häneltä täräytettiin taju kankaalle.

Kun Mick palasi tajuihinsa, metsässä oli todella pimeää, joten hän menetteli loogisesti riisuen paitansa ja tehden siitä lyhdyn! Jo aiemmin olikin huomio kiinnittynyt siihen, että paita oli useassa kohtauksissa repsottanut housujen ulkopuolella. Nyt Mick veti ainoan oikean johtopäätöksen: se oli huono paita kun ei pysynyt housuissa, paras vain polttaa. Onneksi se ei ollut polyesteriä, koska silloin se olisi palanut loppuun äkilliseti humahtaen, olisi ollut huono lyhty.

Lopun tapahtumat alkoivat herätellä jo epäilyksiä siitä, ettei kotivakuutus todennäköisesti korvaa matovahinkoja. Matojen nähtiin edelleen huutavan ruudussa tämän tästä, mutta ei niitä kukaan kuullut. Ne varmaan huutavat niin hiljaa, että vain toinen mato kuulee sen.

Arrow'n toistakymmentä vuotta sitten julkaisema britti-blu-ray ei varsinaisesti loista kuvanlaadullaan, mutta kyllä siitä silti selvän saa. Se sijoittuu jonnekin todella hyvän blu-rayn ja DVD:n puoliväliin.

•

CineActive 1:ssä esiteltiin *The Bunny Game* (2011), joka on yksi niistä erittäin harvalukuisista elokuvista, jotka ovat edelleen täyskiellossa Iso-Britanniassa vaikka sensuuri onkin siellä löystynyt vuosituhannen vaihduttua. Tässä tulee toinen. **Cesare Canevarin** mestarillinen *Gestapo's Last Orgy* sai edelleen kieltopäätöksen, vaikka brittiläinen 88

GESTAPO'S LAST ORGY

Italia 1977
Ohjaus: Cesare Canevari
Pääosissa: Daniela Poggi,
Adriano Micantoni, Maristella
Greco
Katsottu: 5.11.2021
Formaatti: Blu-ray

9

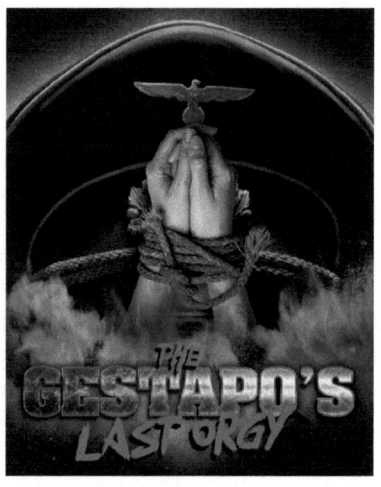

Films teki parhaansa sen julkaisun eteen vuonna 2021. Lopulta oli pakko antaa periksi ja julkaista levy pelkästään jenkeissä.

Tuplaharmi briteille siksi, että kyseessä oli ensimmäinen blu-ray -julkaisu aiemmin vain DVD:nä saatavana olleesta elokuvasta, ja vieläpä erittäin onnistunut sellainen. Minulta tippui leuka lattiaan kun tätä julkaisua katsoin. Miten näinkin vanha elokuva on onnistuttu restauroimaan näin upeasti? Näyttikö se edes uutena teatterissa näin virheettömältä?

Gestapo's Last Orgyn päähenkilö on kaunis mutta hyvin vakavailmeinen blondi Lise (**Daniela Poggi**), joka juutalaisena päätyy keskitysleirivangiksi. Siellä hän kiinnittää komendantti Conradin (**Adriano Micantoni**) huomion, kun käy ilmeiseksi, ettei hän halua enää lainkaan elää ja on täysin valmis kuolemaan leirillä vangitsijoidensa käsissä. Mikä on voinut viedä kaunottaren elämänhalun näin täydellisesti?

Conrad ottaa Lisen haasteena. Ei olisi mitään iloa tappaa vankia, joka ihan oikeasti haluaa kuolla. Conrad päättää herättää naisen elämänhalun uudelleen ja tappaa tämän vasta sen jälkeen, jolloin tämä aidosti menettää jotakin sellaista, jota pitää arvossa. Lise osoittautuu kuitenkin hyvin haasteelliseksi tässä suhteessa. Conrad piinaa tätä monin tavoin, mutta ei näytä saavan aikaan muutosta.

Lisen taustalta tosiaan löytyykin tapahtumia jotka selittävät mistä on kyse, mutta niitä en tässä voi spoilaamisvaaran takia tarkemmin käsitellä. Lisen ja Conradin suhde monimutkaistuu muutenkin, minkä havaitsee helposti jo siitä, että kehyskertomuksessa molemmat ovat sodan päätyttyä palanneet yhdessä leirin sijaintipaikalle.

Ehkä voin paljastaa sen verran, että Conrad lopulta onnistuu herättämään Lisen elämänhalun uudelleen, mutta millaisella hinnalla? Ja miksi nainen näyttää jälleen synkältä tavatessaan miehen sodan jälkeen? Miksi he ylipäänsä enää tapaavat?

Kaikkiin näihin kysymyksiin Canevari antaa selkeän ja loogisesti eheän vastauksen elokuvan shokeeraavien viimeisten kymmenen minuutin aikana, joiden katsominen kuivin silmin saattaa olla haastavaa. Etenkin elokuvan viimeinen kuva on sydäntäraastava.

Gestapo's Last Orgy on raflaavasta nimestään huolimatta täysiverinen eurooppalainen taide-elokuva. Sen ylöspano osoittaa elokuvanteon eri osa-alueiden virtuoosimaista hallintaa. Lisäksi se on toki myös eksploitaatioelokuva, joka esittelee mielellään hurjia, selkeän kuvitteellisia näkyjä moraalisesti rappeutuneiden keskitysleiriupseerien toiminnasta natsi-Saksan viimeisinä päivinä. Myös tavat joilla Liseä piinataan on kirjoitettu tarkoituksellisen yliampuviksi.

Elokuvan nimi ei ole lainkaan liioiteltu, sillä siinä mainitut orgiat todellakin näytetään kuvissa jo sen alkupuolella. Juuri niiden jälkitunnelmissa Conrad alun alkaen kiinnostuu Lisestä, joka on orgioissa paikalla, mutta jonka synkkä ilme ei sen hurjimpienkaan tapahtumien johdosta lainkaan värähdä.

•

Yksi 1970-luvun amerikkalaisen väkivaltaelokuvan suurista kulttiklassikoista, *Fight for Your Life* on huonosti tunnettu mutta katsomisen arvoinen teos. Valitettavasti siitä ei ole tiettävästi edelleenkään olemassa teräväpiirtoversiota. Se on tietysti harmi, mutta toisaalta katsomani amerikkalainen Blue Undergroundin DVD on kuvanlaadultaan aivan ensiluokkainen, parasta mitä tässä formaatissa voi kuvitella saavansa katsoa.

Fight for Your Life alkaa tilanteesta, jossa kolme arvatenkin väkivaltarikoksista tuomittua miestä onnistuu pakenemaan kesken siirron vankienkuljetusautosta. Kolmikko tappaa jo pakonsa yhteydessä sumeilematta vartijoitaan, ja samanlainen toiminta jatkuu myös New Yorkista kohti maaseutua suuntautuvan pakomatkan aikana.

| FIGHT FOR YOUR LIFE
USA 1977
Ohjaus: Robert A. Endelson
Pääosissa: William J. Sanderson, Robert Judd, Catherine Peppers
Katsottu: 27.9.2024
Formaatti: DVD

8 |  |

Kolmikon selvänä johtajana erottuu Jessie Lee Kane, jota maanisella vimmalla näyttelevän **William J. Sandersonin** suoritus kuuluu kaikkien aikojen loistavimpiin pahisrooleihin. Ehdottomasti Oscarin arvoinen suoritus, mutta liian pienessä ja tuntemattomassa elokuvassa saadakseen minkäänlaista huomiota. Kanen pidäkkeettömyys saa aikaan hermostuneisuutta katsojassakin.

Kohtalokas käänne tapahtuu, kun vankikarkurit päättävät matkan varrella ryöstää alkoholijuomia myyvän liikkeen. Sitä hoitava mies tietenkin ammutaan. Kane uhkailee tämän taaperoiässä olevaa pientä tytärtä aseella (roolissa ohjaaja **Robert A. Endelsonin** tytär **Jane**) ja jopa vetää liipasimesta aseen piipun osoittaessa tämän päätä, aivan uskomattoman törkeä kohtaus. Mutta oleellisinta on, että kolmikko ottaa lähtiessään mukaansa panttivangiksi vauraan mustan perheen aikuisen tyttären Corrie Turnerin (**Yvonne Ross**).

Karkurit haluavat piiloutua päivän ajaksi jatkaakseensa pakoaan yöllä, joten he tulevat Corrien opastamina Turnerien kotiin ja ottavat nämä aseilla uhaten kollektiivisesti panttivangeikseen. Tätä kautta päästään siihen, mistä *Fight for Your Life* parhaiten tunnetaan: törkeän väkivaltansa lisäksi se on luokiteltu poliittisesti epäkorrekteimmaksi elokuvaksi koskaan, minkä arvion se varmasti on ansainnut, ja joka mainitaan jo DVD:n kannessa isoin kirjaimin.

Kane on nimittäin aivan uskomattoman rasistinen hahmo, ja hän puhuttelee pinteeseen joutunutta mustaa perhettä toistuvasti ja lähes koko ajan painokelvottomilla törkeyksillä sen lisäksi, että ryhtyy muutenkin nöyryyttämään näitä niin inhottavasti kuin vain pystyy. Miten syytön musta perhe pelastuu hengenvaarallisesta tilanteesta? Endelson on ohjannut tiukan ja toimivan elokuvan. Se on ajoittain todella raaka, monin paikoin törkeän rasistinen ja koko ajan erittäin viihdyttävä; kulttiklassikon asemansa täysin ansaitseva. Aivan jokaiseen makuun siitä ei ole, mutta eksploitaatioelokuvan taivaalla ei 1970-luvun loppupuolen kohdalla ole montaakaan kirkkaampaa tähteä.

Blue Undergroundin DVD on täysin leikkaamaton ja sisältää niin ollen myös elokuvan kaikkein kiistanalaisimman kohtauksen, jossa yksi vankikarkureista murskaa suurella kivellä heidän ilkityönsä nähneen ja apua hakemaan yrittäneen pikkupojan pään. Tämä kohtaus oli hämmentävän yksimielisesti sensuroitu VHS-aikakaudella jotakuinkin kaikista elokuvan julkaisuista, vaikka se menee nopeasti ohi eikä ole kovin yksityiskohtainen.

DVD:ssä ei kuitenkaan ole minkäänlaisia tekstityksiä, mikä on harmi ottaen huomioon että henkilöhahmot puhuvat murteella ja varsin nopeasti, eikä äänitys ole onnistunut niin hyvin että puheesta saisi aina täysin selvää. Taisin itse missata ehkä neljänneksen kaikista repliikeistä. Toki juonikuvio on sen verran suoraviivainen, että tarkoituksen voi arvata tarkkoja sanoja aina erottamattakin.

Tuntuu hykerryttävältä kuvitella, miten itse **Ridley Scott** katsoi *Fight for Your Lifen* törkeyksiä, tuli vaikuttuneeksi William J. Sandersonin (ihan oikeasti) loistavasta näyttelijäsuorituksesta ja päätti antaa tälle roolin omasta scifi-klassikostaan *Blade Runner* (1982). Sanderson näyttelee tuossa elokuvassa ennenaikaisesta vanhenemisesta kärsivää robottirakentaja J. F. Sebastiania, huomattavasti leppoisampana kuin tässä elokuvassa.

•

Italialaiset tekivät etenkin näihin aikoihin mielellään omia versioitaan amerikkalaisista kassamagneeteista. *Yeti: Giant of the 20th Century* on heidän versionsa vuoden 1976 *King Kongista*. Se sai ensi-iltansa heti seuraavan vuoden lopussa: julkaisu osui vuoden 1977 jouluaatonaattoon. Meillä oli silloin lahjapaketeissa *Star Wars* -aiheista tavaraa, miten lienee ollut Italiassa.

YETI: GIANT OF THE
20TH CENTURY
Italia 1977
Ohjaus: Gianfranco Parolini
Pääosissa: Antonella
Interlenghi, Tony Kendall,
Mimmo Crao
Katsottu: 27.6.2024
Formaatti: Blu-ray

5

Elokuvan nimihahmo on muinainen, hieman apinaa muistuttava mutta kuitenkin tunnistettavasti ihmismäinen jättiläinen (**Mimmo Crao**), joka kaivetaan elokuvan alussa esiin Kanadasta löytyneen valtavan jäälohkareen sisältä. Kaivaminen tapahtuu hienovaraisesti valtavilla liekinheittimillä. Oliosta käytetään Amerikassa nimitystä Bigfoot. Kanadassa se on sen sijaan Sasquatch ja Himalajalla lumimies eli jeti. Suomessa sitä kutsuttaisiin varmaankin joulupukiksi.

Löydetyllä oliolla on viisi kertaa isompi jalanjälki kuin Himalajan lumimiehellä. Silti tutkimuksia johtavan silmälasipäisen professorin teoria on, että se on nimenomaan sieltä peräisin, ajelehtinut jäävuorella Kanadaan ja jäätynyt perillä. Kyllä tiede on ihmeellistä. Toisin kuin *King Kongissa,* olion löytöpaikan ympäristöön ei jäädä seikkailemaan vaan aletaan valmistella sen pakkaamista sivistyksen pariin jo ennen kuin sulatus on edes valmis.

Jeti ei kuitenkaan ole tyytyväinen tultuaan herätetyksi miljoonien vuosien mittaisilta uniltaan. Se on vähällä saada jotenkin pudotettua taivaalta jopa helikopterin, jonka alla sitä kuljetetaan teräksisessä häkissä. Laskeutumisen jälkeen kopterin tuhoaminen on sille pikkujuttu. Syntyy paniikki. Jeti rikkoo kaiken näyttäen samalla kuin huonosti piirretyltä animaatiohahmolta. Se yritetään ampua, mutta professori estää moisen.

King Kongin tavoin jeti kuitenkin heltyy saatuaan kouraansa nätin Janen *(City of the Living Deadin* **Antonella Interlenghi** ensimmäisessä elokuvaroolissaan) ja tämän hyvin tyttömäisen pikkuveli Herbien (**Jim Sullivan**). Kun lisäksi edessä on järven ranta, idylliä ei riko enää mikään muu kuin sisarusten perässä juokseva ja räksyttävä skotlanninpaimenkoira. Paras lähettää se siis hakemaan apua professorilta.

Seuraa idyllinen jakso, jossa jeti kuvittelee nuorten olevan hänen miljoonan vuoden takainen perheensä. Kaikki hymyilevät toisilleen, jeti vähän kyynelehtiikin, tämän haavoja lääkitään ja taustalla soi romanttinen musiikki. Kyllä on kaunista.

Tämä on kuitenkin vasta ensimmäisen näytöksen loppu; kun jeti lopulta kuljetetaan erämaasta suurkaupunkiin siinä samassa häkissä jossa sitä aiemmin siirrettiin, nähdään miten tälle lopulta käy. Miten olio saatiin samaan häkkiin, jota se aiemmin vihasi? Kaiketi rakkauden voimalla, meille sitä ei näytetä.

Porukan lopullisena määränpäänä on Kanadan miljoonakaupunki Toronto. Ilmassa ovat kaikki katastrofin ainekset. Pelkät kameroiden salamavalot saavat jetissä aikaan hepulin, ja ryske alkaa uudelleen, nyt paljon isommissa ympyröissä. Kaikenlaisia kieroiluja paljastuu; esimerkiksi sisaruksia elokuvan alkupuolella auttaneesta komeasta Cliffistä (**Tony Kendall**, *Return of the Blind Dead)* paljastuu aivan uudenlaisia puolia.

Yeti pyrkii näyttämään siltä kuin se sijoittuisi lähitulevaisuuteen. On näköpuhelimia ja ultramodernia arkkitehtuuria. Toronton CN Tower sijoitetaan kuviin taustalle aivan kuten Eiffel-torni kaikissa Pariisiin sijoittuvissa elokuvissa. Tehosteet ovat kuitenkin uskomattoman kömpelöitä ja on vaikea uskoa edes 1970-luvun yleisöjen voineen ottaa niitä tosissaan, vaikka eivät paremmasta tienneetkään.

Jetin näyttelijä on valittu erikoisesti. Mimmo Crao on vähän **George Michaelin** tyyppinen, erittäin kauniskasvoinen, naisellisen oloinen mies, jolla on suuret, syvän sinivihreät silmät. Kun tällainen kaunis poika laitetaan pitkäkarvaiseen apinapukuun vuoroin karjumaan kuin leijona ja vuoroin töräyttelemään kuin norsu, kokonaisvaikutelmasta tulee lievästi sanoen omalaatuinen.

Yeti ei ole kovin hyvä elokuva, mutta roska-arvoiltaan se on varsin kovaa tasoa. Vakavalla mielellä yksin katsottuna se saattaa vaivuttaa uneen; pienissä kaljoissa porukalla kommentoiden se voi olla yksi elämän hauskimmista elokuvakokemuksista. Tämä onkin hyvä huomioida ennen katselupäätöksen tekemistä.

Blu-rayn kuva on muuten varsin siisti, mutta hyvin pehmeä. Alkeellisten efektijaksojen aikana kuva on todella sumea ja rakeinen.

HALLOWEEN USA 1978 Ohjaus: John Carpenter Pääosissa: Jamie Lee Curtis, Donald Pleasence, P. J. Soles Katsottu: 18.10.2018 Formaatti: 4K Ultra HD **10**	

John Carpenterin *Halloween* ei ole ainoastaan kauhuelokuvan kuolematon klassikko, vaan myös 1980-luvun alun teinislasherien hyökyaallon käynnistäjä. 1970-luvulla lajityyppiin saatiin jo muutamia sen varhaisimpia edustajia *The Texas Chain Saw Massacresta* alkaen, mutta vasta Carpenter näytti millä tavoin aiheen voi populärisoida suurten katsojamäärien houkuttamiseksi.

Klassikko kuului onneksi 4K UHD -julkaisujen ensimmäiseen aaltoon ja tuli saataville varsin laadukkaana julkaisuna niinkin kauan sitten kuin vuonna 2018. 4K-toteutus oli vieläpä varsin mallikas: kuva on oikein siisti ja terävä, vaikka ei pärjääkään mestarin myöhemmän elokuvan *The Thing* (1982) 4K UHD -julkaisulle, joka on yksi hienoimmista vanhojen elokuvien 4K-päivityksistä koskaan.

Halloween esittelee meille Illinois'n osavaltion Haddonfieldissä asuvan Michael Myersin, joka tappaa jo pikkupoikana valtavalla lihaveitsellä haureutta harjoittaneen isosiskonsa Judithin. Nuorena aikuisena hän onnistuu pakenemaan vankilamielisairaalasta ja palaa takaisin Haddonfieldiin tappaakseen paljon lisää nuoria – mieluiten sellaisia, jotka ovat ensin harjoittaneet esiaviollista seksiä.

Peräänsä Michael saa määrätietoisen tohtori Loomisin (**Donald Pleasence**), joka on jo aiemmin vakuuttunut siitä, että Michael olisi paras pitää lukkojen takana ikuisesti. Tohtori kantaa mukanaan käsiasetta, jolla Michael voidaan tarvittaessa eliminoida jos mikään muu keino ei auta.

Haddonfieldissä vietetään Halloween-yötä ja moni kaupungin nuorista naisista viettää iltaa lapsenvahtina. Tutustumme heistä kahteen: toinen on kiltti Laurie Strode (Oscar-voittaja **Jamie Lee Curtis** ensimmäisessä elokuvassaan) ja toinen selvästi tuhmempi Annie (**Nancy Loomis**). Ei bonuspisteitä sille, joka arvaa kumpi heistä jää henkiin.

Halloweenin pohjana on tuottaja **Irwin Yablansin** pitchaus John Carpenterille. Hänen ideansa oli tehdä halvalla kauhuelokuva nimeltä *The Babysitter Murders,* jonka kosketuspinta potentiaaliseen yleisöön perustuisi juuri näiden henkilökohtaisiin kokemuksiin lapsenvahtina toimimisesta. Tämä aihe älyttiin sittemmin yhdistää amerikkalaiseen Halloween-perinteeseen. Yablansin mielestä oli peräti yllättävää, ettei tuolloin jo 75 vuoden mittaisessa elokuvahistoriassa kukaan ollut vielä tehnyt sen nimistä elokuvaa.

Independent-tuotannon tekijöitä alkoi jänskättää, kun yksikään iso levittäjä ei ollut kiinnostunut heidän tuotteestaan, mutta lopulta levitysasiatkin järjestyivät ja *Halloweenista* tuli yksi tuottoisimmista studioiden ulkopuolella tehdyistä elokuvista koskaan. Ensi alkuun penseät kritiikit vaihtuivat pienellä viiveellä ylistäviksi. Klassikko oli syntynyt.

Carpenterin kovalla kiireellä kolmessa päivässä säveltämä musiikki toimii sekin loistavasti rakentaen pahaenteisiä tunnelmia upeasti kirjoitettuun ja ohjattuun kauhujännäriin. Pleasence oli ainoa edes hiukan tunnettu näyttelijä koko elokuvassa. **P. J. Soles** keksittiin Annietakin tuhmemman Lindan rooliin pikkuroolistaan *Carriessa* (1976, kts. CineActive 1). Esiaviollinen seksi on kuolemaksi.

Carpenterin kyky rakentaa tiivistunnelmaista jännitystä oli nähty jo hänen edellisessä pitkässä elokuvassaan *Assault on Precinct 13* (1976). Nyt hän suorastaan ylitti itsensä nerokkailla ratkaisuilla, joita muut teinislasherien tekijät ovat sittemmin jäljitelleet. Pelkästään elokuvasta kirjoittaminen sai aikaan halun katsoa se jälleen kerran uudestaan, varmaan jo kahdettakymmenettä kertaa.

THE WARRIORS
USA 1979
Ohjaus: Walter Hill
Pääosissa: Michael Beck,
James Remar, Deborah Van
Valkenburgh
Katsottu: 24.1.2024
Formaatti: 4K Ultra HD

8

Walter Hillin jengielokuvaklassikko *The Warriors* kiellettiin Suomessa tuoreeltaan raaistavana. Se herätti kohua myös Yhdysvalloissa, jossa sen väitettiin aiheuttaneen väkivaltaisia yhteenottoja teatterien katsomoissa. Syynä tähän ei liene ollut elokuvan väkivaltainen sisältö sinänsä vaan yksinkertaisesti se, että se houkutteli toisiaan vihollisina pitämiään jengiläisiä samaan teatteriin yhtä aikaa.

The Warriors sai lopulta Suomen ensi-iltansa vuokrakasettina, vain hiukan leikattuna, ja osoittautui väkivaltansa puolesta varsin hillityksi teokseksi. Sittemmin tarjolla ovat olleet myös DVD ja blu-ray, joista jälkimmäisen ohjaaja Hill pilasi ihan henkilökohtaisesti lisäilemällä kohtausten väleihin animoituja jaksoja ja nimeämällä näin syntyneen aivan uuden, kammottavan teoksen Director's cutiksi.

Kestikin pitkään ennen kuin tarjolle alkoi tulla HD-versioita elokuvasta sen alkuperäisessä muodossa. Vuoden 2023 lopussa Arrow julkaisi komean boksin, joka sisältää elokuvan molemmat versiot 4K UHD:nä, joten kyseessä on ilman muuta paras tarjolla oleva julkaisu – etenkin kun UHD-kuva näyttää vielä oikein siistiltä. Katsoin luonnollisesti vain teatteriversion. Sillä toisella voi puolestani nakata vesilintua.

The Warriors tapahtuu vaihtoehtoisessa todellisuudessa, jossa katujengit hallitsevat tai ainakin kuvittelevat hallitsevansa niitä New Yorkin alueita joita pitävät reviireinään. Karismaattinen jengijohtaja Cyrus (**Roger Hill**) kutsuu edustajat suurkaupungin kaikista jengeistä Bronxiin keskustelemaan voimien yhdistämisestä. Koska kaikkien jengiläisten yhteenlaskettu lukumäärä on paljon isompi kuin poliisivoimien miesvahvuus, yhdistämällä voimat jengiläiset voisivat hallita koko kaupunkia!

Tämän visioinnin katkaisee vähämielisen oloinen Luther (**David Patrick Kelly**, *Commando*) ampumalla ilman mitään erityistä syytä Cyrusin kertalaukauksella kuoliaaksi. Kun hän heti perään syyttää tapahtuneesta kovaan ääneen sen ainoaa silminnäkijää, Warriors -jengin johtajaa, tämä nujerretaan katuun ja sen jälkeen Warriorsit ovat henkipattoja, jotka joutuvat pakenemaan koko kaupungin läpi kohti omaa reviiriään kaukana Coney Islandilla.

Hill käyttää tätä **Sol Yurickin** kirjaan perustuvaa tarina-aihiota paitsi iskevästi toteutettujen takaa-ajojen ja tappeluiden luomiseen, myös tarkkanäköisenä yhteiskunnallisena allegoriana. Warriorseista erottuvat selkeästi **Michael Beckin** tyyni johtajahahmo Swan ja tätä huomattavasti arvaamattomampi Ajax (**James Remar**, *48 hrs.*), jonka valmius väkivaltaan toisaalta myös auttaa aihetta syytettyä jengiä heidän taistelujen täyteisellä pakomatkallaan kohti kotiseutua.

Vähän tylsällä kansikuvalla varustetun Arrow'n julkaisun 4K näyttää hetkittäin todella hyvältä, mutta monin paikoin sitä ei silti erota blu-raystä. Arrow on julkaissut elokuvasta myös riisutumman perusversion, jonka kansikuva näkyy ohessa.

•

Newyorkilainen **Abel Ferrara** teki läpimurtonsa elokuvaohjaajana halpiselokuvallaan *The Driller Killer,* joka saapui kauhistuttamaan elokuvayleisöjä kesäkuun puolivälissä 1979. Nimensä perusteella teos kuulostaa pahimman laatuiselta väkivaltamässäilyltä, mutta sitä katsovan on syytä varautua yllätykseen. Elokuvan varsinainen aihe on nimittäin se, miten vaikeaa on olla taiteilija; pelätä koko ajan epäonnistuvansa ja ajautuvansa sitä tietä varattomaksi ja asunnottomaksi.

Ferrara näyttelee itse pääosaa salanimellä Jimmy Laine. Hänen roolihahmonsa Reno on suurteostaan, isoa biisoniaiheista maalausta viimeistelevä taidemaalari. Taiteilijan elämässä on kaksi naista, joista hehkeä **Carolyn Marz** näyttelee hänen varsinaista naisystäväänsä Carolia ja punk-nymfi **Baybi Day** on paikalla enemmän kämppäkaverina.

THE DRILLER KILLER
USA 1979
Ohjaus: Abel Ferrara
Pääosissa: Abel Ferrara, Carolyn
Marz, Baybi Day
Katsottu: 22.12.2016
Formaatti: Blu-ray

8

Taiteen luominen on haastavaa, ja entistäkin haastavammaksi se muuttuu, kun Renon asunnon seinän taakse muuttaa New Yorkin kenties lahjattomin punk-yhtye nimeltä Tony Coca-Cola and the Roosters. Bändärilauman ympäröimä yhtye tuntuu harjoittelevan minä vuorokaudenaikana hyvänsä, eivätkä seinät juurikaan estä sen kuulumista Renon asuntoon. Huonon punkin kuunteleminen onkin yksi oleellinen osa *The Driller Killer* -elämystä.

Punk-yhtye on lopulta vain yksi monista syistä siihen, että maalarimme mielenterveys järkkyy. Myös suhde tyttöystävä Caroliin alkaa olla koetuksella; Renon uran kannalta tärkeä taidegalleristi (**Harry Schultz**) suhtautuu tämän mestariteokseen erittäin torjuvasti; ja pelko joutumisesta kadulle ahdistaa aina vain pahemmin.

Onneksi televisiossa mainostetaan juuri oikealla hetkellä kätevää, kannettavaa akkuporakonetta. Reno ei ehkä pysty pakenemaan arjen ahdistusta, mutta ainakin hän voi päästellä paineita kiertämällä porineen katuja ja poraamaan päähän niillä öisin makaavia pummeja, eli juuri niitä ihmisiä joiden joukkoon hän koko ajan pelkää joutuvansa.

Hurmeiset poraustehosteet on tehty suorastaan hämmentävän hyvin ottaen huomioon *The Driller Killerin* varsin ilmeiset budjettirajoitteet. Veri lentää siihen malliin, että elokuva sai hyvin ansaitun sijoituksen brittien video nasty -listalla 1980-luvun alkupuolella, mikä luonnollisesti lisäsi kiinnostusta sitä kohtaan.

Nuorella Ferraralla on visuaalista näkemystä ja kyseessä lienee edelleenkin hänen kokonaisuutena onnistunein elokuvansa. Kuten tähänastisesta kuvauksesta on jo voinut päätellä, kyseessä ei ole ihan jokaisen yleisön elokuva, mutta niille jotka kestävät sen äärimmäisyyksiä se on erittäin palkitseva kokemus.

Arrow on julkaissut elokuvan blu-raynä jo kauan sitten. Valitettavasti lähdemateriaalista johtuen sen kuvanlaadussa ei ole hurraamista. Tavallaan suttuinen kuva kyllä tukee kokonaiselämystä.

DAWN OF
THE DEAD
USA 1979
Ohjaus: George A.
Romero
Pääosissa: David
Emge, Ken Foree,
Gaylen Ross
Katsottu: 1.12.2020
Formaatti: 4K Ultra
HD

10

Tehdäänpä heti kärkeen yksi asia selväksi. Internet Movie Database ja moni muukin lähde listaa George A. Romeron mestariteoksen *Dawn of the Dead* vuoden 1978 elokuvaksi. Sitä se tavallaan onkin, mutta tuona vuonna siitä julkaistiin ainoastaan **Dario Argenton** ns. äpäräversio. Se sai ensi-iltansa Italiassa 1. syyskuuta 1978 sen jälkeen, kun elokuvan rahoittamisessa auttanut Argento oli saanut sen valmiiksi hyvin itsenäisesti toimien.

Argenton versio on kymmenisen minuuttia lyhyempi kuin amerikkalainen, koska hän halusi poistaa siitä mielestään ilmeisesti turhia keskustelukohtauksia ja niiden sijaan maksimoida toiminnallisten osuuksien määrän. Lisäksi Argento korvasi Romeron käyttämiä tunnelmallisia arkistomusiikkiosuuksia huonolla heavy rockilla. Sanalla sanoen hän miltei pilasi koko elokuvan. Käy oikein sääliksi italialaisia, jotka näkivät tuoreeltaan tämän version yhdestä kaikkien aikojen loistavimmista kauhuelokuvista.

George A. Romero joutui pitkän aikaa taistelemaan amerikkalaiset elokuvien ikärajat päättävän MPAA:n kanssa voidakseen ylipäänsä julkaista *Dawn of the Deadin* kotimaassaan siten, että se saisi kunnollista levitystä. X-ratingin haluttiin lieventyvän R:ään, ettei tuleva kauhuklassikko joutuisi vain epämääräisten pikkuteatterien kankaille pornoelokuvien joukkoon.

Tämä taistelu ikärajasta viivästytti elokuvan julkaisua Amerikassa pitkän matkaa seuraavan vuoden puolelle. Keväällä Cannesissa nähtiin versio, joka oli jo aika pitkälti sinne päin, mutta sisälsi edelleen joitakin turhanpäiväisiä kohtauksia. Ne trimmattiin vielä pois ennen kuin *Dawn of the Dead* sai vihdoin ensi-iltansa Amerikassa kesällä 1979 – lopulta kokonaan ilman MPAA:n ratingia. R:ää ei siis saatu, mutta ei stigmatisoivaa X:ääkään ollut silti pakko ottaa.

Kaikki kolme versiota elokuvasta löytyvät kuvassa näkyvästä brittiläisen Second Sightin mahtiboksista, joka maksoi aikanaan yli 100 euroa. Niistä olen tietenkin katsonut vain sen ainoan oikean eli vuoden 1979 teatteriversion. Kaksi muutakin versiota olen nähnyt joskus 1990-luvulla, mutta niistä Argenton versio on edellä kerrotuista syistä katsomiskelvoton ja Cannes-versiossa on tarpeetonta tyhjäkäyntiä.

Dawn of the Deadin 4K-versio tuntui sitä katsoessani lievältä pettymykseltä. Kyllähän elokuva näyttää hyvältä, ei siinä mitään, mutta parannus jo hyllyssäni olleeseen blu-rayhin ei ollut niin suuri kuin olin odottanut, vaikka julkaisija oli erittäin hyvämaineinen Second Sight. Hyvä toki että kuvanlaatu parani edes vähän, mutta en ole varma oliko parannus 100 euron arvoinen.

Zombie-klassikko *Night of the Living Deadin* (1968, kts. CineActive 1) jatko-osassa elävien kuolleiden epidemia on saavuttanut apokalyptiset mittasuhteet. Ei näytä enää lainkaan varmalta, että ihmiskunta tulee selviämään katastrofista. Seuraamme aluksi kaoottisia tapahtumia pittsburghilaisella tv-asemalla, jossa käy nopeasti selväksi, että suurin ongelma eivät niinkään ole ihmissyöjäzombiet vaan vielä elävien ihmisten yhteistyökyvyttömyys.

Tv-aseman tuottaja Franin (**Gaylen Ross**) miesystävä Stephen (**David Emge**) tulee hakemaan tätä työpaikaltaan yhteiselle pakomatkalle. *"We've got to survive. Somebody's got to survive."* Merkillepantavaa on, että vielä tässä vaiheessa Stephen näyttää aktiiviselta toimijalta ja Fran perässävedettävältä ja pelastamisen tarpeessa olevalta.

Samaan aikaan aseistautunut SWAT-osasto on siivoamassa köyhällä alueella sijaitsevaa kerrostaloa, joka ei ole suostunut luopumaan kuolleistaan vaikka nämä muuttuvat zombeiksi. Tämän jakson erittäin verisillä näyillä Romero pyrkii aloittamaan yleisönsä turruttamisen väkivaltaan. Ja sitä totisesti riittää tästä eteenpäin. Efekteistä vastaa **Tom Savini**, jolle Romero antoi jo hyvissä ajoin etukäteen tehtäväksi miettiä erilaisia elokuvallisia tapoja tappaa ihminen (ja sitä miten ne voi toteuttaa näyttävin veritehostein).

SWAT-osastoon kuulunut Roger (**Scott H. Reiniger**) on Stephenin ystävä ja aikeissa paeta yhdessä tämän kanssa. Hän tutustuu keikan yhteydessä mustaihoiseen kollegaansa Peteriin (**Ken Foree**) ja kertoo tälle suunnitelmasta paeta yhdessä kauas suurista asutuskeskuksista, jossa on kenties vielä mahdollista elää turvassa zombie-epidemialta.

Stephenillä on käytössään helikopteri, jonka neljäs istuin on vapaana. Kun Roger tuo Peterin mukanaan sen lähtöpaikalle, etenkin Stephen epäröi, mutta hyväksyy lopulta Peterin ryhmän neljänneksi jäseneksi. Helikopteri nousee ilmaan ja lähtee lentämään kohti tuntematonta. Sivilisaatio ei ole vielä tässä vaiheessa täysin romahtanut, mutta natisee jo ilmiselvästi liitoksissaan.

Nähtyään ja koettuaan hätkähdyttävän verisiä näkyjä matkansa varrella nelihenkinen joukko päätyy lopulta suuren ostoskeskuksen kattokerroksessa sijaitsevalle alueelle; huoneistoon, joka on sopivasti syrjässä itse ostosparatiisin käytävillä tungeksivista elävistä kuolleista. Havaittuaan tämän tilanteen oikeastaan aika hyväksi he päättävät linnoittautua kattokerrokseen. Alakerran kaupoista saa tarpeellista tavaraa ja zombiet voi pitää loitolla sekä aseiden avulla että pitämällä nämä loitolla korkealla sijaitsevasta turvapaikasta.

Dawn of the Dead on yksi kiehtovimmista maailmanlopputarinoista, jonka olen koskaan nähnyt. Ulkopuolisen sivilisaation vähittäisen romahduksen voi aistia päähenkilöiden piilopaikkaan saakka television ja radion lähetysten muuttuessa yhä satunnaisemmiksi ja pelkistetymmiksi, ja loppuessa viimein kokonaan. Jäljelle jäävät vain päähenkilöt ja heidän piilonsa ulkopuolella horjuvat elävät kuolleet.

Pitkä aika suljetussa tilassa alkaa vähitellen rasittaa henkilöhahmojen välisiä suhteita. Tämä koskee erityisesti Stepheniä ja Franiä sen jälkeen, kun Fran kasvaa elokuvan edetessä paljon vahvemmaksi yksilöksi kuin millaisena Stephen haluaisi hänet nähdä. Pariskunnan suhde johtaa loogiseen päätepisteeseensä aivan elokuvan lopussa, mistä en nyt spoilerien pelossa varmuuden vuoksi kerro tässä sen enempää.

Romeron naishahmot ovat kehittyneet kiinnostasti zombie-trilogian edetessä. *Night of the Living Deadin* Barbra on vielä heikko astia: hän kauhistuu tapahtumia perin pohjin ja viettää suurimman osan elokuvasta katatonisessa tilassa. *Dawn of the Deadin* Fran kasvaa elokuvan aikana omaa miestään vahvemmaksi. Kehityksen huipentaa tietenkin *Day of the Deadin* (1985, arvioidaan jäljempänä) Sarah, joka on vahva ja itsenäinen toimija siinä missä hänen miesystävänsä Miguel on jo tuon elokuvan alusta alkaen vinkuva ja valittava luuseri.

Dawn of the Dead toimii myös hienona satiirina kulutusyhteiskunnasta. Zombiet horjuvat pitkin yltäkylläisen ostoskeskuksen käytäviä kuin haluamaansa tuotetta etsivät asiakkaat. Kun ihmetellään, mikä eläviä kuolleita houkuttaa nimenomaan ostoskeskuksessa, arvataan että niitä vetää paikalle tottumuksen voima. *"This was an important place in their lives."*

Dawn of the Dead on yksi kaikkien aikojen hienoimmista ja älykkäimmistä kauhuelokuvista; zombie-elokuvien klassikko, jota ei saa ohittaa jos on lajityypistä kiinnostunut. Pidän sitä Romeron uran parhaana elokuvana ja olen katsonut sen läpi jo ainakin parikymmentä kertaa. Ensimmäinen kerta oli todella suttukuvaiselta VHS-kopiolta vuonna 1986; viimeisin tältä 4K-levyltä joulukuun alussa 2020. Katselukertoja tullee lisää vielä tämän jälkeenkin.

•

The Amityville Horror saapui teattereihin Suomessa vasta yli vuoden jenkkiensi-iltansa jälkeen, elokuun puolivälissä 1980, muistettavalla käännösnimellä *Luojan tähden, paetkaa!* Minä en tietenkään paennut, vaan menin katsomaan elokuvan heti kun se oli mahdollista.

Tästä ajoituksesta johtuen *The Amityville Horror* kuului juuri siihen samaan uutuuskauhuelokuvien aaltoon, joka kiehtoi minua tuohon aikaan muutenkin. Vain puolitoista kuukautta sen jälkeen teattereihin tuli jo **Stanley Kubrickin** *Hohto,* jonka jälkeen olin lopullisesti

THE AMITYVILLE HORROR
USA 1979
Ohjaus: Stuart Rosenberg
Pääosissa: James Brolin,
Margot Kidder, Rod Steiger
Katsottu: 24.1.2024
Formaatti: 4K Ultra HD

6

myyty. Tätä arvostelua varten katselin elokuvan amerikkalaisena 4K UHD:nä, jonka julkaisija on Vinegar Syndrome.

17 vuoden iässä katsottuna *The Amityville Horror* tuntui yliluonnollisine tapahtumineen pelottavalta kokemukselta, mutta siihen mielentilaan sen äärellä on myöhemmin ollut hyvin vaikea päästä. Pikemminkin elokuva on tuntunut pikkuisen hupaisalta, kun se ei edes yritä selittää itseään tai luoda minkäänlaista mytologiaa kirotun talonsa ympärille.

Kyseinen talo sijaitsee New Yorkin Long Islandilla. Siihen muuttaa pahaa aavistamaton Lutzin pariskunta lapsineen. George (**James Brolin**) ja Kathy (**Margot Kidder**) vaikuttavat sympaattisilta hahmoilta, mutta taloa perhettä varten siunaamaan tuleva pappi (**Rod Steiger**) saa todella tylyn vastaanoton talossa piileskelevältä näkymättömältä pahuudelta.

Tarina alkaa tuntua tutulta: yliluonnollisia tapahtuu, mutta kukaan ei saa ketään vakuuttuneeksi mistään. Mielenkiintoisena analogiana *Hohdon* kanssa aiemmin kiltti perheenisä George muuttuu synkäksi murjottajaksi ja alkaa kehittää läheistä suhdetta kirveensä kanssa. Kirotussa talossa on aiemmin tapahtunut kokonaisen perheen massamurha. Tuleeko historia toistamaan itseään?

Stuart Rosenbergin *(Cool Hand Luke)* ohjaamaa teosta ei voi oikein mitenkään väittää varsinaisesti hyväksi, mutta on sillä toki oma paikkansa 1970-luvun lopun ja 1980-luvun alun kauhelokuvien hyökyaallossa. Teinitappojen sijaan se valitsi yliluonnollisen aiheen ja menestyi kohtalaisen hyvin saaden jopa Oscar-ehdokkuden musiikistaan (**Lalo Schifrin**).

The Amityville Horror sai pikavauhtia myös pari jatko-osaa, joista **Damiano Damianin** *Amityville II: The Possession* (1982) on monien mielestä jopa alkuperäistä parempi. **Richard Fleischerin** *Amityville 3-D:n* (1983) surkuhupaisuudesta voinemme olla kuitenkin samaa mieltä. Muitakin versiointeja on sittemmin tehty. Alkuperäisen elokuvan vuoden 2005 uusintaversiota tähdittivät **Ryan Reynolds** ja **Melissa George**.

The Amityville Horror perustuu **Jay Ansonin** kirjaan, jonka väitetään perustuvan tositapahtumiin. George Lutz on kreditoitu yhdeksi käsikirjoittajista. 4K UHD:n kuvanlaatu on tyydyttävää tasoa, hieman pehmeäkuvainen kyllä, mutta sitä elokuva on alun perinkin.

1980-LUKU

NIGHT OF THE DEMON
USA 1980
Ohjaus: James C. Wasson
Pääosissa: Michael Cutt,
Shannon Cooper, Melanie
Graham
Katsottu: 27.6.2024
Formaatti: Blu-ray

7

Amerikkalaisen **James C. Wassonin** verinen kauhuelokuva *Night of the Demon* on tuttu brittien legendaariselta video nasty -listalta. Tuo kyseinen kieltolista antoi ansiotonta arvonnousua monille huonoille elokuville, jotka olisi ollut vain syytä unohtaa. Wassonin teos on miellyttävä poikkeus kuuluen listan parempaan laitaan: elokuviin, jotka on syytäkin tuntea paremmin.

Antropologian professori Nugent (**Michael Cutt**) vie joukon opiskelijoitaan metsään etsimään bigfootia, Yhdysvaltain läntisten aarniometsien keskellä perimätiedon mukaan asustavaa isoa apinan kaltaista oliota. Seudulla on tapahtunut paljon erittäin verisiä henkirikoksia, joiden epäillään olevan juurikin bigfootin tassunjälkeä.

Yksi näistä aiemmista uhreista on ollut retkellä mukana olevan kauniin mutta ymmärrettävistä syistä varsin vakavailmeisen Carlan (**Shannon Coo-per**) isä. Tytär on nyt mukana matkassa saadakseen tietää totuuden isänsä viimeisistä vaiheista.

Bigfootin aiheuttamista kuolemista meille näytetään kaksi erittäin veristä takaumaa jo heti elokuvan alkupuolella, jotta katsoja varmasti ymmärtää tekijöiden olevan tosissaan. Näemme uskomattoman kohtauksen, jossa bigfoot pyörittelee yhtä uhreistaan hyvän aikaa päänsä päällä ennen varsinaista teurastusta. Tapot ovat erittäin verisiä ja kamera jää näyttämään niiden lopputuloksia pitkäksi aikaa.

Aivan ensimmäiseksi majoitutaan metsäläisen nimeltä Carlson (**William F. Nugent**) pihalle kostoksi siitä, ettei tämä suostu puhu-

maan retkueelle. Jotakin hämärää harmaantunut mies tuntuukin pii-
lottelevan, mutta onhan tämä silti aika mielenkiintoinen tapa yrittää
rikkoa jäätä. Lopulta saadaan selville, että jossakin aarniometsän
perukoilla asuu "hullu" Wanda (**Melanie Graham**), jolla pitäisi olla
jonkinlaista tietoa asioista.

Porukan metsäinen patikkamatka käy kovin synkäksi jo siksi, että
professori tykkää ilmeisen tarkoituksellisesti kertoilla iltaisin leiri-
nuotiolla äärimmäisen verisiä kuvauksia bigfootin aiemmista veri-
töistä. Nämä tapahtuvat ihailtavan säännöllisesti päiväsaikaan, jolloin
kaikki yksityiskohdat näkyvät hyvin. Esimerkiksi näyttävä motoristin
peniksen irtirepimiskohtaus oli varmasti juuri sen tyyppinen juttu,
jonka kaikki patikkaretkelle lähteneet halusivat kuulla nuotion äärel-
lä tietäen, että sen tehnyt hirviö liikkui jossakin päin samaa metsää.

Tästä eteenpäin elokuva jatkuu varsin samanlaisena. Retkue saa
selville lisää asioita bigfootin arvoitukseen liittyen, ei kuitenkaan rat-
kaisevia johtolankoja, ja sen jälkeen kokoonnutaan illalla leirinuotion
ääreen jossa professori kertoo lisää kauhujuttuja alueella murhatuista
ihmisistä. Näiden kohtalot näytetään sitten verisinä takaumina.

Loppupuolellaan elokuva keskittyy yllättävänkin pitkästi metsästä
löydetyn Wandan traagiseen taustatarinaan. Hän oli jo nuorena jou-
tunut kiihkouskovaisen isänsä uhriksi, jonka myötätuntoa tytärtään
kohtaan ei nostanut esille edes metsässä asuvan bigfootin raiskaa-
maksi tuleminen. Sekin tuotti isässä ainoastaan rankaisemisen halua.

Wandan tarinassa piileekin avain elokuvan loppuratkaisuun. Sii-
hen paneutuminen verellä mässäilevässä splatter-elokuvassa tuntuu
kuitenkin hieman falskilta. *Carrien* tyyliin uskonnon sekoittama van-
hempi on vaara omalle lapselleenkin, mutta sinänsä vakavasti otetta-
vaan aiheeseen on vaikea keskittyä kun on nähnyt miten bigfoot
käyttää uhriltaan irti repimiään sisälmyksiä lassona.

Amerikkalaisen blu-rayn kuvanlaatu on lajissaan suunnilleen
keskitasoa. Se on jonkin verran sumea, mutta huonompiakin näkee.

•

 *Zombi Holocaust* alkaa, kun joku käy yön pimeydessä New
York in yliopistollisen sairaalan ruumishuoneella sahaa-
massa ruumiilta käden irti. Tämä huomataan seuraavana
päivänä sairaalan läääkärikoulutuksessa, jossa opetus pitää sitten

ZOMBI
HOLOCAUST
Italia 1980
Ohjaus: Marino Girolami
Pääosissa: Ian McCulloch,
Alexandra Delli Colli, Sherry
Buchanan
Katsottu: 18.6.2024
Formaatti: 4K Ultra HD

8

muutenkin keskeyttää, kun opiskelijat eivät keskity vaan nauravat omille vitseilleen. Eikä siinä kaikki: heti seuraavana päivänä löytyy ruumis, jolta on kaivettu sydän irti!

Työpäivän päätteeksi **Alexandra Delli Collin** näyttelemä blondi hoitaja nimeltä Lori Ridgeway haluaisi ymmärrettävästi rentoutua kotonaan. Se tapahtui tietenkin riisuutumalla kameran edessä, ja kylläpä hän näyttikin upealta. Seksikkäät alusvaatteet pois ja suitsukkeita sytyttämään. Suihku jää kuitenkin tällä erää ottamatta, kun Lorin ovikelloa soittaa odottamatta New York Expressin nenäkäs reportteri (**Sherry Buchanan**), joka kutsuu itsensä sisään ja alkaa esittää hankalia kysymyksiä.

Seuraavana yönä tapahtumille löydetään onneksi jos ei nyt varsinaista selitystä niin ainakin syyllinen. Jo aiemmin epäilyttävältä näyttänyt indonesialaisen näköinen apuhoitaja kaivaa pimeässä sairaalassa esiin jälleen yhden sydämen ja on juuri haukkaamassa siitä palaa, kun hän jää kiinni. *Busted!* Ainoa helppo pelastuskeino tilanteesta on syöksyä ikkunan läpi kuolemaan.

Kun syyllinen osuu kaukana alhaalla jonkinlaiseen katokseen ja rikkoo sen, hänen stunttinaan toimineen mallinuken käsi irtoaa kokonaan. Mutta kun ruumista tultiin tutkimaan, sen käsivarsi on edelleen paikallaan. Tästä on selvästi tulossa komediaa.

Kun **Ian McCulloch** *(Zombie, Contamination)* tulee kuviin, oli lupa rauhoittua. Hän kyllä selvittää asiat ja hoitaa kaiken kuntoon. Mc-

Culloch näyttelee tohtori Peter Chandleria, jolle esitellään seuraavaksi diaprojektorilla vastaavanlaisia kannibalismitapauksia kuin mitä nyt koettiin. Äkkiä nähdään todella mielenkiintoinen kuva maassa makaavasta kaakkoisaasialaisesta. Se on niin kiinnostava, että Lori haluaa heti nähdä sen zoomattuna. Miten diaa zoomataan? Jotenkin se onnistui, ja nyt oli helppo havaita, että kaakkoisaasialaista oli ammuttu päähän!

Tästä Chandler tajusi heti, että asiaa pitää lähteä selvittämään tropiikin saaristoon, josta syyllisen iholla oleva tatuointi on peräisin. Sinne mennäänkin heti seuraavaksi, elokuvan kestettyä täsmälleen 25 minuuttia, ja siellä vietetään loput 64. Nenäkäs reportteri lähtee mukaan ja onkin seuraavissa kuvissa saman Jeepin kyydissä kuin Chandler, Lori Ridgeway ja Chandlerin assistentti.

Tropiikissa Lori Ridgeway riisuutui viimein täysin alastomaksi valmistautuessaan yöpuulle ja kyllä hän näyttikin upealta. Sitten vain avokaulainen t-paita päälle ja vuoteeseen, ei kun joku olikin tuonut siihen mätänevän irtopään ja maalannut taas sen saman symbolin lakanaan. Kylläpä tämä on melkoinen reissu!

Vierailijoiden isäntä, tohtori Obrero (**Donald O'Brien**) kuitenkin vakuuttelee, että ei syytä huoleen ollut: jos alkuasukkaat olisivat oikeasti aikoneet vahingoittaa Loria, se olisi heiltä onnistunut helposti. Niinpä koko asia unohdetaan saman tien ja seuraavana päivänä lähdetään seilaamaan kohti Kiton saarta, josta syyllisen tatuoinnin tiedettiin olevan peräisin.

Obreron lähettämä mustaihoinen opas oli todella ärsyyntyneen näköinen, kun retkue joutui perämoottorin ylikuumentumisen takia keskeyttämään matkansa lähimmälle saarelle. Hän kun oli yrittänyt johtaa Obreron käskystä porukan väärälle saarelle, mutta nyt he olivatkin sitten vahingossa päätyneet oikealle.

Mitä kaiken tämän salaperäisyyden takana on? *Zombi Holocaustin* salaisuudet aukeavat sen jälkimmäisellä puoliskolla, jossa nähdään niin kannibaaleja syömässä ihmisiä kuin myös hurjan näköisesti maskeerattuja zombeja horjumassa hitaasti. Efektit ovat halpoja mutta hienoja. Veneen perämoottoria käytetään elävien kuolleiden häätämisessä ikimuistoisella tavalla.

4K UHD:n kuva on laadultaan äärimmäisen rakeinen ja vähän sumeakin. Jos jo omistat blu-rayn, päivitystä tähän kannattaa tarkoin harkita, vaikka kansitaide onkin komean näköinen. Ilmeisesti elokuvasta ei vain ole mahdollista saada aikaan tätä parempaa presentaatiota.

THE SHINING
USA/Iso-Britannia 1980
Ohjaus: Stanley Kubrick
Pääosissa: Jack Nicholson,
Shelley Duvall, Scatman
Crothers
Katsottu: 4.10.2019
Formaatti: 4K Ultra HD

10

Olin innostunut elokuvista niin voimakkaasti, että sitä saattoi kuvata harrastamiseksi jo hieman aiemmin, mutta todellinen puulla päähän -efekti syntyi vasta alkusyksystä 1980, kun näin ensimmäistä kertaa Stanley Kubrickin *Hohdon* elokuvateatterissa. Olin nähnyt suunnilleen samoihin aikoihin myös *The Amityville Horrorin* (kts. edellä) ja nämä kaksi elokuvaa tekivät minusta tuolloin erityisesti kauhuelokuvien fanin.

Muistan myös täysin selvästi miten katsellessani vaikuttuneena elokuvan alkutekstijaksoa näin ensimmäistä kertaa koskaan missään nimen **Stephen King**. Mitä, tämäkö perustuu kirjaan? Kuka onkaan tämä Stephen King? Etenkin sen jälkeen kun *Hohdon* katselukokemus oli niin loistava kuin se oli, aloin myös etsiä uuden kirjailijasuosikkini teoksia. Noihin aikoihin ne piti hankkia englanniksi.

The Shining onkin omalle kauhufanikehitykselleni niin tärkeä ja keskeinen teos, että siitä kirjoittaminen objektiivisesti on varsin vaikeaa. Voitanee kuitenkin olla jokseenkin yksimielisiä siitä, että Kubrickin ensimmäinen todellinen kauhuelokuva on toteutettu leuat loksauttavalla taidolla. Katsojan ihon alle pääsevällä musiikkitaustalla on tärkeä rooli kauhutunnelman muodostamisessa, ja visuaalisuus hakee vertaistaan.

Juonisisällön useimmat varmasti tuntevat. Jack Torrance (**Jack Nicholson**) on alkoholismista toipuva kirjailija, joka ottaa vastaan työn talveksi suljettavan coloradolaisen hotellin talonmiehenä voidakseen kirjoittaa rauhassa. Mukaan tulevat vaimo Wendy (**Shelley Duvall**) ja pieni poika Danny (**Danny Lloyd**).

Talven aikana hotellissa piilevät pahat voimat heräävät henkiin ja alkavat viekoitella Jackiä murhaamaan perheensä kirveellään. Danny-pojalla on kuitenkin yliluonnollinen "hohtamisen" lahja, jota voisi kuvata yhdistelmänä telepatiaa ja selvänäkemistä, ja se saattaa kenties tarjota mahdollisuuden pelastua kauhunäkyjen täyteisestä, uhkaavasta tilanteesta.

Kirjailija King on itse ollut yksi elokuvan äänekkäimmistä kriitikoista, syyttäen Nicholsonia täysin vääräksi valinnaksi Torrancen rooliin. Hänen mielestään elokuvayleisöt muistivat yhä Nicholsonin parhaiten tuolloin melko uudesta, mielisairaalaan sijoittuvasta Oscar-magneetista *Yksi lensi yli käenpesän,* jolloin nämä ehkä mielsivät roolihahmon olevan poissa raiteiltaan jo elokuvan alussa.

Itse en ollut lainkaan nähnyt *Käenpesää* nähdessäni *Hohdon* ensi kertaa, joten minulla ei ollut tuota todellista tai kuviteltua rasitetta. On kyllä totta, että Jack Torrancella on elokuvan alkupuolella pari hieman outoa repliikkiä sekä etenkin ilmettä, mutta itse suhtauduin niihin pikemminkin hiukan omintakeisina osina hänen persoonaansa kuin sekopäisyyden merkkinä.

Ymmärrän kyllä silti arvostelun ja olisin itsekin jälkikäteen ajatellen ollut kiinnostunut näkemään roolissa jonkun toisen näyttelijän. Kubrick lienee valinnut Nicholsonin juuri siksi, että tämä on niin taitava näyttelemään mielipuolta, ottamatta huomioon että tuo ominaisuus saattoi valua elokuvan myös niihin kohtauksiin, joissa olisi tarvittu uskottavaa normaaliutta.

The Shining esitetään vuonna 2019 julkaistulla 4K-levyllä ensimmäistä kertaa myös meidän raukoilla rannoillamme pidennettynä amerikkalaisena versiona. Aiemmin tämä pitkä versio on nähty vain jenkkijulkaisuissa, joista ensimmäisenä hankin omaan hyllyyni Laser-Discin jo joskus 1990-luvun puolivälin tienoilla. Minulle pitkä versio oli siis jo ennestään tuttu, mutta aiemmin vain kotimaisia julkaisuja katsoneesta saattaa tuntua että elokuvassa on ihan uusia kohtauksia, joita tämä ei ole ennen nähnyt.

Lisäykset eivät ole mielestäni kokonaisuudelle täysin välttämättömiä, mutta pääosin kuitenkin hyviä. Alussa nähdään esimerkiksi myös lyhyen version alkuteksteissä mainittu näyttelijä **Anne Jackson**, jota ei ole elokuvan eurooppalaisissa julkaisuissa nähty koskaan aiemmin. Nyt hän esiintyy Dannylle terveystarkastuksen tekevää lääkäriä. Lopussa nähtävä lisäkohtaus, jossa veitsi kädessä ympäri hotellia juokseva Wendy osuu luurankoja täynnä olevaan huoneeseen, on aavemainen ja tehokas.

Teatterissakin hieman pehmeäkuvaiselta näyttänyt *The Shining* ei kuitenkaan loista kuvanlaadullaan. 4K UHD ei muodosta kovinkaan kummoista parannusta jo aiemmin saatavilla olleisiin blu-ray -julkaisuihin nähden.

CANNIBAL APOCALYPSE

Italia/Espanja 1980
Ohjaus: Antonio Margheriti
Pääosissa: John Saxon,
Elizabeth Turner, Giovanni
Lombardo Radice
Katsottu: 13.8.2024
Formaatti: 4K Ultra HD

6

Cannibal Apocalypsen päähenkilö on Norman Hopper (**John Saxon**, *A Nightmare on Elm Street, Tenebrae),* joka joutui outoihin tilanteisiin palvellessaan joukkueenjohtajana Vietnamin sodassa. Kaksi hänen joukkueensa jäsentä oli jäänyt vangiksi maakuoppaan ja kehittänyt siellä himon ihmislihaa kohtaan. Norman saattoi kenties altistua tälle taipumukselle itsekin.

Elokuvan tapahtumat käynnistyvät toden teolla sodan jälkeen kotona Yhdysvalloissa, jossa Norman on asettunut viettämään keskiluokkaista omakotilähiöelämää vaimonsa Janen (**Elizabeth Turner**) kanssa. Toinen sodassa kannibaalin taipumuksia osoittaneista miehistä, kirjailijan mukaan nimetty Charlie Bukowski (**Giovanni Lombardo Radice**, *House on the Edge of the Park*) ottaa häneen yhteyttä ja pyytää oluelle, mistä Norman ei varsinaisesti innostu, mutta lähtee kuitenkin.

Juoni lähtee laukalle, kun Bukowski menee tämän jälkeen elokuvateatteriin katsomaan **Umberto Lenzin** sotaelokuvaa *From Hell to Victory* (1979) ja tulee siellä puraisseeksi naispuolista katsojaa. Mies pakenee sen jälkeen paikalta perässään joukko epäsiistin oloisia motoristeja. Kun hän päätyy ampumaan yhden näistä itsepuolustukseksi, syntyy piiritystilanne, jonka ratkomiseen osallistumisen Norman kokee velvollisuudekseen. *"I was his commanding officer in Vietnam!"*

Tästä eteenpäin *Cannibal Apocalypse* on ikään kuin eräänlainen köyhän (italialaisen) miehen versio **David Cronenbergin** *Rabidista*. Kannibalismiin pakottava sairaus leviää puraisuista suurkaupungin kaduilla ja rakennuksissa. Yhteiskunta ei oivalla vaaraa ennen kuin se on ehtinyt jo levitä laajalle.

Lopulta Norman havaitsee taudin oireita itsessäänkin. Viimeiset voimainmittelöt käydään kaupungin viemäriverkostossa, johon pakeneva nelikko on silmiinpistävän samanlainen kuin *Dawn of the Deadin* vastaava. Joukon ainoa naispuolinen jäsen **May Heatherly** jopa muistuttaa Gaylen Rossia. Radice on Scott H. Reiniger, mukana on myös yksi musta mies ja John Saxon on tämän porukan *flyboy*.

Cannibal Apocalypse on viihdyttävää italialais-espanjalaista splatter-eksploitaatiota olematta varsinaisesti hyvä elokuva. Aiemmilla katselukerroilla olen merkinnyt sille seiskan, mutta nyt huomasin ettei se oikeastaan ole sen arvoinen vaikka verisimmät kohtaukset viihdyttäviä ovatkin. Harvemmin näkee, miten miehen keskivartaloon ammutaan ensin iso reikä ja sitten kuvataan kameralla sen läpi.

Elokuvan vain jokunen vuosi sitten julkaistu blu-ray oli kuvanlaatunsa osalta ilmiömäinen, joten ei ollut kovinkaan suuri yllätys, että tämä 4K Ultra HD on sitä myös. Hyvin vähäistä rakeisuutta lukuun ottamatta liikutaan ihan referenssitasolla. Tuntui suorastaan oudolta, että katsoin välittömästi tätä elokuvaa ennen Criterionin 4K-julkaisut laatuelokuvista *Bound* ja *Blue Velvet* (arvioidaan toisaalla tässä kirjassa), ja tämä peittosi ne kuvanlaadussa todella helposti. Siis Criterionin, jonka julkaisujen luulisi olevan priimaa.

ANTHROPOPHAGUS
Italia 1980
Ohjaus: Joe D'Amato
Pääosissa: Tisa Farrow, Saverio
Vallone, Serena Grandi
Katsottu: 9.8.2024
Formaatti: 4K Ultra HD

8

Jos video nasty pitäisi määritellä yhden ainoan elokuvan avulla, tuo elokuva olisi italialaisen **Joe D'Amaton** (oikealta nimeltään **Aristide Massaccesi**) legendaarinen *Anthropophagus*. Se on ehdottomasti paras esimerkki elokuvasta, jollaiset saivat brittipuritanistit täyteen paniikkiin 1980-luvun alussa ja sisältää suunnilleen kaiken sen, mitä heidän mielestään ei missään nimessä olisi saanut kenellekään näyttää.

Anthropophagus sai ensi-iltansa kotimaassaan Italiassa 9. elokuuta 1980, eli katsoin sen nyt uudelleen sen 44-vuotispäivänä. Katseluun antoi syyn brittiläisen 88 Filmsin uusi 4K UHD -julkaisu, jonka olin saanut postitse muutamia päiviä aikaisemmin.

Jos aloitetaan tuosta 4K-julkaisusta, niin sen voi valitettavasti skipata, jos jo omistaa blu-rayn. Kuvasta näkee kyllä, että sitä on terävöitetty mutta kun lähdemateriaali on mitä on, lopputulokseksi on vain saatu skarpimpaa rakeisuutta. Tämän lisäksi useissa kohtauksissa kuvassa esiintyy outoja tummia varjoja, jotka vilahtelevat hetkellisesti ruudulla ja ovat varsin häiritseviä. Esimerkiksi alun johdantojakso rannalla on niitä täynnä, sitten ne taas häviävät kokonaan, vain ilmaantuakseen satunnaisesti kuvaan myöhemmin.

IMDb ei sitä ainakaan kerro, mutta voisikohan olla mahdollista että *Anthropophagus* on aikanaan kuvattu 16-milliselle filmille? Se selittäisi 4K-kuvan ylenpalttisen rakeisuuden. Samanlainen tapaushan on myös jäljempänä käsiteltävä *The Evil Dead* (1981). Ero D'Amaton seuraavaan mestariteokseen *Absurd* (1981, käsitellään myös kohta) on nimittäin todella iso. Kuvasuhde on 1.66:1, en tiedä kertooko se asiasta jotakin. *Absurd* esitetään 1.85:1 -kuvasuhteessa.

No, eipä siinä mitään. Hiukan vaatimattoman tasoinen kuva jopa tavallaan kuuluu tällaisiin nuhjuisiin kulttielokuviin. *Anthropophagus* kertoo oudoista ja verisistä tapahtumista Kreikan saaristossa. Edellä jo mainitussa johdantojaksossa saksaa puhuva pariskunta tulee autiolle rannalle rentoutumaan vain päätyäkseen verisesti tapetuksi jonkun hirviömäisen olennon toimesta, joka rajataan vielä toistaiseksi kuvan ulkopuolelle.

Tämän jälkeen tutustumme päähenkilöihimme. Julie (**Tisa Farrow: Mian** sisko ja **Lucio Fulcin** *Zombien* sankaritar) on valokuvaaja, joka törmää pakettiautolla liikkuvaan seurueeseen niin kovalla vauhdilla, että hänen kameransa rikkoutuu. Se halutaan korvata hänelle, mutta korvaukseksi hänelle riittää pääsy mukaan veneeseen, jolla muut ovat matkalla kaukaiselle saarelle.

Yksi seurueen jäsenistä on tarot-korteista lukeva Carol (**Zora Kerova,** jonka rinnoille kävi todella huonosti vuotta myöhemmin julkaistussa *Cannibal Feroxissa),* jonka poikaystävä lähestyy heti Julieta saaden aikaan skisman naisten välille. Pienemmälle huomiolle jää, että hänen tarot-korttinsa eivät suostu ennustamaan minkäänlaista tulevaisuutta erittäin raskaana olevalle Maggielle (**Serena Grandi**).

Perillä kaukaisella saarella on autiota ja hiljaista, ja syy siihen selviää pian: kammottava ihmissyöjähirviö anthropophagus (**George Eastman,** oikealta nimeltään **Luigi Montefiori**) on paitsi tappanut, myös varmaankin syönyt suurimman osan saarelaisista. Ennen kuin tämä selviää, osa joukosta on jo oudosti kadonnut ja senkin jälkeen kun asiain laita tiedetään, miten paeta paikalta kun venekin lähti ajelehtimaan?

Vasta tämänkertaisella katselulla kiinnitin huomiota siihen, miten tehokas *Anthropophagus* on kauhuelokuvana. Nimihenkilöä, tai pitäisi kai sanoa -hirviötä näytetään säästeliäästi ja kun Eastman lopulta ilmaantuu kuviin, tämän kasvojen verentahrima, repaleinen maskeeraus yhdistettynä täysin aidon tuntuiseen hullun kiiltoon Eastmanin silmissä herättää aidosti kylmiä väreitä. Näin etenkin, kun elokuvan valaistus toimii hienosti piilottaen hirviön monin paikoin osittain pimentoon.

Muutenkin toimivasta hirviöhahmosta tekee vieläkin pelottavamman tieto siitä, ettei D'Amato tarvittaessa säästele väkivallan yksityiskohdissa. Mitä hyvänsä hirveyksiä saattaa tapahtua. *Anthropophagus* sisältää lopulta melko vähän väkivaltaisia kohtauksia, mutta kun ne osuvat kohdalle, ne ovat todella äärimmäisiä. Sisälmyksiä kaivetaan ja maistellaan, ja varmaan monet ovat jo lukeneetkin muista lähteistä tiedon, etteivät edes sikiöt ole täysin turvassa.

D'Amato on ohjannut jotain 200 elokuvaa, joista olen nähnyt vain melko pienen osan eli ne kaikki tunnetuimmat. *Anthropophagus* on mielestäni niistä paras. Vaikka päähenkilöt ovat vähän uuvatteja, kauhuelokuvana tämä toimii esimerkillisesti.

FOREST OF FEAR
USA 1980
Ohjaus: Charles McCrann
Pääosissa: Charles McCrann,
Beverly Shapiro, John
Amplas
Katsottu: 28.6.2024
Formaatti: Blu-ray

7

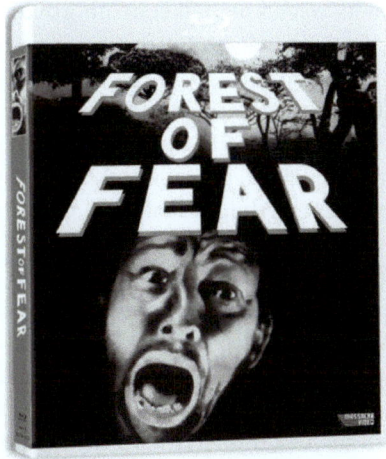

Charles McCrannin *Forest of Fear* sai periaatteessa täysin ansaittua ylimääräistä huomiota kun se lisättiin brittien video nasty -listalle. Britanniassa elokuva tunnettiin tuolla nimellä ja kun olen ehtinyt siihen jo tottua niin käytän sitä. IMDb tuntee elokuvan kuitenkin nimellä *Bloodeaters* ja Massacre Videon julkaisemassa blu-rayssä lukee päällimmäisenä *Toxic Zombies*.

Kaksi FBI-agenttia hiippailee keskellä metsää ja löytää sieltä laittoman huumeviljelmän. He ampuvat paikalla olleen naisen hengiltä; vastaavasti paikalle hiipineet huumeidenkasvattajat tappavat agentit. Vaikka uhka torjuttiin, hipeiltä vaikuttava porukka kuitenkin huolestuu: virkavalta on aivan heidän kannoillaan. Tulee kiire saada edes osa marihuanasadosta korjattua.

Liittovaltion palveluksessa oleva kiero agentti keksii ovelan keinon taistella inhoja hippejä vastaan. Hän palkkaa parhaat päivänsä jo kauan sitten nähneen ruiskutuslentäjän *(crop duster)* myrkyttämään näiden viljelmän kokeellisella myrkyllä, jota liittovaltio ei ole vielä hyväksynyt käytettäväksi.

Lentäjän tuutatessa lastin potkurikoneestaan hipit ovat kiireellä korjaamassa viimeistä satoaan ja saavat myrkyt päälleen. Yltä päältä valkoisessa jauheessa he juoksevat köhien takaisin leiriinsä; yksi heistä oksentaa verta jo saman tien ja muutkin passivoituvat apaattisiksi tuijottelijoiksi pienellä viiveellä. Myöskään myrkytyksen suorittanut lentäjä ei vaikuta jälkeenpäin kovin terveeltä.

Samaan aikaan liittovaltion huumevalvonnassa töissä oleva mutta näistä tapahtumista täysin tietämätön Tom Cole (roolissa ohjaaja McCrann) on lähdössä telttaretkelle vaimonsa ja veljensä kanssa. On helppo arvata, että kolmikko tulee törmäämään huumeita viljelleisiin hippeihin tuon retkensä aikana. Lisäksi metsässä retkeilee myös nelihenkinen perhe, jonka poika on kehitysvammainen.

Kun myrkyn sairastuttamat, nyt pahasti raivotautisilta näyttävät hipit hyökkäävät viimeksi mainitun perheen vanhempien kimppuun, lapset joutuvat heistä erilleen. Metsässä aikansa piiloteltuaan he päätyvät Colen pariskunnan huostaan. Metsästä tulee elokuvan nimen mukaisesti pelon metsä kaikille niille, jotka siellä liikkuvat.

Raivotautiset hipit eivät säästä ketään. He hyökkäävät kaikkien näkemiensä ihmisten kimppuun tappaakseen nämä verisesti, missä he myöskin toistuvasti onnistuvat. Murhat ovat juuri sellaisia, mitä tyypilliseen splatter-elokuvaan kuuluu, ja jollaisilla 1980-luvun alun Britanniassa oli helppo yltää video nasty -luokitukseen. Veristen lopputulosten näyttämiseen paneudutaan ihailtavalla pieteetillä, vaikka efektit ovatkin kaikkea muuta kuin ensiluokkaisia.

Ehdin odottaa vuosia *Forest of Fearin* blu-ray -julkaisua ennen kuin se lopulta tuli saataville. Kun niin kävi, oli helppo huomata mikä oli aiheuttanut viiveen. Elokuvasta ei ole enää olemassa laadukkaita mastereita. Tämä on vedetty parhaasta löydetystä esityskopiosta ja sen kyllä huomaa. Hetkittäin kuva on täynnä roskia ja kulumia, ja voin hyvin kuvitella miten paljon niiden siivoaminen olisi maksanut. Kuva on parhaimmillaan kyllä ihan häiriötönkin, mutta ei sen terävyys ole silloinkaan kovin kummoinen.

Kuriositeettina todettakoon, ettei edes Britanniassa 1980-luvulla kielletty versio elokuvasta ollut leikkaamaton. Siitä puuttui mielestäni ihan kiinnostava epilogi, jossa yksi henkiinjääneistä tekee lähtöä maisemista ja tuo elokuvaan kiinnostavan yhteiskuntakriittisen kulman. Tuo lyhyt jakso on jouduttu vetämään elokuvaan videolta, koska sitä ei ole filmillä enää missään. Kuva on sen aikana erittäin sumea, mutta sen katsominen on silti suositeltavaa.

Forest of Fear sai maailmanensi-iltansa lokakuussa 1980 New Yorkissa. Sen ohjaaja, tuottaja, käsikirjoittaja ja Tom Colen roolissa nähty Charles McCrann kuoli traagisesti tuossa samassa kaupungissa syyskuun 11. päivänä 2001.

HOUSE ON THE EDGE OF THE PARK
Italia 1980
Ohjaus: Ruggero Deodato
Pääosissa: David A. Hess, Annie Belle, Christian Borromeo
Katsottu: 18.6.2024
Formaatti: 4K Ultra HD

7

Samaan aikaan kun muut eteläeurooppalaiset tekijät olivat vasta kiipeämässä kannibaali- ja zombie-elokuvien vankkureille, veteraani **Ruggero Deodato** *(Cannibal Holocaust)* oli jo siirtymässä eteenpäin. Hänen marraskuussa 1980 Italiassa ensi-iltansa saanut uusi ohjauksensa oli tuikea home invasion -trilleri.

David A. Hess (alkuperäisen *The Last House on the Left* tähti) on hulttiomainen Alex, nuorehko newyorkilainen itseään täynnä oleva työväenluokkainen mies. Hänen nähdään elokuvan johdantojaksossa hyökkäävän autoilevan naisen kimppuun, raiskaavan ja kuristavan tämän hengiltä.

Ilmeisesti minkäänlaisia tunnontuskia tuntematta hän on seuraavaksi lähdössä viettämään klubi-iltaa *Saturday Night Feverin* Tony Maneron tyyliin pukeutuneena, kun hänen seuraansa liittyy vähälahjainen kaveri Ricky (Giovanni Lombardo Radice, *City of the Living Dead, Cannibal Apocalypse*). Kaksikko tekee lähtöä kaupungille ilmeisesti Alexin omistamalla autokorjaamolla, kun paikalle ilmestyy yläluokkainen kaksikko rikkinäisen autonsa kanssa.

Autoa ohjannut Tom (**Christian Borromeo**) ei vielä sinänsä saa Alexia kiinnostumaan iltahommista kun pitäisi juhlimaankin lähteä, mutta tilanne muuttuu kun viereiseltä istuimelta nousee näkyville elokuvan vaikuttavin hahmo Lisa (upea **Annie Belle**). Yhtäkkiä Alex kiinnostuukin lähtemään kaksikon lupaamiin yksityisbileisiin kaupungin ulkopuolella sijaitsevaan kartanomaiseen taloon, Rickyn korjattua odottamattomien vieraiden auton vian käden käänteessä.

Deodaton elokuva on hyvin luokkatietoinen ja piirtää selkeän eron talolla jäykästi juhlivan yläluokan ja autonkorjaajakaverusten välille. Alexin pakotettuun cooliuteenkin ilmestyy hetkellisiä säröjä hänen huomatessaan illan isäntien tekevän pilkkaa yksinkertaisesta Rickystä, joka peräti strippaa näille discomusiikin säestyksellä huomaamatta tilanteessa mitään outoa. Lopulta Alexin väkivaltaiset taipumukset puskevat sivistyneemmän ulkokuoren läpi, hän ottaa isäntäväen panttivangiksi ja aloittaa näiden väkivaltaisen piinaamisen.

House on the Edge of the Park oli sekin aikanaan brittien video nasty -listalla, sopimattomana julkiseen levitykseen. Nyt on tultu noista ajoista niin pitkälle, että katsomani 4K UHD on nimenomaan Iso-Britanniassa julkaistu ja silti täysin leikkaamaton. Toki leikattavaa ei olisikaan ollut kovin paljoa, sillä sensoreita häiritsevää elokuvassa olivat varmaan jo 1980-luvulla pikemminkin sen äärimmäisen ilkeä pohjavire ja täysin aidosti toimiva eroottinen jännite.

House on the Edge of the Park näyttää ihmiset susina toisilleen ja kuvittelee mitä tapahtuu kun sivistyksen ohut pintakerros kuoritaan pois. Väkivalta on heidän asenteissaan ja valmiudessaan toimia sosiaalisten konventioiden vastaisesti. Vaikka avoimen väkivallan aloittaa Alex, vastapuoli vähemmän yllättävästi liittyy siihen. Kun Alex pakottaa seksikkäästi pukeutuneen Lisan vuoteeseen, on vaikea sanoa varmuudella kuka on oikeastaan nenästä vedettävä uhri. Tarina ei ole erityisen uskottava, mutta säilyy kuitenkin herkeämättömän kiinnostavana loppuunsa asti.

Levyn kuvanlaatu on OK, ei mitään ihmeellistä mutta kuitenkin parannusta aiemmin näkemiini julkaisuihin verrattuna.

HELL OF THE LIVING DEAD
Italia/Espanja 1980
Ohjaus: Bruno Mattei
Pääosissa: Margie Newton, Franco Garofalo, Selan Karay
Katsottu: 17.6.2024
Formaatti: 4K Ultra HD

7

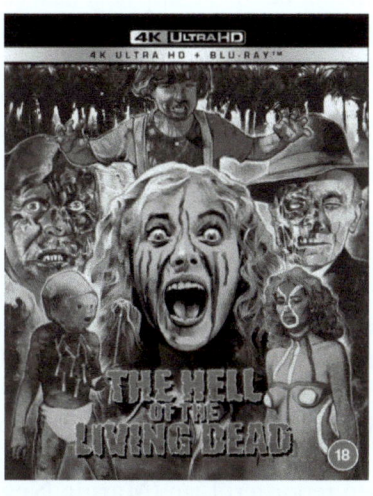

 Myös nimillä *Virus, Night of the Zombies* ja *Zombie Creeping Flesh* tunnettu *Hell of the Living Dead* on italialaisen roska-maakari **Bruno Mattein** panos eteläisessä Euroopassa 1980-luvun alussa vallinneeseen kannibaalizombie-eloku-vainnostukseen. Perinteisin mittarein ajateltuna se on yksi genren huonoimmista mutta onneksi myös hauskimmista teoksista. Kunnioittaakseen ilmiselvää esikuvaansa *Dawn of the Dead* Mattei käyttää alkuteksteissä taiteilijanimeä Vincent Dawn.

Tiedemiehet tutkivat jotakin ulkoapäin isolta tehtaalta näyttäväs-sä Antares-moduulissa. Kyseessä on toistaiseksi tarkemmin määritte-lemätön operaatio nimeltä *Sweet Death*. Moniin italialaisiin kauhuelo-kuviin musiikkia tehnyt yhtye Goblin kierrättää taustalla *Dawn of the Deadin* musiikkia. Reipas rotta hyökkää yhtäkkiä yhden tutkijan suo-japuvun sisäpuolelle ja kohta verta vuotaa kuin suihkulähteestä. Vain hetkeä myöhemmin pureman saaneet muuttuvat kannibaalizombeik-si ja nähdään elokuvan ensimmäiset sisälmykset sekä niiden ahnaat mutustelut.

Edelleen *Dawnia* mukaillen hetken päästä vähän matkan päässä toisaalla on jonkinlaisten terroristien aiheuttama panttivankitilanne ja paikan ovat piirittäneet raskaasti aseistautuneet poliisit, jotka muistuttavat hiukan tuon kuuluisamman elokuvan SWAT-tiimiä. Miehet heittävät läppää ja haaveilevat pian edessä olevasta komennuksestaan trooppiseen Uuteen Guineaan, jonka uskovat olevan kuin lomamatka.

Erikoisjoukot tulevat sisälle täsmälleen saman musiikin soidessa taustalla kuin *Dawnissa* toimintakohtauksessa, jossa sen elokuvan henkilöt tuhosivat zombeja ostoskeskuksessa. Yksi poliisi onnistui riisumaan terroristin aseista. Tämän antauduttua toinen hyökkäsi selän takaa ja leikkasi tältä kurkun auki. Reilu meininki! Pian kaikki muutkin ammuttiin.

Seuraavaksi samat joukot olivat päässeet ns. lomaa muistuttavalle komennukselleen, mutta he olivat tietenkin yhä univormuissaan, aseistautuneina, kuumassa viidakkolaaksossa jossa oli joka puolella ruumiita. Siis ihan kuolleita sellaisia ja aika pitkälle mädäntyneitäkin. Tämä ei vaikuttanut kovin rentouttavalta lomakeikalta.

Tapaamme vihdoin päähenkilömme, maailmankuulun naispuolisen reportteri Lian (**Margie Newton**) ja tämän miespuolisen kuvaajan, joille on tullut ongelma. Heitä kuljettanut pariskunta on nimittäin kireänä, koska heidän poikaansa on purtu. Olisiko ollut zombie asialla? Sitä meille ei kerrota, mutta tilanne vaikuttaa uhkaavalta. Hetkeä myöhemmin poika aktivoituu ja äitikin kohtaa zombiepapin läheisessä rakennuksessa.

Ei kestä kauan ennen kuin zombiet alkavat horjua joka puolella. Kaaosta vain pahentavat sinisiin pukeutuvat erikoisjoukot, jotka hyökkäävät paikalle ja ampuvat ketä hyvänsä sen kummemmin harkitsematta. Vielä vitsailevat päälle, tykkäävät selvästi työstään. Välillä näytetään hämmentäviä arkistokuvia eläimistä ja viidakossa juoksentelevista alkuasukkaista.

Lia kuvaajineen on lähtenyt erikoisjoukkojen kyytiin kun äkkiä heidän tielleen osuu alkuasukaskylä. Onneksi Lia on mukana! Hän tietää miten alkuasukkaita tulee lähestyä. Tietenkin tissit paljaana ja naama maalattuna. Lian juostessa rinnat pomppien edellä erikoisjoukot ja kuvaaja tulevat jeepeillä perässä. Pelkästään tämä kohtaus on pakko nähdä ennen kuin sen voi uskoa todeksi.

Alkuasukkaat näyttävät filmilaadusta päätellen olevan ihan eri elokuvassa kuin muut. He ovat myös selvästi afrikkalaisia, vaikka *Hell of the Living Dead* on tapahtuvinaan Uudessa Guineassa. Lisää sekaannusta tuovat osassa arkistopätkiä nähtävät elefantit.

Myöhemmin nähdäänkin kohtaus, jossa musta YK-edustaja esittää istuntosalissa huolensa tapahtumien johdosta, mutta valkoiset eivät jaksa kuunnella. Varmaan hän oli huolissaan siitä, miten norsuparat saataisiin Uudesta Guineasta takaisin kotiseudulleen Afrikkaan.

Erikoisjoukot ovat selvästi suorittamassa jotakin hämärää tehtävää, mikä kiristää heidän välejään Liaan ja kuvaajaan. Mutta mikä on tuo tehtävä ja mikä selittää zombie-epidemian? Matteilta on turha odottaa selkeitä vastauksia, mutta viihdyttävää b-luokan seikkailua nasevin efektein nähdään elokuvan loppuun asti.

4K UHD ei laadullisesti täysin vastaa nykystandardeja, mutta on se silti paras näkemäni julkaisu, joka tästä mainiosta elokuvasta on kotikatseluun saatavilla.

MY BLOODY
VALENTINE
Kanada 1981
Ohjaus: George Mihalka
Pääosissa: Paul Kelman, Lori
Hallier, Neil Affleck
Katsottu: 19.11.2024
Formaatti: 4K Ultra HD

7

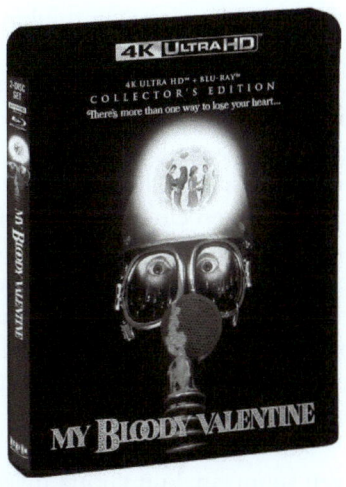

Aloitetaanpa ihan alusta. Vuoden 1980 keväällä Hollywood-studio Paramount julkaisi teinislahserin *Friday the 13th* (kts. CineActive 1), josta tuli hitti. Studio ymmärsi, että rauta oli kuumaa: sitä kannatti takoa lisää. Työn alle meni pikavauhtia paitsi hetken päästä käsiteltävä *Friday the 13th Part 2,* myös toinen samalle apajalle suunnattu elokuva, joka sai iskevän nimen *My Bloody Valentine.*

Näistä kahdesta ensimmäisenä valmistui juuri *My Bloody Valentine,* koska se piti ymmärrettävistä syistä saada ensi-iltaan jo helmikuussa, ystävänpäivää edeltävällä viikolla. *Friday the 13th Part 2* tuli teattereihin vasta toukokuun alussa kuten sen ykkösosa edellisvuonna. *My Bloody Valentine* selvästi myös sijoittuu vuoteen 1981, koska päivämäärät täsmäävät: perjantai 13. helmikuuta oli silloin oikeasti perjantai, ja ystävänpäivä lauantai kuten elokuvassa mainitaan.

Kanadalaisen tuotannon tekijälistalta löytyy tuttuja nimiä. **John Dunning, Andre Link** ja **Lawrence Nesis** löytyvät myös joidenkin David Cronenbergin elokuvien alkuteksteistä. **Jean Lafleur** taas muistetaan niin ikään kanadalaisen eksploitaatioelokuvan *Ilsa: Tigress of Siberia* (1977) ohjaajana. Kokenut tekijäjoukko sai lopputuloksesta toimivan, vaikka ohjaajana toimikin ennestään tuntematon **George Mihalka**.

Itselleni *My Bloody Valentine* tuo ristiriitaisia nostalgian tunteita. Se kylläkin oli yksi niistä noin paristakymmenestä ensimmäisestä Amerikasta vuosina 1988 – 1990 tilaamastani ja saamastani NTSC-originaalista, jotka olen aiemminkin maininnut kivojen nuoruusmuistojen lähteinä.

My Bloody Valentine oli kuitenkin tuolloin selvästi vähemmän nautittava katselukokemus kuin moni muu hyllyyn hankkimani saman genren elokuva, koska se oli jo ennen julkaisua leikattu aivan päreiksi, mikä tuli minulle yllätyksenä. Kyse ei siis ollut jälkisensuroinnista vaan jo ennen elokuvan julkaisua tehdystä, ja tämä seikka yhdistää sitä myös *Friday the 13th Part 2:n* kanssa, jolla oli sama ongelma.

Paramount oli ilmeisesti saanut alkuperäiseen *Friday the 13th:iin* läpi niin paljon erittäin rouheita veriefektejä, että elokuvan molempien seuraajien haluttiin olevan hillitympiä. *My Bloody Valentineen* kylläkin kuvattiin hienoja veriefektejä, mutta sittemmin ne päätettiin leikata siitä pois.

Paradoksaalista kyllä, Paramount teki vielä korjausliikkeen toiseen suuntaan, kun vuotta myöhemmin teattereihin tulleen *Friday the 13th* osa kolmosen veritehosteet olivat jälleen tuntuvasti rajumpia, vaikka Tom Savinin inhotehoihin ei ihan yllettykään.

2000-luvun puolella *My Bloody Valentine* sai kunnianpalautuksen, kun uudet videojulkaisut palauttivat teatteriversiosta leikatut kohdat takaisin oikeille paikoilleen. Parannellut versiot tulivat saataville kaikissa levyformaateissa, viimeksi lokakuussa 2023 julkaistussa 4K

UHD -paketissa jonka tällä kertaa katsoin. Tehostemässäily vetää hyvinkin vertoja ensimmäisen *Friday the 13th:n* vastaavalle.

Kanadan Nova Scotiassa, Atlantin rannalla kuvattu elokuva kertoo pikkukaupungista, joka ei ole osannut hyödyntää kuvauksellisia rannikkomaisemiaan esimerkiksi matkailuelinkeinoa kehittäen, vaan hankkii leipänsä kaivosteollisuudella.

Vuonna 1960 tapahtuu kauhistava onnettomuus, kun metaaniräjähdys aiheuttaa sortuman ja hautaa alleen useita kaivosmiehiä. Lisää vastoinkäymisiä seuraa vuotta myöhemmin, kun kaivosmiehen asuun pukeutunut, isoa hakkua heiluttava psykopaatti Harry Warden tappaa julmasti edellisvuoden onnettomuudesta vastuussa olleet kaksi työnjohtajaa.

Molemmille tapauksille oli yhteistä, että niiden tapahtuessa alkamassa olivat ystävänpäivän juhlat tanssiaisineen. Vuonna 1960 työnjohtajat laiminlöivät turvallisuuden kiirehtiessään niihin liian innokkaasti; vuonna 1961 puolestaan Warden pilasi ne murhatöillään. Niinpä kaupungissa oli tehty päätös, ettei ystävänpäivän tanssiaisia pinkkeine sydämineen enää järjestettäisi.

Tasan 20 vuotta myöhemmin päätettiin, että nyt riittää synkistely ja järjestetään ensimmäiset tanssiaiset sitten vuoden 1961. On helppo arvata mitä siitä seuraa. Kaupungin laidoilla alkaa jälleen hiippailla synkkä hahmo ison hakun kanssa. Kun ensimmäiset inhat murhat tapahtuvat jo kahtena juhlia edeltävänä päivänä, pormestarin on helppo päättää niiden perumisesta jälleen kerran.

Kaivosmiehet hehkeine naisystävineen eivät kuitenkaan ilahdu tästä. He päättävät pitää edes jonkinlaiset omat bileet kaivoksen ruokalassa, josta saa pienellä koristelulla hiukan baarin näköisen. Alkaa kohtalokas juhlailta, jonka laitamilla väki alkaa vähetä naamioituneen tappajan keksiessä mitä kieroutuneempia murhatapoja väen harventamiseen. Tapot ovat verisiä, ja ne esitetään pääosin graafisesti; jos itse murha jää näkemättä, ainakin uhrin veristä ruumista käytetään katsojan järkyttämiseen hieman myöhemmin.

My Bloody Valentine on paljon lähempänä teinislashereita kun tulisi äkkiä ajatelleeksi, sillä äärimmäisen lapsellisesti käyttäytyvät kaivosmiehet vertautuvat täysi-ikäisyydestään huolimatta murrosikäisiin. Heistä kaikilla on epäuskottavan kaunis tyttöystävä, joista kaunein on upea blondi Sarah (**Lori Hallier**). Hänen kolmiodraamansa kahden komistuksen (**Paul Kelman** ja **Neil Affleck**) kanssa muodostaa juonen ainoan varsinaisen ihmissuhdesisällön.

Elokuvana teos ei ole varsinaisesti hyvä, mutta erittäin viihdyttävä se kyllä on. Tarina on sopivan tiivis ja konstailematon, minkä lisäksi on mukavaa ettei murhaajan henkilöllisyys ole missään vaiheessa itsestään selvä.

4K UHD:n kuvanlaatu on melko hyvä, ei mitään huippuluokkaa mutta täysin kelvollinen. Sen valovoimakin on parempi kuin useassa uudemman elokuvan 4K-julkaisussa.

FRIDAY THE 13TH
PART 2
USA 1981
Ohjaus: Steve Miner
Pääosissa: Amy Steel, John
Furey, Kirsten Baker
Katsottu: 31.10.2024
Formaatti: 4K Ultra HD

5

CineActive 2 on CineActive 1:n jatko-osa myös sisältämiensä elokuva-arvioiden suhteen. Ykkösessä olivat mukana *Night of the Living Dead, The Texas Chain Saw Massacre* ja *Friday the 13th*. Tässä kakkoskirjassa käsiteltiin jo edellä *Dawn of the Dead,* nyt on vuorossa *Friday the 13th Part 2* ja hieman tuonnempana vuoron saa myös *The Texas Chainsaw Massacre 2.*

Pidän *Friday the 13th* -sarjan kakkososasta paljon enemmän kuin useimmat muut lähinnä nostalgiasyistä. Se oli aikanaan ensimmäinen leikkaamaton Suomessa kielletty kauhuelokuva, jonka onnistuin tilaamaan ulkomailta videokasettina. Sen kanssa samassa paketissa oli pari muutakin elokuvaa, jotka molemmat kuitenkin osoittautuivat leikatuiksi (vähemmän kuin Suomessa, mutta kuitenkin).

Friday the 13th Part 2 oli sen sijaan leikkaamaton, tosin etupäässä siitä syystä, että sitä oli leikattu jo ennen julkaisua. Joku Paramountilla oli kaiketi huomannut, että ykkösosa oli vähän liian rouheaa tavaraa, etenkin Tom Savinin raakojen veriefektien ansiosta. Jatko-osasta tehtiin paljon hillitympi: teinisplatter-elokuva, jossa murhat nähdään joko nopeina vilahduksina tai jätetään jopa näyttämättä kokonaan.

Elokuvan johdantojakso näyttää mielestäni aika turhaan, miten uusi murhaajamme Jason Voorhees hoitelee ykkösosassa kesken jääneet hommat käymällä työntämässä metallipiikin tuon elokuvan final girl Alicen (**Adrienne King**) ohimoon. Jo tämä tappo nähdään vain pikaisena vilahduksena, mikä paljastaa heti mikä on tällä kertaa homman nimi.

Alkuperäisen *Friday the 13th:n* tapahtumista on kulunut viisi vuotta. Ollaan jälleen kesäleirillä, mutta taaskaan siellä ei ole lapsia. Viimeksi kunnostettiin Camp Crystal Lakea uutta avaamista varten; nyt ollaan saman järven rannalla sijaitsevalla toisella leirillä kouluttamassa tulevia leirinohjaajia.

Oletuksena on, että Jason ei ollutkaan hukkunut järveen kuten aiemmin luultiin. Hän näki mitä ykkösosan lopussa tapahtui ja on nyt raivoissaan. Hoideltuaan Alicen hän hiippailee tämän toisen leirin vaiheille, tappaa ykkösosasta tutun Crazy Ralphin (**Walt Gorney**), ja ryhtyy sen jälkeen vaanimaan uusia leirinohjaajia, jotka tuntuvat olevan yhtä kevytkenkäisiä kuin edellisetkin.

Kakkososan henkilögalleria ei ole läheskään niin kiinnostava kuin ensimmäisen osan, eikä sekään ollut erityisen kiinnostava. Savinin poissaolo efektimaakarin roolista tietänee alun perinkin veritehosteiden olevan vaisumpia, mutta kuten todettu niistäkin vähistä on suurin osa jätetty kuvista pois. Muuten elokuva on voittopuolisesti edeltäjänsä kaltainen.

Alkuperäisen elokuvan tuotantoportaaseen kuulunut **Steve Miner** debytoi ohjaajana. Hän ei saa omaa persoonaansa esiin lopputuloksessa, mutta eipä siihen toisaalta pystynyt myöskään ykkösosan ohjaaja **Sean S. Cunningham**. Vuotta myöhemmin Miner ohjasi sarjaan kolmannenkin osan, joka onnistui selvästi paremmin. Hänen muita ohjauksiaan ovat mm. *House* (1985), *Warlock* (1989) ja *Halloween H20* (1998).

Jo pelkästään nostalgiamielessä olisin halunnut pitää elokuvasta enemmän, mutta tällä katselulla oli pakko myöntää, ettei se ole kovin kummoinen. Aiemmin olen merkinnyt sille kuutosen ajatellen, että siinä on yksi piste nostalgialisää. Nyt jäätiin viitoseen, ja siinä on edelleen yksi piste nostalgialisää.

Friday the 13th Part 2 näyttää 4K UHD:nä oikein hyvältä, mikä on tavallaan melkeinpä harmi, kun muistetaan miten keskinkertainen ykkösosan amerikkalainen 4K-levy on. Olisin melkeinpä suonut, että levyjen laatuvertailu olisi tuottanut päinvastaisen lopputuloksen.

ABSURD
Italia 1981
Ohjaus: Joe D'Amato
Pääosissa: George Eastman,
Annie Belle, Charles Borromel
Katsottu: 9.8.2024
Formaatti: 4K Ultra HD

6

Joe D'Amaton *Absurd* on hänen edellä käsitellyn kultti-klassikkonsa *Anthropophagus* eräänlainen henkinen jatko-osa. George Eastman nähdään jälleen todella kammotta-viin tekoihin pystyvänä tappajana, mutta kannibaaliksi hänestä ei enää ole. Kansallisuus on sentään säilynyt samana; mukamas Yhdys-valtoihin sijoittuvan elokuvan pahis on kreikkalainen ja nimeltään Mikos.

Elokuvan alussa Mikos pakenee **Edmund Purdomin** *(Pieces, Don't Open Till Christmas)* näyttelemää vakavailmeistä pappia. Miksi? Mikä yhteys miehillä on? Se ei oikeastaan koskaan selviä muuten kuin siltä osin, että pappi tietää tarkalleen Mikosin kyvyn hirmute-koihin. Hän on siis Mikosille suunnilleen samaa mitä tohtori Loomis on Michael Myersille alkuperäisessä *Halloweenissa*.

Ensimmäinen nähtävä takaa-ajo päättyy siihen, että Mikos kei-hästää itsensä vauraan, linnamaisen omakotitalon aidan piikkehin ja horjuu lopulta sen ovelle suolet ulkona valuen. Voisi luulla, että psykopaattisen tappajan tarina loppui siihen. Ei, se on vasta alussa. Pappi jo arvaakin mitä tulee tapahtumaan, mutta paikalliset poliisit eivät sitä hevin usko.

Mikosilla on nimittäin harvinainen ominaisuus: hänen solunsa uusiutuvat valtavalla nopeudella, joten esimerkiksi hänen saamansa kuolettavalta näyttäneet vammat paranevat hetkessä. Vain päähän ampuminen voi tuhota hänet. Mies on siis eräänlainen zombie.

Miksi hän sitten haluaa tappaa ihmisiä? Papin kertoman mukaan Mikosin ominaisuudet ovat tehneet hänestä mielenvikaisen, ja mitä muuta mielenvikaiset haluavatkaan tehdä kuin tappaa muita ihmisiä? Eivät mitään ainakaan kauhuelokuvissa. Kun mies on viety sairaalaan ja alkanut toipua siellä, nähdään pitkitettyjä sadistisia murhakohtauksia, jotka olivat minusta nuorena niin sairaita että en suostunut hankkimaan hyllyyni koko elokuvaa.

Suurin osa tapahtumista sijoittuu lopulta siihen samaan valtavaan omakotitaloon, jonka aitaan Mikos alun perin lävistyi. Perhellä on varsin ärsyttävä pikkupoika. Tämän isosisko makaa halvaantuneena vuoteessaan samaan aikaan kun vanhemmat lähtevät puvut päällä naapuriin katsomaan jalkapallo-ottelua. Tytärtä tulee hoitamaan pirteän oloinen sairaanhoitaja (roolissa *House on the Edge of the Park*in ihana Annie Belle). Pian sen jälkeen paikalle ilmaantuu myös Mikos murhat mielessään, ja jännitys alkaa toden teolla tiivistyä.

Absurd oli tällä katselulla oikeastaan yllättävän paljonkin heikompi esitys kuin *Anthropophagus*. Kauhutunnelma ei kehity, kun nähdään vuoron perään uuvuttavaa dialogia ja inhottavia, pitkitettyjä murhia. Henkilöhahmot eivät ole lainkaan kiinnostavia. Purdomin näyttelemän papin rooli kokonaisuudessa jää varsin avoimeksi ja hän onkin ansaitusti välillä pitkiä aikoja poissa kuvista.

4K-julkaisuna *Absurd* sen sijaan pyyhkii edeltäjällään lattiaa. Nyt ei ole epäilystäkään siitä, etteikö elokuva ole kuvattu 35-milliselle filmille ja sen 4K-toteutus on onnistunut oikein hyvin. Niille, jotka pitävät elokuvasta, levyn hankintaa voi ilman muuta suositella.

•

Jos edellä käsitelty *The Shining* oli kauhufaniuteni virstanpylväitä elokuvateatterikokemuksena, *The Evil Dead* oli sitä kotivideoiden puo-

THE EVIL DEAD
USA 1981
Ohjaus: Sam Raimi
Pääosissa: Bruce Campbell,
Ellen Sandweiss, Hal Delrich
Katsottu: 8.12.2020
Formaatti: 4K Ultra HD

9

lella. Lokakuussa 1981 alun perin pienimuotoisesti julkaistu elokuva
sai osakseen ylisanoja Cannesin elokuvajuhlilla seuraavan vuoden
keväällä. Pian sen jälkeen se saikin jo korkeimman mahdollisen kun-
nianosoituksen yltämällä brittien video nasty -listalle – tullen tosin
sittemmin kuitenkin julkaistuksi pari minuuttia lyhennettynä.

Mikään ei silti valmistanut meitä suomalaiseen videojulkaisuun,
jota oli sensuroitu vaatimattomasti peräti kymmenisen minuuttia! Ja
tämän, kotimaisella nimellä *Kauhun riivaamat* siunatun videokasetin
minä sitten vuokrasin kesällä 1984 yhtenä ensimmäisistä katsomista-
ni kauhuvideoista.

Sekä *The Evil Dead* että sen ohjaaja **Sam Raimi** olivat minulle
tuolloin täysin tuntemattomia nimiä. Katselukokemus oli yksi tuon
ajan rajuimmista: ei niinkään siksi mitä nähtiin vaan mitä ei näytetty.
Kuten joku aikalainen tuolloin aivan oikein kirjoitti, sensuroimisen
suuri ongelma on, että näkemättä jäänyt saa mielessä aina äärimmäi-
sen muodon. Kun elokuvaa oli lyhennetty valtavan paljon ja se eteni
sensurointien takia kovin nykivästi, syntyi vaikutelma siitä että se oli
tosiaankin *the ultimate experience in grueling terror* yliampuvan mainos-
lauseensa mukaisesti.

Kun elokuvan on sittemmin nähnyt leikkaamattomana, on siihen
juuri tuossa suhteessa jopa vähän pettynyt. Poisleikatut kohdathan
olivat nimenomaan niitä, jotka tekivät siitä komediallisemman. Use-
ampi minuutti leikattuja osia koostui koomisen näköisistä muovailu-

vaha-animaatioista. Kun esimerkiksi näin ensimmäistä kertaa ihmisen kirveellä paloittelun lopputulokset Raimin budjettiin sopineena erikoistehosteena, repesin spontaaniin nauruun.

Kesään 1984 mennessä olin jo tottunut katsomaan hyvin tehtyjä verrattain ison budjetin kauhuelokuvia, ja nuorena katsojana minun oli vaikea suhtautua *The Evil Deadin* ilmiselvään halpuuteen ja amatöörimäisyyteen. Enkä oikein vieläkään ymmärrä miksi siinä on kohtaus, jossa demonin riivaama puu raiskaa yhden naishahmoista. Mutta opin toisaalta arvostamaan Raimin ja kumppaneiden nuoruuden innolla tekemistä ja innovatiivista kameratyöskentelyä.

Komedialliset ainekset ovat minulle sen sijaan elokuvassa pikemminkin pieni miinus. Olen aina pitänyt vakavalla mielellä tehdystä "kovasta" kauhusta enemmän kuin hihittelystä. Tämän takia onkin ehkä mahdollista sanoa hieman paradoksaalisesti, että tavallaan pidin enemmän tuhannen päreiksi leikatusta *Kauhun riivaamista,* koska siitä minua häiritsevä komedia oli leikattu pois ja jäljelle olivat jääneet pelkät kauhuelementit.

Juonitiivistelmä lienee useimmille tuttu. Viisihenkinen nuorten aikuisten joukko lähtee viettämään viikonloppua syrjäiseen metsämökkiin, joka näyttää ulkoisesti purkukunnossa olevalta mörskältä. Sisältä se on kuitenkin huomattavasti tilavampi ja sen alla on ennen kaikkea iso kellarikerros, josta löydetään uhkaavalta kuulostava *Necronomicon Ex Mortis* eli *Book of the Dead,* Kuolleiden kirja.

Kun kirjan sisältämiä loitsuja toistetaan ääneen sen viereltä löytyneestä kelanauhurista, pahantahtoiset demonit heräävät piinaamaan nuoria. Edessä on verinen ja visvainen kauhujen yö, kun henkilöhahmo toisensa jälkeen tulee *Manaajan* tyyliin riivatuksi, eikä muita keinoja parantaa riivaus ole kuin sen uhrin paloittelu; *"total bodily dismemberment".*

The Evil Dead taisi olla melko varhainen 4K UHD -julkaisu, mutta muistan vastustelleeni sen ostamista tuossa formaatissa koska en voinut uskoa, että alun perin 16-millisenä kuvattu elokuva näyttäisi yhtään aiempaa paremmalta. Loppuvuodesta 2020 annoin vihdoin periksi, kun tarvitsin yhden lisälevyn silloisesta Discshopista tilattavaan tarjouslevypakettiin saadakseni riittävän ison alennuksen.

Lopulta kyseessä ei ollut hassumpi katselukokemus. Kuvanlaatu on niin hyvä kuin se suinkin voi olla, mikä ei siis tässä tapauksessa ole paljon sanottu, ja 4K UHD näyttää omassa hyllyssä aina vähän komeammalta kuin alempien formaattien levyjulkaisut.

DON'T GO IN THE WOODS
USA 1981
Ohjaus: James Bryan
Pääosissa: Nick Cleland, Mary Gail Artz, James P. Hayden
Katsottu: 19.6.2024
Formaatti: Blu-ray

6

James Bryanin *Don't Go in the Woods* on yksi aikakauden todellisista kulttisuosikeista. Toisin kuin *The Evil Dead,* se on tehty erittäin kömpelösti, mutta se onnistuu silti viihdyttämään katsojaansa enemmän kuin useat sitä paremmin tehdyt slasherit.

Elokuvan aluksi nähdään, miten moni erillinen yksittäinen retkeilijä tai sellaisten seurue liikkuu toisistaan tietämättä jossakin päin Yhdysvaltain luoteisosien erämaita. Välillä ollaan paksussa metsässä, välillä puuttomilla harjanteilla. Toimintaa säestetään koomisella pelleilymusiikilla, jonka tarkoitus on ilmeisesti keventää tunnelmaa? En ole oikein varma asiasta.

Yhtäkkiä yhden seikkailijan kimppuun hyökkää joku, ja tappaa tämän erittäin verisesti, hupaisin amatööriefektein. Käsi katkeaa, liioitellun punaista verta roiskuu. Tilanne toistuu samantapaisena myös muiden patikoijien kohdalla siten, että jo ensimmäisten kymmenen minuutin aikana on saatu aikaan kolme ruumista ilman sen kummempia selityksiä.

Selkeitä päähenkilöitä elokuvalle ei näytä pitkään aikaan löytyvän, hassunkurisia sivuhenkilöitä sitäkin enemmän. Myös paikkakunnan sheriffi esitetään pikkuisen hupaisana hahmona. Hän käy välillä etsimässä kadonneita retkeilijöitä jopa lentokoneesta käsin, mutta ei huomaa mitään outoa. Elokuvan musiikkiraidan lisäksi myös sen äänitehosteet on kuultava voidakseen uskoa ne todeksi.

Metsien tappajasta nähdään ensimmäinen kunnon vilahdus 35 minuutin kohdalla. Tämä muistuttaa hieman yhtä *The Hills Have Eyesin* (kts. CineActive 1) kannibaaliperheen jäsenistä. Samoihin aikoihin elokuva alkaa keskittyä yhteen tiettyyn seurueeseen, jonka eloonjääneistä jäsenistä lopulta kehittyy elokuvan päähenkilöt. He päätyvätkin loppuhuipentumassa kohtaamaan erämaan tappajan.

Don't Go in the Woods on kömpelö mutta hauska erämaa-splatter, joka on luultavasti parhaimmillaan katsottuna pienissä kaljoissa kaveriporukan illanvieton yhteydessä. Itse muistin elokuvan hauskemmaksi kuin miltä se tällä katselukerralla tuntui, mutta sen viihdearvot ovat joka tapauksessa kiistattomat. Ja niin absurdilta kuin se kenties kuulostaakin, tämäkin elokuva löytyy brittien 1980-luvun alussa laatimalta video nasty -listalta.

Katsomani 88 Filmsin britti-blu-rayn kuvanlaatu oli muuten erinomainen, paitsi että koska sen master on ilmeisesti tehty esityskopiosta, siinä esiintyi siellä täällä selvästi erottuvia kulumia. Niitä ei kertynyt suoranaisesti häiriöksi asti, mutta toisinaan ne kuitenkin kiinnittivät katsojan huomion.

MAD MAX 2
Australia 1981
Ohjaus: George Miller
Pääosissa: Mel Gibson, Bruce Spence, Michael Preston
Katsottu: 22.11.2022
Formaatti: 4K Ultra HD

9

Australialaisen **George Millerin** läpimurtoelokuva *Mad Max 2* tunnettiin Amerikassa nimellä *The Road Warrior,* mistä johdettuna se sai

suomenkielisen nimen *Asfalttisoturi* – eihän kukaan siellä eikä täällä-
kään ollut vielä silloin kuullut mistään *Mad Max* ykkösestä.

Tuolla nimellä elokuvan levitys Suomen teattereissa kiellettiin
alun perin kokonaan, koska sitä pidettiin raaistavana. Onneksi käsillä
oli myös siitä tehty pehmeämpi tv-versio, joka sitten saatettiin pitkin
hampain hyväksyä levitykseen.

Kävin katsomassa *Asfalttisoturin* aikanaan teatterissa. Minusta se
näytti ihan samalta teatteriversiolta jo silloin kuin miltä myöhemmin-
kin erilaisilla videojulkaisuilla. Olen edelleen rehellisen hämmästynyt
ja tietämätön siitä, mitä tuon tv-versiosekoilun takana on. Näin tosin
elokuvan vasta sen uusintakierroksella – ennen elokuvat olivat niin
hyviä, että ne saattoivat kiertää teattereissa useammankin kerran.
Ehkä versiot olivat sillä välin vaihtuneet.

Oli miten oli, nykyään *Max Max 2* on tietenkin kaikkien tuntema,
arvostettu elokuvaklassikko, joka on saanut kolme jatko-osaakin. Se
teki tähden miespääosan näyttelijästä, joka oli Amerikassa syntynyt
mutta Australiassa nuoruutensa viettänyt **Mel Gibson**.

Vuonna 1979 julkaistussa sarjan ensimmäisessä osassa Max eli
vasta hiukan levottoman näköisessä ympäristössä, jossa hän menetti
vaimonsa ja lapsensa. Nyt jatko-osassa koko sivilisaatio on ehtinyt
hämmentävän nopeasti romahtaa. Max ajelee muskeliautollaan ilman
selkeää päämäärää ja hyvin vaiteliaana Australian erämaissa, keräillen
tämän ajan arvokkainta luonnonvaraa eli bensiiniä mukanaan kuljet-
tamiinsa kanistereihin.

Erämaissa liikkuu enimmäkseen vaarallista väkeä: mielikuvituk-
sellisesti pukeutuneet, autoilla ja moottoripyörillä liikkuvat jengit
muistuttavat villejä intiaaneja siinä missä Max on kuin yksinäinen
cowboy. Myös näiden jengiläisten korkein tavoite on haalia itselleen
kaikki mahdollinen bensiini.

Max törmää kuitenkin myös rauhanomaiseen eloon pyrkivään
yhteisöön, joka on rakentanut itselleen hyvin suojatun linnakkeen
torjumaan intiaanien, ei kun siis moottoripyöräjengien muodosta-
maa uhkaa. Näiden kiinnostus yhteisöä kohtaan johtuu siitä, että
piirityksen kohteilla on sekä välineet öljyn pumppaamiseksi maa-
perästä että sen jalostamiseksi.

Kun Max on lopulta päätynyt auttamaan tätä erämaasta pois
omaan paratiisiinsa kaiken jalostamansa bensiinin kanssa pyrkivää
yhdyskuntaa, elokuva muuttuu puolen tunnin yhtäjaksoiseksi kaa-

hauskohtaukseksi, jossa tulee helposti puristettua tuolin käsinojia rystyset valkoisina. Miller ohjaa vauhdikkaan lopun verrattoman taitavasti. Ymmärtäen juuri sen olevan elokuvansa vahvuus hän teki siitä vielä myöhemmin hienon päivityksen sarjan neljänteen osaan *Mad Max: Fury Road* (2015).

Mikä parasta, myös *Mad Max 2:n* 4K UHD -toteutus on erittäin onnistunut. 1980-luvun elokuville tyypillisesti kuvanlaatu vaihtelee hiukan otosta toiseen, mutta voittopuolisesti nähdään niin skarppia ja värikylläistä kuvaa, että tekee mieli hihkua innosta. Enpä olisi uskonut, että vanha klassikko voisi vielä joskus näyttää kotioloissa näin upealta!

THE SLUMBER PARTY
MASSACRE
USA 1982
Ohjaus: Amy Jones
Pääosissa: Michele Michaels,
Robin Stille, Michael Villella
Katsottu: 13.6.2024
Formaatti: Blu-ray

7

Close your eyes for a second...and sleep forever.

Amy Jonesin ohjaamalta ja **Rita Mae Brownin** kirjoittamalta kauhuelokuvalta *The Slumber Party Massacre* voisi ehkä odottaa naisellista näkökulmaa splatter-elokuvien lajityyppiin. Sellaista en itse löytänyt, mutta aikakauden teosten joukossa se kuuluu ilman muuta laadukkaampaan laitaan.

The Slumber Party Massacre kuuluu niihin elokuviin, jotka sain hankittua Amerikasta NTSC-kasettina jo hyvinkin varhaisessa vaiheessa kauhuelokuvaharrastusta, 1980- ja 1990-lukujen taitteessa. Jostakin syystä en kuitenkaan silloin tykännyt siitä, merkitsin tilastoihin 4 pistettä ja myin kasetin pois. Nyt en enää ymmärrä miten siinä niin kävi, koska se on mitä mainioin viihdyke. Vain 76-minuuttisena se ei voi mitenkään ehtiä edes pitkästyttää katsojaansa.

Elokuvan alussa 18-vuotias Trish (**Michele Michaels**) jää yksin talonvahdiksi Venicen kaupunginosassa Los Angelesissa, kun hänen vanhempansa lähtevät yöksi reissuun. Mitä sen ikäinen nuori nainen tekee tällaisen tilaisuuden koittaessa? Tietenkin järjestää kavereilleen pyjamabileet! Poikia niihin ei ole kutsuttu, mutta tietysti heitä alkaa pian norkoilla ympäristössä.

Samaan aikaan toisaalla: toistakymmentä vuotta vankilassa tai vankimielisairaalassa (meille ei selvästi kerrota kumpi on kyseessä) säilytetty viisinkertainen murhaaja Russ Thorn (**Michael Villella**) on päässyt pakoon ja tietenkin palaamassa juuri Venicen alueelle, jossa tuo aiempi verilöyly tapahtui. Ja tämä siis juuri silloin kun Trish on yksin kotona! What are the odds?!

Naispuolinen ohjaaja ja käsikirjoittaja yllättävät, kun aluksi seuraamme Trishin ja hänen kaveriensa koulupäivää, etenkin liikuntatuntia ja sen jälkeistä suihkua. Harva miesohjaajakaan kehtasi näinä aikoina zoomata kuvaan näin runsaasti paljaita tissejä. Niitä tarkastellaan vielä runsaasti lisää pyjamabileiden alkaessa, tyttöjen vaihtaessa kevyempää ylle.

Oleellisempaa juonen kannalta kuitenkin on, että Russ Thorn on saapunut paikalle ja tappaa ensin harjoituksen vuoksi naispuolisen puhelinasentajan koulun pihalla, käyttäen valtavaa akkuporaa jonka terä on lähes puolen metrin mittainen. Sen selvempää fallossymbolia on jo vaikea keksiä. Karun kohtalon kokee myös yksi Trishin kaveripiirin jäsen, joka palaa koululle hakemaan sinne unohtunutta kirjaa.

The Slumber Party Massacren varsinainen tapahtumapaikka on kuitenkin Trishin kotitalo, jonka piha-alueelle Thorn saapuu illan pimennyttyä. Tilannetta tarkkailee miespuolinen naapuri, joka on luvannut Trishin vanhemmille vahtia, ettei tytär joudu hankaluuksiin ja niin hänet sitten tapetaankin jo ensimmäisten joukossa.

Talon naapurissa toisella puolella asuu puolestaan kuvankaunis Valerie (**Robin Stille**), joka kuuli itsestään puhuttavan liikuntasalin pukutiloissa niin ilkeästi, että kieltäytyi kutsusta tulla pyjamabileisiin mukaan ja varmaan olikin terveellisempi vaihtoehto pysytellä niistä kaukana. Naapurista kuulemiensa äänten perusteella hän kyllä alkaa myöhemmin epäillä että jotain outoa on tekeillä ja ottaa lopulta osaa illan tapahtumiin.

Siinä olivat vasta elokuvan alkuasetelmat, jotka saadaan kohdilleen suunnilleen puolessa tunnissa. Illasta on tulossa jännittävä ja hurmeinen. Thornin käyttämä valtava sähköpora on näyttävä murhaväline, vaikka hän joutuu kyllä ajoittain turvautumaan myös muihin aseisiin. Thorn itse on puolestaan erittäin vaikuttava murhaaja. Hän ei puhu koko aikana mitään aivan loppua lukuun ottamatta, ja näyttää ulkonevine silmineen ja hikisine kasvoineen aidosti psykoottiselta.

The Slumber Party Massacre näyttää ja tuntuu pitkän aikaa keskinkertaiselta teinislasherilta, jolle 7 pisteen arvio tuntuisi liioittelulta. Se nousee kuitenkin todelliseen loistoonsa viimeisten 20 minuutin aikana, jotka varmistavat sille tuon pistemäärän. Loppukamppailussa on jänniä käänteitä, näyttäviä tilanteita ja verisiä tappoja.

Elokuvan amerikkalainen blu-ray -julkaisu on kuvanlaadultaan erinomainen. Jopa pimeistä kohtauksista saa varsin hyvin selvää. Äänimiksauksena on kahden kanavan stereo, joka pelkistyy käytännössä monoääneksi.

Elokuvasta on tehty vuonna 2021 myös uusintaversio, josta en tiedä enkä haluakaan tietää mitään.

HALLOWEEN III: SEASON OF THE WITCH
USA 1982
Ohjaus: Tommy Lee Wallace
Pääosissa: Tom Atkins, Stacey Nelkin, Dan O'Herlihy
Katsottu: 21.10.2021
Formaatti: 4K Ultra HD

9

Vuoden 1982 halloweeniksi Amerikassa julkaistui *Halloween III* käänsi menestyksekkäästi alkaneen elokuvasarjan uudenlaiseen suuntaan. Kahden ensimmäisen osan vaitelias, raskaasti hengittävä psykopaattitappaja Michael Myers ei nimittäin esiintynyt alaotsikolla *Season of*

the Witch julkaistussa uudessa elokuvassa lainkaan. Tämä herätti periaatteessa ymmärrettävää ärsytystä faneissa. Toisaalta on hyvä muistaa, että Michael kuoli jo noiden molempien aiempien osien lopussa. Kolmas kerta putkeen olisi tuntunut jo liioittelulta. Tekijöillä oli uusi idea. Mitäpä jos *Halloween* jatkuisikin elokuvasarjana, joista jokainen kertoisi itsenäisen kauhutarinan? Ne kaikki liittyisivät toki halloweenin viettoon mutta eivät toisiinsa. Tältä pohjalta lähdettiin tekemään kolmososaa ja kuten sittemmin on nähty, idea ei kantanut sitä pidemmälle.

Tommy Lee Wallacen ohjaama elokuva hätkähdytti ainakin minut väkivaltansa kylmyydellä jo ensimmäisillä katseluilla, jotka tapahtuivat ainakin täysin päreiksi leikatulta suomi-VHS:ltä ja luultavasti näin elokuvan myös teatterissa vaikka en sitä nyt erityisesti muista. Etenkin alun ilmeettömien mieshahmojen suorittamat teloitukset herättivät korkeintaan epäuskoista inhoa, jättäen katsojan kylmäksi. Mistä tässä on oikein kysymys?

Lopulta *Halloween III* osoittautui kuitenkin erinomaiseksi elokuvaksi, jonka arvo tuntuu vain kasvaneen aikojen saatossa. Sen pääosassa nähdään **Tom Atkins**, jonka roolihahmo tohtori Challis kiinnostuu alun outojen tapahtumien seurauksena halloween-naamioita valmistavasta Silver Shamrock -yhtiöstä mukaan lukien sen eksentrinen johtaja Conal Cochran (**Dan O'Herlihy**, *RoboCop*).

Challis päätyy lopulta tutkimaan outoja tapahtumia pieneen kalifornialaiseen merenrantakaupunki Santa Miraan, jossa Silver Shamrockin naamiotehdas ja siis myös mysteerin avain sijaitsee. Mukaansa Challis poimii suurisilmäisen ja -rintaisen Ellien (**Stacey Nelkin**). Cochranin suunnitelma paljastuu todella julmaksi ja laaja-alaiseksi, ja kaksikon tehtäväksi jää tämän pysäyttäminen hinnalla millä hyvänsä.

Halloween III yhdistää mielikuvitusta kutkuttavalla tavalla tekoaikanaan modernia teknologiaa muinaisiin uskontoihin ja onnistuu luomaan kiehtovan painajaisen, jonka loppu kuuluu sarjan hyytävimpiin. Ensimmäisten katselujen 7 pistettä on sittemmin noussut 8:aan ja vielä myöhemmin 9:ään, kun lopputuloksen upeutta on oppinut ajan kanssa todella arvostamaan. *Halloween III* onkin mielestäni ainoa katselukelpoinen elokuva koko sarjassa ykkösen lisäksi.

Jo Scream Factoryn aiemmin julkaisema blu-ray oli laadultaan erinomainen, joten ei ole yllätys että myös 4K UHD on ehdotonta huipputasoa. Kuva on veitsenterävä ja värikylläinen, joten klassikko saa kotioloissa ansaitsemansa tasoisen presentaation.

TENEBRAE
Italia 1982
Ohjaus: Dario Argento
Pääosissa: Anthony Franciosa,
Daria Nicolodi, John Saxon
Katsottu: 9.5.2023
Formaatti: 4K Ultra HD

7

Aloitetaanpa tekemällä selväksi, miksi Dario Argenton murhamysteerin nimi kirjoitetaan välillä muodossa *Tenebre* ja välillä *Tenebrae*. Ensimmäinen on italiaa ja tarkoittaa pimeyttä. Jälkimmäinen on latinaa ja tarkoittaa ihan samaa asiaa. Molemmat kirjoitustavat ovat oikein, mutta koska britit ovat päättäneet käyttää esimerkiksi tässä julkaisussa jälkimmäistä, käytän sitä minäkin.

Tenebrae kuului 1980-luvulla brittien legendaariselle video nasty -listalle (yllättävän moni sen elokuvista on jo arvioitu jommassakummassa CineActivessa, mistä johtunee) ja jos en ihan väärin muista niin jo tuolloin, VHS-aikoina siitä käytettiin latinankielistä nimeä. Jo nasty -luokittelusta voi arvata, että elokuvan väkivalta on hetkittäin varsin pidäkkeetöntä.

Itse sain ensikosketukseni elokuvaan, kun se tuli odottamatta teatterilevitykseen Suomessa lokakuussa 1988 nimellä *Pelkoa ei voi paeta*. Tiesin jo tuolloin kuka Argento oli, mutta en ollut tainnut sitä ennen nähdä muita ohjaajan elokuvia kuin *Deep Redin* (1975) vanhan leikatun suomi-kasetin.

Taisinkin olla teatterissa jo ensi-iltaviikonloppuna, mutta koin melkoisen pettymyksen, kun huomasin että esitetystä versiosta oli leikattu suunnilleen kaikki väkivalta pois. Myöhemmin ällistys oli sitten vastaavasti suurempi, kun näin miten äärimmäistä verenlennätystä leikkaamaton versio sisälsi.

Amerikkalainen romaanikirjailija Peter Neal (**Anthony Franciosa**) on tullut Roomaan uusimman kirjansa myynninedistämiskiertueella. Samaan aikaan tuntematon psykopaatti alkaa murhata nuoria naisia käyttäen Nealin kirjallista tuotantoa ilmiselvänä inspiraationa. Vähitellen kirjailija itse tulee vedetyksi vaarallisen lähelle murhasarjaa. Onko tappajalla jokin yhteys häneen?

Argento ei ole parhaiten tunnettu elokuviensa koherenteista juonikuvioista; häntä on aina kiinnostanut ensisijaisesti visuaalisuus. *Tenebrae* on tässä suhteessa yksi hänen asteikollaan selväjärkisimmistä suorituksista, vaikka sekin sisältää melko kummallisia tilanteita ja ajoittain melko oudosti käyttäytyviä henkilöhahmoja.

Vaikka on täysin selvää, ettei esimerkiksi Neal itse ole mitenkään voinut ehtiä murhaamaan ainakaan ensimmäisiä uhreja, hän käyttäytyy silti ikään kuin hänellä olisi ainakin muutama ruuvi löysällä. John Saxon *(Cannibal Apocalypse, A Nightmare on Elm Street)* tekee hauskan roolin kirjailijan PR-henkilönä. Jotkut tappokohtaukset ovat aivan uskomattomia, etenkin se aivan viimeinen, elokuvan nähneet tietävät kyllä mitä tarkoitan.

Itse asiassa juuri verisistä murhakohtauksista innostuneena ja niiden viihdyttämänä annoin elokuvalle pitkän aikaa 8 pistettä. Tällä viimeisimmällä katselukerralla jouduin myöntämään, että siinä on sittenkin piste liikaa. Näin siitäkin huolimatta, että pidän elokuvaa Argenton parhaana – ohjaajan muut klassikot ovat aivan liian epäloogisia minulle, vaikka ne monin paikoin komeilta näyttävätkin.

Arrow'n 4K-julkaisu näyttää oikein mainiolta. Emme liiku referenssitasolla, mutta kuva on enimmäkseen skarppi, siisti ja selkeä. Elokuvassa on varsin paljon päiväkohtauksia jotka näyttävät erityisen hyviltä.

●

Brian De Palman *Scarface* on neljän vuosikymmenen takainen klassikkoelokuva, jossa **Al Pacino** tekee elämänsä roolisuorituksen. Yhtä tärkeä kuin ohjaaja ja päätähti on käsikirjoittaja **Oliver Stone**, joka hänkin tekee uransa upeimman työn hyvin taustatutkitussa rikostarinassa. Samoin musiikista vastannut **Giorgio Moroder**.

SCARFACE
USA 1983
Ohjaus: Brian De Palma
Pääosissa: Al Pacino, Michelle
Pfeiffer, Robert Loggia
Katsottu: 1.11.2019
Formaatti: 4K Ultra HD

10

Pacino on Tony Montana, joka saapuu kahden kaverinsa kanssa Floridan Miamiin 1980-luvun alussa sen jälkeen, kun Kuuban johtaja Fidel Castro on tyhjentänyt vankiloitaan pahimmista rikollisista ja lähettänyt nämä meritse pohjoisen naapurinsa riesaksi. Jo maahantulohaastattelussa paljastuu, että Tony kavereineen on ollut vankilassa ja rikollinen ura jatkuu myös Floridassa sen jälkeen, kun miehet ovat hetken aikaa tehneet tavallisia hanttihommia.

Stone ja De Palma turruttavat ilmeisen tarkoituksellisesti katsojat äärimmäiseen väkivaltaan tekemällä Tonyn ja kaverien heti ensimmäisestä huumeisiin liittyvästä keikasta piinallisen raa'an moottorisahamurha- ja ampumisjakson, jossa yksi mies Tonyn porukasta sahataan hengiltä veren roiskuessa Tonyn naamalle. Onnistuminen nostaa kuitenkin Tonyn arvoa senhetkisen pomonsa (**Robert Loggia**) silmissä ja käynnistää hänen nousunsa kohti huumeimperiumin huippua.

Yksi *Scarfacen* mielestäni vaikuttamista hahmoista on harvoin sellaisena mainituksi tuleva bolivialainen huumelordi Sosa, jonka roolissa **Paul Shenar** (1936 – 1989) tekee vakuuttavaa työtä. Tämän kohtaamiset Tony kanssa ovat tunnelmaltaan sähköisiä. Shenar näyttelee suurrikollista coolilla vakuuttavuudella; sivistyneeltä kuulostaen mutta tappajalta silmien ilmeen osalta näyttäen. Tonyn tarinasta tulee uskomaton nousu kadulta rikkauksiin ja putoaminen takaisin, ja jälkimmäinen toteutuu heti hänen jouduttuaan pettämään Sosan.

Scarface on sisältönsä puolesta lähellä väkivaltaeksploitaatiota, mutta sen ylöspano on kuin huippulaatuisen Oscar-elokuvan. Näyttelijät ovat huippuhyviä, käsikirjoitus samoin, eksoottisissa paikoissa liikutaan ja budjetti näkyy ylipäänsäkin kankaalla. Tällaisia elokuvia ei taideta enää juurikaan tehdä.

Harmi kyllä, jo muutama vuosi sitten julkaistu 4K UHD ei kuulu lajinsa parhaisiin. Ei se hirmuisen huonokaan ole, mutta harmittavan keskinkertainen. Hetkittäin kuvanlaatu saa kyllä innostumaan, kuten kuvattaessa Tonyn ja Elviran (**Michelle Pfeiffer**) hääseuruetta hiukan etäämpää. Näyttelijöiden kasvot näkyvät tällöin kuvassa pieninä pyörylöinä, mutta kiitos korkean resoluution heistä jokaisen pystyy silti tunnistamaan.

RED DAWN
USA 1984
Ohjaus: John Milius
Pääosissa: Patrick Swayze, C.
Thomas Howell, Charlie Sheen
Katsottu: 6.12.2022
Formaatti: 4K Ultra HD

10

Katsoin **John Miliuksen** klassikkoelokuvan *Red Dawn* viimeksi 4K-levyltä vuoden 2022 itsenäisyyspäivänä, koska se tuntui sopivan hyvin sen hetkiseen tilanteeseen. Suomi oli hakenut Nato-jäsenyyttä, mutta joutunut jäämään odottelemaan jäseneksi pääsyä.

Kaipasin jotakin isänmaallista, mutta *Tuntematon sotilas* on kaikkina versioina aivan liian tylsä (**Aku Louhimiehen** versiota en ole jaksanut edes katsoa) ja muutenkin vanhemmalle sukupolvelle tehty. Katsoinpa siis liittolaisen vastaavanlaista isänmaallista hengennostatusta heidän tapauksessaan kuvitteellisen venäläisten hyökkäyksen merkeissä.

Milius on amerikkalaisellakin mittapuulla varsin oikeistolainen republikaani, tosin sillä vanhalla ei-trumpilaisella tavalla: harrastaa ampumista, pitää venäläisiä ja kiinalaisia pahoina ja inhoaa kaikkea mikä edes muistuttaa sosialismia.

Red Dawn on Miliuksen sydänverellään kirjoittama ja ohjaama uskontunnustus ja pääteos, jossa hän kuvittelee miten voisi käydä jos Naton hajottua Venäjä (jota elokuvan tekoaikaan kutsuttiin Neuvostoliitoksi) ja Kuuba hyökkäisivät yhteistuumin Yhdysvaltoihin. Ohjaaja olisi taatusti hyväksynyt elokuvan videojulkaisulle Suomessa annetun nimen *Punainen vaara.* Teattereissa sitä ei meillä nähty koska se kiellettiin Suomessa mistäpä muusta syystä kuin neuvostovastaisuudesta. Kyllä, sekin oli aikanaan kieltämisen peruste.

Coloradolaisessa pikkukaupungissa on käynnissä normaali syksyinen koulupäivä, kun yhtäkkiä pihalle alkaa putoilla taivaalta sotilaita laskuvarjojen varassa. Eivätkä ne ole omia! Pihalle asiaa selvittämään mennyt opettaja ammutaan saman tien ja seuraavaksi luokan ikkunoihin kohdistetaankin jo sarjatulta. Kolmas maailmansota on saavuttanut syrjäisenkin seudun.

Tarinan keskushenkilöiksi osoittautuvat Eckertin veljekset Jed (**Patrick Swayze**) ja Matt (**Charlie Sheen**). Jed on vanhimpana ja muutenkin johtajatyyppinä ohjaamassa kaveriporukkansa vuorille turvaan, mikä osoittautuukin hyväksi ideaksi inhojen kommunistien alkaessa hetimiten koota kaupunkilaisia vankileirille ja kohdistaa niskuroiviin kuolettavaakin voimaa.

Neukut ja kuubalaiset ovat yhdistäneet voimansa keskenään ja mukana on myös Nicaraguan joukkoja. Viiden pojan ja kahden tytön (joista toinen on piakkoin Swayzen tanssipariksi *Dirty Dancingissa* päätyvä **Jennifer Grey**) porukka opettelee pärjäämään erämaassa ja päätyy lopulta perustamaan oman sissijoukon nimeltä *Wolverines,* tehden iskuja miehittäjiä vastaan.

Milius kuvaa coloradolaisia maisemia kuin **Terrence Malick**; aiemmin vapaana pysyneen alueen kauneutta romantisoiden ja hiveleviä musiikkiteemoja taustalla soittaen.

Wolverines (Ahmat) aloittaa epäitsekkään sissisotansa jopa sankarillista urheutta osoittaen, mutta ehkä hieman yllättäen ohjaaja ei tyydy tähän. Ryhmän sisälle alkaa syntyä selviä jännitteitä ja sissisodan pitkittyessä amerikkalaistenkin aluksi hyveelliseltä näyttänyt ulkokuori murtuu pedon kömpiessä esiin.

Tämä onkin yksi *Red Dawnin* suurimmista ansioita. Etukäteen olisi voinut kuvitella, että kun Amerikkaa ihannoiva ja kommunisteja inhoava poliittisen äärilaidan ohjaaja tekee tästä aiheesta elokuvan, tuloksena olisi todellinen tähtilippurunkkaus, jossa hyveelliset jenkit torjuvat inhojen kommarien hyökkäyksen kansallislaulun soidessa.

Milius ei tyydy siihen. Elokuvan lopun lähestyessä amerikkalaisnuoret ovat vajonneet aivan yhtä pahoiksi kuin maahan hyökänneet venäläiset. Sanoma on: sota voi tehdä hyvistäkin ihmisistä petoja, kansallisuuteen tai poliittiseen ideologiaan katsomatta. Tämä on hieno, kaikkea muuta kuin yksisilmäinen havainto, jollaista itse odotin ennen kuin elokuvan aikoinaan ensi kertaa näin.

Elokuvan näkyvin kuubalaishahmo eversti Bella (**Ron O'Neal**) toimii toisin päin: miehityksen alkuvaiheissa hän on innokkaasti mukana, toimien yhteistyössä venäläisupseerien kanssa, mutta lopussa hänellä on jäljellä enää katumus. Bellan ja Eckertin veljesten kohtaaminen talvisella junavarikolla elokuvan lopussa on upeaa nähtävää. Vastapuolilla olevat soturit ovat kaikki kuin eri ihmisiä verrattuna elokuvan alkutilanteeseen. Vain venäläiset pysyvät sen alusta loppuun pahiksina.

Jo elokuvan ollessa uusi ajatus siitä, että Neuvostoliitto ja Kuuba pystyisivät yhteisvoimin miehittämään edes osan Yhdysvalloista, oli aika koominen. Vielä koomisemmalta vaikuttaa vuoden 2012 heikon uusintaversion ajatus siitä, että Pohjois-Korea pystyisi samaan. Tästä lähtökohdasta huolimatta *Red Dawn* on likipitäen täydellinen elokuva. Sen voima on ohjaaja-käsikirjoittajan vahva usko asiansa tärkeyteen. Kun taidetta tehdään sielu vereslihalla ja sanomansa kertomisen äärimmäiseen tärkeyteen lujasti uskoen, syntyy klassikoita.

Valitettavasti *Red Dawnin* 4K UHD ei yllä sisältönsä tasolle tai edes sitä lähelle. Kuva on laadultaan hyvin keskinkertainen, paikoin suorastaan sumea. Jos hyllyssä on jo ennestään blu-ray, ei parannus ole niin suuri että hintaeroa kannattaa välttämättä maksaa.

•

Myönnetään yksi asia heti kärkeen. Koen erityistä lukkarinrakkautta *A Nightmare on Elm Streetiä* kohtaan, koska se oli ensimmäinen elokuva, jonka näin muutettuani pääkaupunkiseudulle elokuun lopussa vuonna 1986. Olin asettunut asuntooni Vantaalle ja matkustin sieltä

A NIGHTMARE ON
ELM STREET
USA 1984
Ohjaus: Wes Craven
Pääosissa: Heather
Langenkamp, Robert Englund,
Johnny Depp
Katsottu: 31.10.2024
Formaatti: 4K Ultra HD

10

Hakaniemen Arena -teatteriin, jonka muistaakseni salissa numero 2 tämä klassikko silloin esitettiin.

Olin lukenut elokuvasta kehuja jo kauan tuota aiemmin, mutta sen Suomen ensi-ilta antoi odottaa itseään. Amerikassa elokuva tuli levitykseen jo vuoden 1984 lokakuussa; Suomen ensi-ilta oli vasta kesäkuun viimeisenä viikonloppuna 1986. Valtion elokuvatarkastamo suhtautui kauhuelokuviin pääsääntöisesti hyvin nuivasti, mutta *Elm Street* oli poikkeus, koska tarkastajat olivat kuulopuheiden mukaan "pitäneet sen syvyyspsykologisista ulottuvuuksista".

Minusta *A Nightmare on Elm Street* oli jokseenkin täydellinen ja olen sittemmin omistanut sen useissa eri kotivideoformaateissa. Niistä osan jenkkisensuurin hyväksymänä R-versiona, osan taas leikkaamattomana unrated-versiona, joka sekin taitaa olla vain alle 10 sekuntia leikattua pidempi. Sokkotestissä versioita lienee vaikea erottaa toisistaan.

Elm Streetin nuoret ovat alkaneet nähdä painajaisia, joissa heitä jahtaa punavihreäraitaiseen paitaan ja lierihattuun pukeutunut hirviömäinen mies, jonka kasvot ovat täynnä palovammoja. Toisessa kädessään olio käyttää hansikasta, johon on asennettu sormien jatkeeksi pitkät veitset. Hämmästyksekseen nuoret huomaavat näkevänsä keskenään samanlaisia painajaisia niitä verratessaan.

Nukahtamisesta tulee vähitellen viimeiseen saakka vältettävä tapahtuma kun selviää, että jos uniin tunkeutunut hirviö saa nuoren niissä kiinni, tämä kuolee oikeasti. Kun Tina (**Amanda Wyss**) ja Rod (**Nick Corri**) ovat menettäneet henkensä painajaisessaan, henkiin jääneiden Nancyn (**Heather Langenkamp**) ja Glenin (**Johnny Depp**) on keksittävä keinot unten vainoajan tuhoamiseksi.

Craven kirjoittaa elokuvan eräänlaiseksi sukupolvien ristiriidan kuvaukseksi. Aikuiset eivät suostu uskomaan mitään, mitä heille kerrotaan, vaikka he ovat itse luoneet hirviön tapettuaan naapurustoa vainonneen lapsimurhaaja Freddy Kruegerin (**Robert Englund**) polttamalla. Nancyn äiti käyttäytyy ylisuojelevasti, juottaa Nancylle lämmintä maitoa (gross!), sulkee tämän ratkaisevilla hetkillä kotiinsa ja yrittää nukuttaa tätä vasten tämän tahtoa.

Juurikaan sen enempää apua ei ole myöskään Nancyn isästä, poliisikomisario Thompsonista, jota näyttelee John Saxon *(Cannibal Apocalypse, Tenebrae)*. Nuorten on käytävä Freddyä vastaan pelkästään oma kekseliäisyytensä aseenaan, koska kaikki mitä vanhemmat tekevät, on pelkästään haitaksi.

A Nightmare on Elm Street esittää Freddyn pelottavana hahmona, toisin kuin useimmat jatko-osat, joissa tämä degeneroituu hauskoja one-linereita heitteleväksi hupiukoksi. **Charles Bernsteinin** musiikki tukee erinomaisesti kauhutunnelmia, olkoonkin että sen pääteema alkaa loppua kohden tulla jo hieman ylikäytetyksi. Vaikka elokuva on pääosin vakavaa kauhua, se sisältää myös paljon toimivia huumorikohtia, kuten Nancyn kauhistelu siitä miten hän näyttää peilikuvassaan 20-vuotiaalta, tai kuolinsyyntutkija vessassa oksentamassa.

Wes Cravenia (1939–2015) tunnutaan pitävän kauhun mestarina, mutta itse en ole koskaan pitänyt hänen elokuviaan kovin kummoisina. Mielestäni *A Nightmare on Elm Street* on hänen ainoa todellinen mestariteoksensa. Lisäksi *The Last House on the Left* (1972) ja *Scream* (1996) ovat melko hyviä. Muu tuotanto on parhaimmillaan keskinkertaista ja heikoimmillaan onnetonta, tv-elokuvat tietenkin mukaan lukien.

Loppuvuodesta 2024 julkaistu 4K UHD sisältää sekä unrated- että R-version elokuvasta. Levyn kuvanlaatu on pääosin aivan loistava. Tosin jälleen muutamissa yksittäisissä otoissa se on jäänyt tuhnuksi, mikä on varsin tyypillistä vanhojen elokuvien kohdalla. Äänimiksaus on valittavissa: joko alkuperäinen tai myöhemmin remasteroitu. Viimeksi mainitussa dialogin ja äänitehosteiden volyymiero on valtava.

DAY OF THE DEAD
USA 1985
Ohjaus: George A. Romero
Pääosissa: Lori Cardille,
Jarlath Conroy, Joe Pilato
Katsottu: 19.11.2024
Formaatti: Blu-ray

8

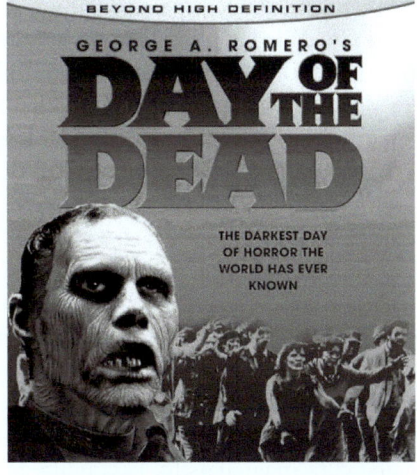

George A. Romeron kolmas Dead -elokuva klassikoiden *Night of the Living Dead* (1968) ja *Dawn of the Dead* (1979) jälkeen perustui alkujaan mittakaavaltaan huomattavasti suurisuuntaisempaan seikkailukäsikirjoitukseen kuin mitä kankaalle lopulta päätyi. Budjettirajoitteet ajoivat kuitenkin Romeron tekemään haluamaansa pienemmän mutta joka tapauksessa hyvän elokuvan. Nimekkäiden edeltäjien tasolla ei kuitenkaan enää liikuta.

Zombie-epidemia on pahentunut *Dawnin* tilanteesta siinä määrin, että käveleviä, eläviä ihmisiä syöviä kuolleita liikkuu maan päällä 400 000 kappaletta jokaista elävää ihmistä kohden. Tämän ylivoiman edessä harvoilla eloonjääneillä ei ole ollut muuta vaihtoehtoa kuin piiloutua suljetuiksi yhteisöiksi sinne mistä turvapaikka sattuu milloinkin löytymään.

Yksi tällainen suljettu yhteisö sijaitsee maanalaisessa bunkkerissa Floridan jotakuinkin trooppisissa maisemissa. Sinne on alun perin koottu joukko tiedemiehiä etsimään ratkaisua zombie-epidemiaan ja heidän turvakseen on sijoitettu sotilasosasto. Aikojen kuluessa väki on kuitenkin vähentynyt ja ratkaisun löytämisen viivästyminen kiristänyt sotilaspuolen hermoja.

Kun sotilaita aiemmin johtanut majuri Cooper on kuollut, johdon perii tyrannimainen kapteeni Rhodes (**Joe Pilato**), joka alkaa esittää tiedemiesryhmälle uhkavaatimuksia: jos tuloksia ei ala tulla, edessä voi hyvin pian olla hyvin lopullisia ratkaisuja.

Tarinan varsinaiset päähenkilöt ovat tomera tiedenainen Sarah (**Lori Cardille**), tämän luuserimainen uikuttaja-miesystävä Miguel (**Antone DiLeo**), porukan helikopterilentäjä John (**Terry Alexander**) ja viinaanmenevä elektroniikkainsinööri Bill (**Jarlath Conroy**). Tähän ydinjoukkoon tutustutaan elokuvan alkutekstijaksossa, jossa nämä yrittävät löytää eloonjääneitä floridalaisen pikkukaupungin kaduilta, mutta löytävät vain horjuvia, irvokkaan näköisiä zombeja etsimässä seuraavaa ateriaa.

Siihen ulkokohtaukset sitten käytännössä loppuvatkin, lukuun ottamatta paria hyvin lyhyttä visiittiä bunkkerin ulkopuolelle. Romero on saanut varmasti säästettyä pitkän pennin kuvaamalla sisätiloissa: toki klaustrofobinen tunnelma lienee ollut hänen tavoitteensa muutenkin. Eläimellisesti käyttäytyvät, räkättävät ja kiljuvat sotilaat pyydystävät zombeja tieteellisiä kokeita varten bunkkerin yhteydessä sijaitsevilta maanalaisilta käytäviltä, ja toisinaan tässä työssä sattuu pahoja vahinkoja.

Kuten sarjan aiemmissa osissa, Romeron teemana on ihmisten tuhoisa kyvyttömyys yhteistyöhön. Lisäksi miesten ja naisten voimasuhteiden kehitys saavuttaa loogisen päätepisteensä: *Nightissa* mies oli vahva ja nainen heikko, *Dawnissa* nainen alkoi kasvaa miestä vahvemmaksi ja nyt nainen on vahva ja mies heikko.

Veritehosteet ovat jälleen Tom Savinin käsialaa ja ne ovat vieläkin hurjempia kuin *Dawnissa,* tosin niitä on nyt määrällisesti vähemmän. Ihmiskehot hajoavat kappaleiksi oudon helposti zombien kiskoessa niitä eri suuntiin ja punertavilla sisälmyksillä läträtään antaumuksellisesti.

Day of the Dead ei syystä tai toisesta ole saanut 4K-päivitystä, toisin kuin Dead -trilogian aiemmat osat. Jouduin siten katsomaan tätä tekstiä varten uudelleen ikivanhan Anchor Bayn blu-rayn, jonka kansikuva on ohessa ja joka julkaistiin jo vuonna 2007. Sittemmin elokuvasta julkaistiin kyllä Scream Factoryn Collector's Edition vuonna 2013, mutta sekin on siis jo 11 vuoden ikäinen.

Toivottavasti tuossa uudemmassa blu-rayssä on laadukas kuva: tässä vanhassa versiossa se on ainakin toivottoman suttuinen eikä tee juurikaan oikeutta HD-formaatille. Kyllähän tästä selvän saa, mutta kunnolla restauroidulle levyjulkaisulle olisi selvästikin tilausta.

THE HITCHER

USA 1986
Ohjaus: Robert Harmon
Pääosissa: C. Thomas Howell,
Rutger Hauer, Jennifer Jason
Leigh
Katsottu: 27.9.2024
Formaatti: 4K Ultra HD

9

Brittiläisen laatujulkaisija Second Sightin 4K UHD 1980-luvun kult-tiklassikosta *The Hitcher* oli minulle ja varmaan monille muillekin yksi vuoden odotetuimmista julkaisuista. Elokuva teki minuun voimak-kaan vaikutuksen uutena ja muistan käyneeni katsomassa sen teatte-rissakin vähintään kahdesti Helsingin Formia 2:n jokseenkin täydelli-sessä, sopivan jyrkän katsomon sisältäneessä pikkusalissa.

Jim Halsey (**C. Thomas Howell**, *Red Dawn*) on chicagolainen nuorimies, joka on ajamassa isoa Cadillacia sen uudelle omistajalle Kalifornian San Diegoon. Matka on pitkä ja öiseen aikaan erämaassa ajaessa on vaikeaa pysyä hereillä. Sen sijaan, että Jim pitäisi tauon yö-pymällä motellissa, hän poimii kyytiinsä liftarin, jonka hän ajattelee pitävän hänet helpommin virkeänä.

Huono idea! Liftari on kookas ja oudosti käyttäytyvä John Ryder (**Rutger Hauer**), joka osoittautuu pian vaaralliseksi mielipuoleksi. Juuri ennen kuin mies onnistuu tuikkaamaan Jimiä veitsellään pitkän uhkailujen sarjan päätteeksi, Jim saa onnekseen tuupattua hänet ulos liikkuvan auton ovesta.

Jimin ja liftarin yhteinen matka ei kuitenkaan lopu tähän. Se on vasta alkamassa. Ryder on valinnut Jimin kohteekseen ja lähtee seuraamaan tätä. Pian Jim jo näkee hänet toisen auton kyydissä sen ohittaessa hänet. Ryder on päättänyt, että Jim on ainoa henkilö, joka voi pysäyttää hänet, ja sen tämä saa myös tehdä.

Yhdysvaltain lounaisosien aurinkoisille erämaateille ja niiden laidoilla sijaitsevien pikkukylien maisemiin sijoittuva *The Hitcher* on upea kauhuaineksilla kuorrutettu trilleri, jonka sieluna toimii sen tilanteita ja tunnelmia mallikkaasti ohjaileva **Mark Ishamin** kuulaan kaunis musiikki. Elokuva olisi merkittävästi heikompi, jos sen taustalla soisi maisemiin kenties paremmin sopiva, letkeä ja kitarapainotteinen country-rock.

Liftari näyttää kykenevän liki yliluonnollisiin tekoihin ohjatessaan Jimin matkaa etäältä, pitäen huolen siitä ettei edes virkavallan kanssa tekemisiin joutuminen pysäytä häntä matkallaan kohti ymmärrystä siitä, että hänen on todellakin pysäytettävä Ryder ennen kuin hän voi palata normaaliin. Liftarin tekemät surmat tietenkin menevät Jimin syyksi, joten poliisi jahtaa häntä ja vapaana pysyminen on hänelle jatkuva haaste.

C. Thomas Howell ei ole kovinkaan kummoinen näyttelijä, mutta hän onnistuu silti välittämään uskottavasti Jimissä tapahtuvan muutoksen alun harmittomasta ja kiltistä nuorukaisesta kohti tapahtumien puuduttamaa ja kovettamaa nuorta miestä, joka on lopulta valmis kohtaamaan Ryderin lopullisessa välienselvittelyssä sillä tavoin kuin tämä haluaa ja vaatii.

Nuori **Jennifer Jason Leigh** nähdään Jimiä auttamaan päätyvän tarjoilija Nashin roolissa. Ohjaaja **Robert Harmonin** muu tuotanto on jäänyt melko vaatimattomaksi. Käsikirjoittaja **Eric Red** puolestaan muistetaan hyvin käsikirjoituksestaan heti seuraavana vuonna valmistuneeseen, modernina vampyyrielokuvien klassikkona monien pitämään *Near Darkiin*.

The Hitcherin 4K-toteutuksesta uutisoitiin jo noin vuotta ennen kuin levy saatiin ulos. Elokuvan alkuperäisestä negatiivista tehtiin uusi 4K-skannaus ohjaaja Harmonin valvonnassa. Työ kuulosti pitkäkestoiselta ja perusteelliselta, ja onkin yllätys ettei lopputulos ollut tätä parempi. Ei se varsinaisesti huono ole, mutta vaivannäön määrään nähden yllättävän keskinkertainen.

4K-kuva on toki terävä, mutta samanaikaisesti hiukan himmeä ja rakeinen. Eniten katsoessa häiritsi monille muillekin 4K-julkaisuille tyypillinen tumma kohina laajoissa, vaaleissa väripinnoissa kuten aurinkoisella taivaalla, jota tässä elokuvassa näkee runsaasti. On kuin suuri hyönteisparvi lentäisi taustalla. Monissa kohtauksissa tämä kiinnittää katsojan huomion liiallisissa määrin.

A BETTER
TOMORROW
Hong Kong 1986
Ohjaus: John Woo
Pääosissa: Ti Lung, Chow
Yun-Fat, Leslie Cheung
Katsottu: 21.10.2024
Formaatti: Blu-ray

6

Hongkongilaisen action-elokuvan jumala **John Woon** klassikkoa *A Better Tomorrow* pidetään sikäläisen toimintaelokuvan *heroic bloodshed* -lajityypin edelläkävijänä, vaikkakin vain kaksi vuotta aiemmin mies ohjasi jo elokuvan, jonka nimikin oli *Heroes Shed No Tears*.

Ero lienee siinä, että tuo toinen elokuva oli etäinen viidakkoseikkailu, kun taas sen seuraaja toi tunteelliset, kunniakysymysten parissa painiskelevat rikollis- ja poliisihahmot tuon hetken modernin Hong Kongin kaduille. *A Better Tomorrow* sai jatko-osia (joista ensimmäisen käsittelemme pian) ja sen lisäksi Woo ohjasi seuraavina vuosina muitakin samantyyppisiä rikoselokuvia.

Elokuvan aluksi meille esitellään ystävykset ja kollegat Ho (**Ti Lung**) ja Mark (**Chow Yun-Fat**), joiden elämä on leveää. Väärennetyn rahan parissa omaisuuksia tienaava kaksikko nauttii elämästään, sytyttää sikareja väärennetyillä seteleillä ja pelleilee alakoulumaisesti jopa rikollisten välisissä kaupanteoissa, jotka saattaisivat epäselvyyksien esiintyessä helposti kärjistyä tulitaisteluiksi.

Hon pikkuveli Kit (**Leslie Cheung**) on samaan aikaan valmistunut poliisiksi, mikä saattaa aiheuttaa ongelmia vanhemman veljen kanssa. Kitille ei tarkoituksella kerrota, mitä Ho oikeasti tekee työkseen. Tämä kuitenkin paljastuu tahattomasti, kun Ho päätyy eräällä keikalla poliisin käsiin ja joutuu kolmeksi vuodeksi vankilaan.

Mark ei katso tätä hyvällä. Hänen mielestään Ho tuli petetyksi, ja kostoksi siitä hän tunkeutuu yhden miehen armeijana petturien tukikohtaan. Hienosti ideoidussa toimintajaksossa Mark piilottaa käsiaseita pakoreittinsä varrelle, hyökkää sitten kahdella aseella (kyllä vain! tästä se lähtee) ampuen petturien kimppuun ja perääntyessään poimii uusia aseita matkan varrelta jatkaakseen ampumista tauotta. Kaverusten mukava elämä kuitenkin päättyy tähän. Kun Ho viimein vapautuu, hän on *persona non grata* ja etenkin poliisina toimiva pikkuveli Kit torjuu hänet raivokkaasti. Edessä on huonosti palkattujen hanttihommien etsiminen ja vallassa nyt olevien pomojen nöyristely. Uusi johtaja on kaksikon aiemmin pettänyt Shing (**Waise Lee**, *Bullet in the Head*).

Markilla ei mene juurikaan paremmin, sillä näyttävästi toteutettu kosto johti siihen, että vihollisen ampumat luodit rampauttivat hänet pysyvästi. Coolisti hymyilevästä rikollisesta on tullut Shingin nöyrä palvelija. Millä tavoin Ho ja Mark pystyvät palauttamaan itsekunnioituksensa, kostamaan pettureille ja saavuttamaan niin tehdessään Kitin hyväksynnän?

A Better Tomorrow on aiemmin ollut minulle 7 pisteen elokuva, etenkin näyttävästi koreografioitujen tulitaistelujaksojen ansiosta. Tällä kertaa minua ärsytti etenkin elokuvan alkupuolella esiintynyt jatkuva heikkolaatuinen slapstick-komediointi, jossa kompasteltiin, naurettiin tämän tästä ei oikein millekään ja lopulta lyötiin sellokotelo auton takaikkunan läpi. Voi hyvänen aika. Pakko ottaa piste pois.

Mutta kuten sanottu, sinänsä harvakseltaan nähtävät tulitaistelut ovat todella näyttäviä ja Woolla oli tiettävästi aikaa hioa niitä päiväkaupalla. Elokuva oli menestys kotimaassaan, jatkoa seurasi ja loppu on historiaa.

Amerikkalaisen Fortune Starin "4K Ultra HD remastered" julkaisu näyttää oikeasti todella hyvältä, vaikka se onkin tallennettu levylle vain blu-raynä perus-HD-formaatissa. Olisiko voitu saman tien tehdä 4K-julkaisu? Kyllä tätäkin toki oikein mielellään katsoo.

•

Kauhuklassikko *The Texas Chain Saw Massacre* (1974) käsiteltiin Cine-Active 1:ssä. Tällä kertaa paneudutaan sen jatko-osaan, kuten edellä on jo tehty pari muutakin kertaa *Dawn of the Deadin* (1979) ja *Friday the 13th Part 2:n* (1981) merkeissä, joiden molempien edeltäjät olivat niin ikään mukana edellisessä kirjassa.

THE TEXAS CHAINSAW MASSACRE 2
USA 1986
Ohjaus: Tobe Hooper
Pääosissa: Caroline Williams,
Dennis Hopper, Jim Siedow
Katsottu: 18.9.2024
Formaatti: 4K Ultra HD

8

Sain tietää kakkososan valmistumisesta juuri niihin aikoihin, jolloin Suomessa kiellettyjen kauhuelokuvien keräilyni VHS-kopioina oli toden teolla päässyt vauhtiin. En kohdistanut silloin kovin suuria toiveita sen näkemiselle, kun vanhemmistakin klassikoista olin löytänyt vasta hyvin pienen osan. Mutta lopulta myös tämä kakkonen löysi tiensä nauhuriini.

The Texas Chainsaw Massacre 2 eroaa tyylillisesti alkuperäisestä elokuvasta sen verran paljon, että se sai minut aluksi vieroksumaan sitä. Taisin merkitä sille alun perin 6 pistettä. Siinä missä ykkösosa sijoittui kokonaan jumalanhylkäämälle maaseudulle, tässä liikutaan välillä hyvinkin urbaaneissa ympäristöissä. Ja siinä missä ykkösosassa kuultiin vain ohjaaja **Tobe Hooperin** ja **Wayne Bellin** monin paikoin atonaalista, tunnelmia rakentelevaa efektimusiikkitaustaa, tässä soitetaan runsaasti modernia rockia.

Elokuvan päähenkilö on piskuisen radioaseman DJ Stretch (pirtsakka **Caroline Williams**), joka soittelee levyjä mutta haaveilee paremmista hommista. Tilaisuus tähän näyttää aukeavan, kun radioaseman nauhalle tallentuu sekopäiseltä kuulostava puhelinsoittaja, joka moottorisahamurhataan kesken puhelun.

Stretch on yhteydessä synkän oloiseen poliisiluutnantti Enrightiin (Dennis Hopper, *Blue Velvet, Land of the Dead),* joka on ykkösosan Sallyn ja Franklinin setä ja omistanut loppuelämänsä Teksasin moottorisahaperheen löytämiseen ja rankaisemiseen. Tämä ei ensin innostu yhteistyöehdotuksesta mutta muuttaa sittemmin mielensä pyytäen Stretchiä toistamaan murha-audion asemansa iltaohjelmassa ajatuksena, että se voisi houkutella perheen esille piilostaan.

Näin myös käy: Leatherface (**Bill Johnson**) saapuu sahoineen kovasti ykkösosan liftaria muistuttavan veljensä Chop-Topin (**Bill Moseley**) kanssa hiljentämään nais-DJ:tä tämän selvästikin tietäessä liikaa. Radioaseman tiloissa tapahtuman alkukamppailun jälkeen jatketaan toimintaa moottorisahaperheen uudessa tukikohdassa, jonne myös Enright löytää lopulta tiensä kantaen mukanaan peräti kolmea eri moottorisahaa.

The Texas Chainsaw Massacre 2 tuntuu varmasti monen muunkin katsojan mielestä oudolta mekastukselta verrattuna määrätietoiseen ja painajaismaiseen ykkösosaan. Huutoa ja meteliä riittää, rock raikaa, henkilöhahmot on vedetty täysin överiksi, tarinassa ei ole oikein mitään järkeä ja etenkin viimeisen puolen tunnin kohelluksen aikana nähtävät tapahtumat ja kuultavat repliikit tuntuvat kuvaustilanteessa keksityiltä.

Useammalla katselulla tätä sekoilua on kuitenkin oppinut arvostamaan. Lopulta tuntuu, että kakkosen yhtäläisyydet ykköseen ovat juurikin sen kaikkein vaatimattominta antia. Tämä koskee erityisesti tuota edellämainittua viimeistä puolituntista, joka näyttää olevan kopioitu melko suoraan ykkösen viimeisistä 20 minuutista pelkästään skaalaa suurentaen.

Sopivasti kajahtaneiden elokuvien ystäville tarjolla on silti oikein mainiota viihdettä ja omakin arvosanani on vuosien varrella hiipinyt vähitellen edellä jo mainitusta kuutosesta seiskan kautta nykyiseen kahdeksikkoon.

Erikoistehosteista vastaa alan suuri guru Tom Savini, mutta elokuvan nimestä huolimatta ne ovat valtaosin maskeerauksia. Vain parissa, kolmessa kohtaa herkutellaan verisillä sahauksilla tai niiden inhan näköisillä seurauksilla. Olen tosin antanut kertoa itselleni, että huomattava osa Savinin efekteistä leikattiin elokuvasta pois ennen sen julkaisua, vaikka R-ikärajaa ei edes tavoiteltu.

Vinegar Syndromen julkaiseman 4K UHD:n kuva on skarppi mutta harmittavasti myös hyvin rakeinen. Vain kaikkein kirkkaimmin valaistuissa kohtauksissa 4K pääsee kunnolla oikeuksiinsa, ja niitä ei tämän tyyppisessä elokuvassa ole koskaan kovin paljon. Pääosin kuvanlaatu on kuitenkin täysin OK.

BLUE VELVET
USA 1986
Ohjaus: David Lynch
Pääosissa: Kyle MacLachlan,
Isabella Rossellini, Dennis
Hopper
Katsottu: 13.8.2024
Formaatti: 4K Ultra HD

9

David Lynchin klassikkoelokuvan *Blue Velvet* kesällä 2024 julkaistu
Criterionin 4K UHD on laatunsa osalta hyvin vaihteleva tapaus.
Parhaimmillaan sen kuvanlaatu on aivan loistava ja saattaa pudottaa
katsojansa leuan lattiaan. Tähän pystyviä huippukohtia elokuvassa
on kuitenkin varsin vähän. Monissa muissa kohtauksissa kuva on
erittäin pehmeä ja epäskarppi, ja lisäksi siinä on todella paljon hämä-
räkohtauksia joiden aikana kuvanlaadusta on hyvin vaikea sanoa mi-
tään.

Jeffrey Beaumont (**Kyle MacLachlan**) on kirkasotsainen ja ehkä
hieman naiivi opiskelijanuorukainen, joka joutuu palaamaan takaisin
pieneen kotikaupunkiinsa Lumbertoniin sen jälkeen kun hänen isän-
sä joutuu halvauksen saatuaan vuoteenomaksi sairaalaan. Isän työpa-
nos hänen omistamassaan rautakaupassa on korvattava, eikä tarjolla
ole muita apulaisia.

Palatessaan katsomasta isäänsä sairaalasta Jeffrey löytää niityltä
irrallisen ihmiskorvan. Hän kiinnostuu siihen liittyvästä arvoitukses-
ta niin paljon, että on valmis piiloutumaan salaa mysteeriin jollakin
tapaa liittyvän yökerholaulaja Dorothy Vallensin (**Isabella Rosselli-
ni**) kotiin. Tällä tavoin hän saa kuitenkin selville vähän liikaakin,
päätyy outoon suhteeseen laulajan kanssa ja joutuu psykopaattisen
Frank Boothin (Dennis Hopper, *The Texas Chainsaw Massacre 2, Land
of the Dead)* shit listille.

Blue Velvet on Lynchille tyypillisesti hyvin omalaatuinen elokuva, mutta toisaalta myös yksi hänen helpoimmiin lähestyttävistä teoksistaan, mikä selittääkin sen, että se sai aikanaan osakseen kohtuullisen suuren suosion. Rikosmysteeri itsessään on hyvin helposti seurattava vaikka sen reuna-alueilla tapahtuukin kummallisuuksia.

Lynch oli Oscar-ehdokkaana parhaasta ohjauksesta. Golden Globe -ehdokkuuden hän sai sitä vastoin käsikirjoituksesta, sekä lisäksi Dennis Hopper parhaasta miessivuosasta. Näistä ehdokkuuksista mikään ei realisoitunut voitoksi asti.

Itse lisäisin palkinnon arvoisten suoritusten joukkoon myös **Dean Stockwellin** häikäisevän vaikkakin varsin lyhyen roolin Frankin outona ystävänä nimeltä Ben. Nuori **Laura Dern** nähdään Jeffreyn romanttisen mielenkiinnon kohteena.

Blue Velvet sai maailman ensiesityksensä Montréalin World Film Festivalilla 30. elokuuta 1986 – vain kahdeksan päivää edellä juuri käsitellyn *The Texas Chainsaw Massacre 2:n* ensi-illan jälkeen. Siinäpä oli melkoinen double punch tuhon aikaan lähes unohdetulta Dennis Hopperilta!

ROBOCOP
USA 1987
Ohjaus: Paul Verhoeven
Pääosissa: Peter Weller, Nancy Allen, Kurtwood Smith
Katsottu: 21.8.2022
Formaatti: 4K Ultra HD

9

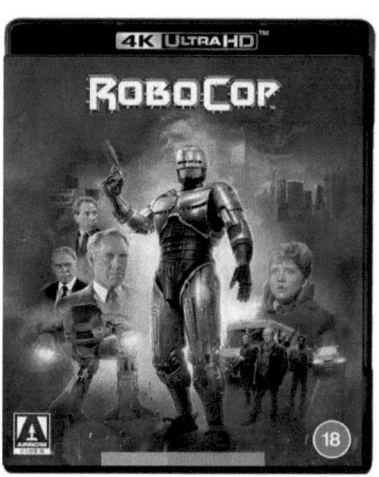

Hollantilainen Paul Verhoeven oli ehtinyt tehdä lukuisia elokuvia ennen kuin hän päätyi ensimmäistä kertaa täysin amerikkalaisen tuotannon puikkoihin. Ohjaaja silmäili kertomansa mukaan kursorisesti saamaansa *RoboCopin* käsikirjoitusta, oletti että kyseessä oli vain joku tyypillinen tusinatuotos jenkkilän tyyliin, ja lähti työmatkalle. Miehen poissaollessa vaimo **Martine** kuitenkin luki käsikirjoituksen ja kehotti miestä vilkaisemaan sitä uudelleen ja tarkemmin. Loppu onkin sitten historiaa.

RoboCopin onnistuminen teki Verhoevenista kysytyn ohjaajan Hollywoodissa yli vuosikymmeneksi, etenkin kun sen perään tuli vielä toinenkin hitti, *Total Recall* (1990, käsitellään jäljempänä). Edes *Showgirlsin* (1995) kaltainen huti ei vielä riittänyt viemään tuottajien uskoa miehen kykyihin. Vasta *Hollow Man* (2000) jäi Verhoevenin viimeiseksi työksi unelmien kaupungissa.

Martine Verhoevenia viehätti *RoboCopissa* erityisesti keskushenkilön kärsimys, kuolema ja eräänlainen ylösnousemus minuuteen ja olemassaoloon liittyvine kysymyksineen. Ne erottavatkin elokuvan monista aikalaisistaan: scifi-toimintaa tehtiin 1980-luvulla paljonkin, mutta ei juurikaan tällaisilla teemoilla.

RoboCop sijoittuu lähitulevaisuuden Detroitiin, jossa rikollisuus rehottaa ennennäkemättömällä tavalla. Jo alun televisiopätkistä lähtien voimakkaan satiirinen tarina esittelee meille poliisimies Murphyn (**Peter Weller**), joka yrittää työparinsa Lewisin (**Nancy Allen**) kanssa taistella pahiksia vastaan. Parin jouduttua erään tehtävän aikana eroon toisistaan poikkeuksellisen raaka rikollisjoukko ampuu Murphyn seulaksi. Tämä tilanne nähdään yksityiskohtaisesti Rob Bottinin roiskuvien veritehosteiden lentäessä ympäriinsä.

Murphyn tarina ei kuitenkaan lopu siihen. Korporaationiljake Mortonin (**Miguel Ferrer**) vetämä RoboCop -projekti tekee poliisin jäänteistä androidimaisen superpoliisin, eli kuten elokuvan tag line kuvaa: *part man, part machine, all cop*. Lisätyllä konevoimalla ja hurjalla tuliaseella varustettu robottipoliisi pystyy taistelemaan Detroitin roistoja vastaan aivan uudenlaisella intensiteetillä. Pahimpia roistoja alkaa kuitenkin löytyä poliisivoimat omistavan ja niitä operoivan yksityisen Omni Consumer Productsin riveistä ja palkkalistoilta.

RoboCop -projektin odottamaton sivuvaikutus on, että Murphyn minuus ei ole täysin kadonnut vaikka hänet ammuttiinkin kuoliaaksi. Robottipoliisilla on mieli, johon Murphyn muistot palaavat ja ennen pitkää se alkaa toimia niiden pohjalta jäljittääkseen häikäilemättömän rikollisjoukon, joka teloitti Murphyn. Myös Lewis tunnistaa entisen poliisiparinsa metallikuorien alta ja ryhtyy auttamaan tätä.

RoboCop on herkullisesti kirjoitettu ja tavattoman vetävästi ohjattu scifi-toimintaelokuvan klassikko. Sen väkivalta on hetkittäin hätkähdyttävän raakaa, mutta juuri sellaisestahan Verhoeven tunnetaan. Elokuvasta alun perin R-ikärajalla Amerikassa julkaistu versio oli sekin jonkin verran leikattu, puhumattakaan Suomeen tuodusta versiosta, joka oli saksittu aivan päreiksi.

Yksi hienoimmista elokuviin liittyvistä nuoruusmuistoistani liittyy *RoboCopiin*. Kun muutin Helsinkiin toukokuun puolivälissä 1988, se oli saanut Suomen ensi-iltansa vain viikkoa aiemmin. Koska tiesin elokuvan olevan päreiksi leikattu, skippasin sen kokonaan, ja sen sijasta katsoin juuri sopivasti samaan aikaan postitse saamani VHS-kopion R-versiosta.

Leikkaamaton ohjaajanversio julkaistiin alun perin Criterionin toimesta 1990-luvun puolivälin tienoilla ja muistan omistaneeni sen silloin painavana ja varsin kalliina LaserDisc -julkaisuna. Sittemmin juuri tuo ohjaajanversio on yleistynyt *RoboCopin* "oikeana" versiona eikä teatteriversiota näy enää erikseen edes levyjulkaisujen ekstrana.

Viimeksi katsoin elokuvasta Arrow'n julkaiseman 4K UHD:n, joka kuuluu samaan sarjaan kuin monet muutkin 1980-luvun elokuvien 4K-versiot: jos jo omistat blu-rayn, ei päivittäminen ole kovinkaan tärkeää. Kuva ei laadultaan eroa paljoakaan perus-HD:stä.

•

Kino Lorberin 4K UHD -toteutus **Roger Donaldsonin** klassikkojännäristä *No Way Out* hämmentää heti alussa. En muistanutkaan, että sen alkutekstijakson aikana on melkein pimeää? Nyt kuitenkin oli. Alkoi kova kamppailu valoisuus- ja kontrastisäätöjen kanssa ja lopulta kuva alkoi hieman kirkastua, mutta jotakin outoa masteroinnissa on silti täytynyt tapahtua. Kuva on hivenen hämärä myös tästä eteenpäin, vaikka kuinka yrität säätää. Skarppi se kyllä on.

No Way Out on toinen **Kevin Costnerin** kahdesta vuonna 1987 julkaistusta elokuvasta, jotka yhdessä tekivät hänestä tuolloin yhden maailman isoimmista elokuvatähdistä. Se toinen oli *Scarfacen* tekijä Brian De Palman *The Untouchables*. Molemmissa elokuvissa Costnerin rinnalla nähtiin Oscar-kaliiperin miessivuosa. **Sean Connery**

NO WAY OUT
USA 1987
Ohjaus: Roger Donaldson
Pääosissa: Kevin Costner, Gene
Hackman, Sean Young
Katsottu: 23.8.2024
Formaatti: 4K Ultra HD

10

voittikin pystin *The Untouchablesista,* mutta itse olisin ojentanut sen
Will Pattonille *No Way Outista.*

Costner on laivastoupseeri Tom Farrell, joka kohtaa eräillä tylsän
puoleisilla politiikan silmäätekevien cocktail-kutsuilla Washingtonis-
sa elämänsä naisen Susanin (**Sean Young**, *Blade Runner*). Pari ihastuu
toisiinsa välittömästi ja lähtee kesken kaiken kutsuilta pois kutemaan
limusiinin takapenkille. Tästä kehittyy lopulta aito romanssi, jonka
ylle alkaa kuitenkin kohta kertyä mustia pilviä.

Susan on nimittäin myös Yhdysvaltain puolustusministeri Bricen
(**Gene Hackman**) salainen rakastajatar. Kun Susan on erään viikon-
lopun lomalla Farrellin seurassa, Brice ihmettelee tämän poissaoloa
ja saapuu lopulta omalla avaimellaan tämän asunnolle Farrellin olles-
sa edelleen siellä. Susan pyytää Farrellia poistumaan, ettei yllättävä
tilanne johda ongelmiin. Farrell ei pidä tästä ja vastustelee, mutta
mukautuu lopulta naisen pyyntöön. Brice näkee tumman hahmon
poistumassa paikalta pimentyneellä kadulla, mutta ei tunnista tätä.

Sairaalloisuuteen asti omistushaluiselle Bricelle on näin paljastu-
nut, että Susan "pettää" häntä toisen miehen kanssa. Syntyy käsikäh-
mäksi eskaloituva riita, jonka päätteeksi nainen menettää tapaturmai-
sesti henkensä. Vaikka kyseessä on tapaturma, olisi valtava skandaali,
jos puolustusministerin tiedettäisiin sekaantuneeseen siihen. Hänen
salasuhteensa paljastuisi ja poliittinen ura olisi suurella todennäköi-
syydellä ohi (ajat olivat silloin toisenlaiset kuin nykyään).

Kuvaan astuu Bricen lähin neuvonantaja Pritchard, jonka rooli lienee Will Pattonin upein koskaan. Maanisuuteen saakka tunteeton ja intensiivinen mies päättää tehdä kaikkensa, etteivät Bricen syrjähyppy ja Susanin kuolema paljastu. Ruumis siivotaan näkyviltä ja kuolemaan liittyvä tutkimus estetään keksimällä tarina siitä, että naisen tappoikin venäläinen vakooja "Juri". Tällöin tapaus muuttuu kansalliseen turvallisuuteen liittyväksi, eikä poliisille tarvitse kertoa siitä mitään, kun tapahtumien selvitys muuttuu Pentagonin sisäiseksi asiaksi.

Ongelmaksi jää, että tällöin keksitty "Juri" on löydettävä ja eliminoitava. Brice ja Pritchard ovat vakuuttuneita, että syyllisyys voidaan vierittää Susanin salaa tapaileman miehen niskoille. Tämän voidaan väittää olleen "Juri" sen jälkeen kun hänet on tapettu ja ollen siis kyvytön kiistämään asiaa.

Sattuman julmasta oikusta Brice ja Pritchard nimittävät Farrellin jutun päätutkijaksi, tietämättä että juuri tämä on Susanin kaikessa hiljaisuudessa tapailema mies. Farrell joutuu ei ainoastaan saamaan selville, että hänen rakastamansa nainen on kuollut, vaan myös vetämään tutkimuksia, joiden tavoitteena on löytää ja tappaa hänet itsensä ennen kuin tieto vuotaa Pentagonin ulkopuolelle.

Tästä asetelmasta lähtee liikkeelle huikeasti kirjoitettu, yllätyskäänteiden täyteinen kujanjuoksu, jonka jännitys ei herpaannu hetkeksikään. Costnerin näyttelijärekisteri riittää mainiosti kuvaamaan valtavassa paineessa toimivaa miestä, joka on mahdottomassa tilanteessa ja jonka ympärillä rengas kiristyy koko ajan. Farrellille ei jää muuta vaihtoehtoa kuin yrittää hidastaa tutkimuksia, jotta hän ehtii selvittää Susanin oikean surmaajan sekä myös todistaa tämän syyllisyyden, ennen kuin saa itse luodin niskaansa.

No Way Out perustuu **Kenneth Fearingin** romaaniin *The Big Clock* (1946) ja on moniin kirjoihin perustuvien elokuvien tavoin erinomaisesti rakennettu, henkilöity ja mukaansatempaava. Costner on parhaassa vedossaan ja Will Patton on aivan uskomaton. Lopussa odottaa vielä yllättävä twisti, jonka paljastamisen tyylikkyydessä olisi monella nykyohjaajalla opeteltavaa.

Kuriositeettina pitää vielä mainita, että australialainen Donaldson on ohjannut urallaan sekä elokuvan *Pakotie (The Getaway,* 1994) että *Ei pakotietä (No Way Out,* 1987).

A BETTER TOMORROW II

Hong Kong 1987
Ohjaus: John Woo
Pääosissa: Chow Yun-Fat, Leslie
Cheung, Ti Lung
Katsottu: 11.8.2024
Formaatti: Blu-ray

8

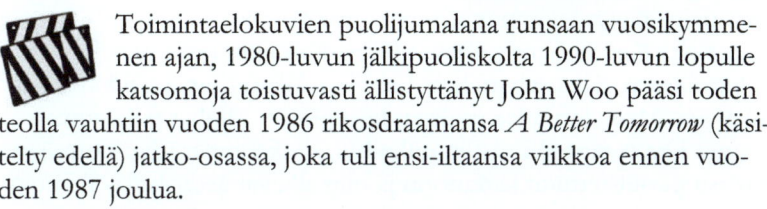

Toimintaelokuvien puolijumalana runsaan vuosikymmenen ajan, 1980-luvun jälkipuoliskolta 1990-luvun lopulle katsomoja toistuvasti ällistyttänyt John Woo pääsi toden teolla vauhtiin vuoden 1986 rikosdraamansa *A Better Tomorrow* (käsitelty edellä) jatko-osassa, joka tuli ensi-iltaansa viikkoa ennen vuoden 1987 joulua.

Tuo ensimmäinen osakin oli oikein pätevää työtä: tarina nuorten miesten elinikäisestä ystävyydestä Hong Kongin alamaailmassa. Mutta vasta tämän kakkososan huikeat tulitaistelujaksot löivät katsomot todella ällikällä. Jatkoahan sitten seurasi *The Killerin* (1989), *Bullet in the Headin* (1990) ja *Hard Boiledin* (1992) muodossa.

Ensimmäisen osan jälkeen vankilaan joutunut Ho (roolissa yhä sympaattinen Ti Lung) saa tarjouksen: pääset vapaaksi jos soluttaudut entiseen rikollisorganisaatioosi ja työskentelet poliisin hyväksi siellä. Ho on ensin vastahakoinen, mutta suostuu kun selviää, että hänen pikkuveljensä, poliisina edelleen toimiva Kit (Leslie Cheung) on saanut tehtäväkseen tutkia juuri tämän organisaation toimintaa. Ehkä isoveli pystyy vapaalla jalalla ollessaan suojelemaan nuorempaa, sikäli kun tämä suojelua tarvitsee?

Samaan aikaan Lungin (**Dean Shek**) omistamaa telakkaa ollaan ottamassa häneltä väkisin pois, triadien (mafian hongkongilainen vastine) haltuun. Seuranneiden välienselvittelyjen aikana Lungin rakas tytär Peggy (**Regina Kent**) tulee ammutuksi. Lung sekoaa ja päätyy lisäksi vielä lainsuojattomaksi, kun hänet onnistutaan samalla lavastamaan kaksinkertaiseksi tappajaksi.

Lung joudutaan auttamaan pakoon Hong Kongista. Hänet lähetetään New Yorkiin, ykkösosassa kuolleen Markin (Chow Yun-Fat) kaksoisveli Kenin luo (myös Chow Yun-Fat, "nokkela" tapa saada hänet mukaan myös tähän osaan). Ken yrittää saada Lungin tolkkuihinsa, siinä kuitenkaan onnistumatta ennen kuin New Yorkin mafia räjäyttää hänen ravintolansa tuhannen päreiksi.

Tässä kohden nähdään ensimmäistä kertaa aivan jumalaisia toimintajaksoja. Mafian miesten hyökätessä Kenin kimppuun Chow nähdään upeasti ohjatuissa tulitaistelukohtauksissa ampumassa kahdella kädellä yhtä aikaa – tekniikka, jota hän kokeili jo alkuperäisessä *A Better Tomorrow'ssa* ja jota sittemmin hyödynnettiin myös muissa Woon elokuvissa. Toimintakohtauksia oli aikaa hioa viikkoja ja se näkyy lopputuloksessa. Taistelukoreografiat ovat loistavia ja ampumiset paitsi täysin yliampuvia, myös verisiä.

Lopulta Ken ja Lung palaavat Hong Kongiin, jossa on aika ryhtyä lopulliseen välienselvittelyyn Lungin telakan kaapanneiden triadien kanssa. Myös Ho tulee mukaan kostamaan. Miehet pukeutuvat *Reservoir Dogsin* tapaan mustiin pukuihin, tunkeutuvat triad-pomojen vahvasti puolustettuun kartanoon ja niin alkavat aseet laulaa ikimuistoisesti.

Juuri mikään toimintaelokuvan historiassa ei täysin vastaa *A Better Tomorrow II:n* viimeistä varttituntia. **Quentin Tarantino** oli kaiketi samaa mieltä ja sai **Tony Scottin** sijoittamaan *True Romancen* alkuun lyhyen näytteen tästä uskomattoman hienosta toimintajaksosta. Luoteja ammutaan tuhatmäärin, myös erilaisia teräaseita käytetään ja käsikranaatteja heitellään. Viimeistään tässä kohtaa Chow Yun-Fat kasvaa lopullisesti toimintaelokuvien ikoniksi, joka tekee itsestään sittemmin legendan *The Killerissä* ja *Hard Boiledissa*.

Kaikista näistä ylisanoista huolimatta vain kahdeksan pistettä? Kyllä, sillä vaikka toimintakohtaukset ovat huikeita, ei niitä ole kovin paljoa, eikä Woo ole vielä ihan skarpeimmillaan tarinankuljetuksessa. Draama valuu siirappina ja henkilöhahmot tuntuvat luonnoksilta. Seuraavissa elokuvissaan ohjaaja onnistuu paremmin, kun nämä ovat pelkistetympiä ja selkeämmin motivoituja.

Katsoin elokuvan saksalaiselta blu-raylta, jonka kuvanlaatu kyllä helposti päihitti aiemmin omistamani dvd:n, mutta ei ollut silti varsinaisesti hyvä. Jossakin tyypillisen dvd:n ja blu-rayn puolivälissä tässä mentiin.

RABID GRANNIES
Belgia 1988
Ohjaus: Emmanuel Kervyn
Pääosissa: Catherine Aymerie,
Caroline Braeckman, Richard
Cotica
Katsottu: 28.6.2024
Formaatti: Blu-ray

9

Belgialaisesta kulttiklassikosta *Rabid Grannies* julkaistiin maaliskuussa 2015 jo yksi blu-ray, mutta sen julkaisija Troma oli leikannut elokuvan täydellisesti pilalle. Älkää vahingossakaan ostako tuota muutenkin aika heikkolaatuista julkaisua vaan tämä Vinegar Syndromen versio, jonka kansikuva on ohessa ja joka tuli myyntiin vuoden 2023 lopulla. Se sisältää elokuvan alkuperäisessä muodossaan.

Ja melkoinen muoto se onkin! Aluksi meille esitellään kaksi ikäneitoa, erittäin varakkaat 92-vuotiaat kaksossiskot, jotka asuvat suuressa kartanossa. Heidän autonkuljettajansa kuskaa heidät kaupungille asioimaan. On juhlan aika: mummojen syntymäpäivää on tulossa viettämään illallisen merkeissä koko lähisuku siippoineen.

Sukulaiset eivät kuitenkaan vaikuta erityisen ihastuneilta mummoihin itseensä, vaan heidän suureen omaisuuteensa, jonka jokainen toivoo saavansa pian haltuunsa. Ovathan mummot sentään jo 92-vuotiaita. Mikä kestää? Mikseivät kuole jo? Toinen toistaan ahneemmat nuoremman polven edustajat ovat sekalaista seurakuntaa, eikä vaikuta siltä että kukaan heistä olisi ansainnut jättiperintöä. Heistä jollekulle se on kuitenkin menossa.

Syntymäpäiväillallisista tulee kuitenkin ikimuistoiset, kun illan pimennyttyä kähisevä vanha rouva käy kartanon rautaporttien takana tuomassa jo etukäteen kerrotusti perinnöttömäksi jääneen Christopherin lahjan. Tämä on hylätty suvun piiristä sen jälkeen, kun hän kiinnostui salatieteistä ja päätyi johtamaan satanistista kulttia. Vaikka mummot ovat hyväntahtoisia eivätkä edes huomaa millaisia onnenonkijoita heidän jälkikasvuunsa kuuluu, satanistisen kultin vetäminen on ollut jopa heille liikaa.

Christopherin lähettämästä lahjapaketista paljastuu vanha puinen rasia. Juhlapöydän päässä vierekkäin istuvat mummot avaavat sen yhdessä. Sen sisältä leijuu heidän hengitysteihinsä outoa kaasua, joka muuttaa heidät saman tien demonimaisiksi olioiksi. Heistä on tullut vesikauhuisia mummoja, ja nyt ahneet jälkeläiset saavat vihdoinkin kyytiä!

Rabid Grannies on belgialaisena elokuvana estetiikaltaan ja dialogiltaan jotakin ihan muuta kuin amerikkalaiset. Ehkä senkin takia Troma yritti tehdä siitä kokonaan oman leikkauksensa ja epäonnistui työssä täydellisesti. Henkilöhahmot ovat joko tyylikkään yläluokkaisia tai häpeämättömiä, limaisia onnenonkijoita. Tapahtumaympäristön eleganssi on hauskassa ristiriidassa brutaalien repliikkien ja niiden moukkamaisten lausujien kanssa.

Splatter on kuitenkin antaumuksellista. Mummojen muututtua häijyiksi veri lentää ja ruumiinosat irtoilevat. Maskeerausefektit ovat hauskasti hiukan amatöörimäisiä mutta kuitenkin toimivia. Demoniset mummot tuovat etäisesti mieleen alkuperäisen *The Evil Deadin* (1981) räkättävät riivatut. Ehkä viittauksena juuri tuohon elokuvaan ääniraidalta kuuluu kauhujen yön aikana jatkuvaa tuulen ulvontaa.

Mummojen vesikauhuista raivoa pakenevat muut henkilöhahmot jakautuvat sattumanvaraisiin ryhmiin ympäri näiden kartanoa, mikä johtaa hykerryttäviin tilanteisiin, kun keskenään huonosti toimeen tulevat henkilöhahmot yrittävät sopia siitä miten kannattaisi toimia. Verisiltä kohtaloilta eivät välttämättä säästy lapsetkaan, mistä vielä lisäpisteitä. Elokuvan alkukielinen nimi *Les mémés cannibales* vihjaa sekin, mitä on odotettavissa.

Rabid Grannies on oman aikansa eurooppalaisen splatter-elokuvan merkkiteos, mainio kauhukomedia joka kylläkin vaatii katsojaltaan varsin kieroutunutta huumorintajua. Ensikatselusta näihin päiviin asti olen tilastoinut sille kahdeksan pistettä, mutta taivuin nyt vihdoin antamaan yhdeksännen. Upeaa elokuvaa!

Vinegar Syndromen blu-ray -julkaisu ei kuvanlaatunsa osalta ole kovin erikoinen, mutta kuitenkin tyydyttävää tasoa. Ja ehdottomasti tärkeintä on, että näin hieno elokuva on ylipäänsä saatavissa HD-kuvalla, vaikka se jäisikin laadullisesti keskitasoiseksi.

THE KILLER
Hong Kong 1989
Ohjaus: John Woo
Pääosissa: Chow Yun-Fat, Danny Lee, Sally Yeh
Katsottu: 26.10.2024
Formaatti: Blu-ray

10

En ollut katsonut John Woon toimintaklassikkoa *The Killer* lähes 14 vuoteen (edellinen katselu 3.12.2010), koska odotin koko ajan että siitä tulisi saataville parempi julkaisu kuin omistamani Fortune Starin tuhnukuvainen blu-ray. Mutta kun sellaista ei edelleenkään kuulu, ja toisaalta juniorille piti jo näyttää miten niitä toimintaelokuvia *oikeasti* tehdään, annoin viimein periksi ja katsoin saman levyn toistamiseen.

Molemmissa *A Better Tomorrow* -elokuvissa esiintynyt Chow Yun-Fat vie tyylikkyyden aivan uusiin korkeuksiin ulkoisesti huolitellun ja erittäin hyvin pukeutuvan triadien palkkatappaja Ah Jongin roolissa. Mies elää yksinäisenä sutena suurkaupungin kätköissä, ollen kosketuksissa työnantajiinsa vain välimiehensä Fung Sein (**Chu Kong**) kautta. Asetelma on itse asiassa hyvin samantapainen kuin *Ghost Dog: Way of the Samuraissa* (kts. CineActive 1).

Erään todella komeasti toteutetun tappokeikan tiimellyksessä Ah Jong yrittää pelastaa yökerholaulaja Jennyn (**Sally Yeh**) luotien tieltä ja tulee samalla vahingossa melkein sokaisseensa tämän käsiaseensa suuliekillä. Tämän onnettomuuden mies haluaa hyvittää syyttömälle sivulliselle. Jenny pystyy jatkamaan työtään, mutta näkee huonosti ja tarvitsee kalliin sarveiskalvojen korvausleikkauksen jotta näkö palautuu normaaliksi. Ah Jong hiipii vähitellen naisen elämään ja pyrkii auttamaan tätä.

Rahat Jennyn leikkaukseen on hankittava tekemällä vielä yksi tappokeikka, josta Ah Jong vaatii puolentoista miljoonan HK-dollarin korkeaa hintaa voidakseen sekä maksaa sen että lopettaa työt. Hong Kongin satamassa lohikäärmesoudun aikana tapahtuva ampuminen johtaa kuitenkin uusiin ongelmiin: toimeksiantajaksi paljastuu triad-pomo, joka on halunnut raivata oman setänsä tieltään noustakseen organisaation huipulle, ja joka haluaa seuraavaksi vaientaa myös Ah Jongin.

Lisäksi tämä keikka auttaa Ah Jongin jäljille myös kuumapäisen poliisi Leen (**Danny Lee**), jonka maaninen työtapa johtaa hänet pian aivan ritarillisen antisankarimme kannoille. Tästä seuraa sarja aivan loistavia mexican standoffeja, joissa kaksikko uhkaa toisiaan aseilla samalla kun ympärillä tapahtuu heihin liittymättömiä asioita. Ajoittain kaksikko joutuu puolustautumaan triadin miehiä vastaan yhdessä. Vähitellen heidän välilleen kasvaa kunnioitus ja sittemmin jopa ystävyys, vaikka miehet ovatkin peruuttamattomasti lain vastakkaisilla puolilla, kaukana toisistaan.

John Woo on itse myös kirjoittanut *The Killerin* ja edistynyt tuossa taiteenlajissa huimasti sitten *A Better Tomorrow* -tuplan. Aiempien elokuvien vaivaannuttava kompasteluhuumori loistaa poissaolollaan, eikä Woo jää tällä kertaa eksyksiin henkilögalleriansa sekaan vaan keskittyy päähenkilöihinsä, joille hän myös onnistuu rakentamaan selkeät motivaatiot ja luonteenpiirteet.

Ainoaksi poikkeukseksi tästä jää alikirjoitettu naispäähenkilö Jenny, jonka roolissa Sally Yehillä näyttää olevan vain kaksi ilmettä: ahdistunut huolestuneisuus ja toiveikas iloisuus silloin kun Ah Jong on lähistöllä. Toisaalta on varmasti totta, että näin luonnosmaisesti kirjoitettu *damsel in distress* ei anna näyttelijättärelle juurikaan työkaluja monitahoisempaan ilmaisuun.

Olennaisinta *The Killerissä* ovat kuitenkin toimintajaksot, jotka ovat pääosin elokuvahistorian eliittiin kuuluvia tulitaisteluja. Woolla on ollut runsaasti aikaa suunnitella ja rakennella niitä, ja se totisesti näkyy lopputuloksessa. Chow Yun-Fat ampuu nyt kahdella kädellä heti alusta alkaen, eikä ammuttujen luotien määrä suhteessa lippaaseen mahtuvien maksimimäärään useinkaan heijastele tosielämän asettamia rajoituksia. Ampuminen jatkuu niin kauan kuin kohtaus sitä milloinkin tarvitsee.

Ylipäänsäkin ammuttujen luotien määrässä elokuva tekee siihenastisen historian maailmanennätyksen, joka rikotaan vasta kolme vuotta myöhemmin Woon todellisessa magnum opuksessa *Hard Boiled* (kts. jäljempänä).

Kuten jo alussa tuli mainittua, blu-rayn kuvanlaatu on erittäin vaatimaton. Hyvin valaistuissa kohtauksissa huomaa, että kyseessä on kyllä HD-kuva, mutta suurimman osan aikaa liikutaan silti vain hiukan DVD-tason yläpuolella. Tällaisesta klassikosta olisi jo korkea aika saada ulos uudelleen masteroitu 4K-levy, mutta lieneekö jotakin ongelmia oikeuksien kanssa tms.

SANTA SANGRE
Meksiko/Italia 1989
Ohjaus: Alejandro Jodorowsky
Pääosissa: Axel Jodorowsky,
Blanca Guerra, Guy Stockwell
Katsottu: 1.7.2021
Formaatti: 4K Ultra HD

9

Olen edellä hieman moitiskellut 1980-luvulla tehtyjen elokuvien 4K UHD -versiointeja, pitäen monia niistä korkeintaan marginaalisesti parempina kuin vastaavat HD-julkaisut. Nyt tulee tauko moitiskeluihin: amerikkalaisen Severinin julkaiseman *Santa Sangre* 4K UHD:n kuvanlaatu on aivan huikean hyvä. Liikutaan suunnilleen referenssitasolla. Leuka putosi lattiaan kun tätä heinäkuun alussa 2021 katsoin.

On mielenkiintoinen yhteensattuma, miten pari muutakin tässä kirjassa jäljempänä käsiteltävää ja kuvanlaadun osalta typerryttävän loistaviksi havaittavaa 4K-levyä on peräisin muualta kuin Amerikasta, nimittäin japanilainen *Battle Royale* (2000) ja taiwanilainen *The Sad-*

ness (2021). Onko näissä muissa maissa jotenkin paremmin saatavilla laadukkaita materiaaleja levyjulkaisujen mastereiksi?

Chileläissyntyinen **Alejandro Jodorowsky** muistetaan tätä ennen parhaiten 1970-luvun alkupuolen kulttielokuvistaan *El Topo* (1970) ja *The Holy Mountain* (1973). Molemmat ovat sekä visuaalisia että etenkin kerronnallisia trippejä. Ne liitelevät sellaisissa korkeuksissa, etteivät ne taida kunnolla avautua muille kuin tekijöilleen, eivätkä välttämättä enää heillekään sen jälkeen kun meskaliinin vaikutus on hiipunut.

Tämä ei käynyt laatuun enää 1980-luvun lopussa, kun uutta elokuvaprojektia alettiin kehitellä vahvan tuottajan **Claudio Argenton** valvonnassa. Vaikka Jodorowskyn omaleimaisuus säilyi, pahimmat ylilyönnit eivät tulleet enää kysymykseen. Argento sai pidettyä persoonallisen ohjaajan sopivasti aisoissa ja niin syntyi tämän ylivoimaisesti paras elokuva.

Päähenkilö on Fenix (roolissa ohjaajan poika **Axel Jodorowsky**), joka kokee nuorena poikana traumaattisen tapahtuman. Sirkusympäristössä kasvaneen pojan isä Orgo (**Guy Stockwell**, *Blue Velvetin* Dean Stockwellin vanhempi veli) tekee kohtalokkaan syrjähypyn hemaisevan tatuoidun naisen (**Thelma Tixou**) kanssa. Fenixin erittäin intensiivinen, palavasilmäinen äiti Concha (**Blanca Guerra**) kostaa petoksen kastroimalla miehensä heittämällä happoa tämän haaroihin.

Raivokas Orgo puolestaan leikkaa Conchan molemmat käsivarret olkapäästä irti ennen kuin toteaa, ettei elämä impotenttina tulisi olemaan elämisen arvoista, ja leikkaa oman kurkkunsa auki. Kaiken tämän lukkojen takaa sirkusvaunun ikkunasta todistanut Fenix menettää järkensä valon ja päätyy mielisairaalan suljetulle osastolle.

Kun aikuiseksi mielisairaalassa kasvanut Fenix pääsee eräänä päivänä retkelle muiden potilaiden kanssa, hän näkee kadulla kädettömän äitinsä ja karkaa tämän kanssa tekemään verisiä murhia tämän teräaseita pitelevinä käsivarsina. Ensimmäisenä kostovuorossa on tietenkin tatuoitu nainen, mutta myös muita uhreja haetaan, sekä ennen kaikkea löydetään.

Santa Sangre kuulostaa juonitasolla kerrottuna pelkältä murhilla mässäilyltä, mutta kyse on paljon monitahoisemmasta taiteesta, jonka ohjaajana Jodorowsky on parhaimmillaan. Elokuvan henkilögalleria on täysin ainoalaatuinen etenkin alun sirkusympäristössä; norsun hautajaiset pitää nähdä ennen kuin ne voi ylipäänsä uskoa filmatun; huumeiden antaminen kehitysvammaisille esitetään komediallisena kohtauksena. Tällaista elokuvaa ei tehdä lähiaikoina uudelleen, jos koskaan.

Ja kuten jo alussa mainitsin, 4K UHD on aivan huippulaatuinen. Vahvat suositukset niin sisällön kuin teknisen ylöspanonkin osalta!

1990-LUKU

NIKITA
Ranska/Italia 1990
Ohjaus: Luc Besson
Pääosissa: Anne Parillaud,
Tchéky Karyo, Jean-Hugues
Anglade
Katsottu: 17.11.2024
Formaatti: 4K Ultra HD

8

Ranskalainen **Luc Besson** *(Léon)* nosti itsensä toimintaelokuvien ystävien tietoisuuteen välittömästi 1990-luvun aluksi elokuvallaan *Nikita*. Sen päähenkilö on pikkurikollisten joukossa aluksi hengaileva parikymppinen Nikita (**Anne Parillaud**), joka erään ryöstökeikan päätteeksi ampuu huumepäissään kuoliaaksi poliisin.

Tätä vakavampaa rikosta olisi jo vaikea keksiä. Nikitan syyksi luetaan myös kahden muun poliisin kuolema samassa tilantessa, vaikkei hän näitä itse ampunutkaan. Hänet tuomitaan elinkautiseen ilman mahdollisuutta ehdonalaiseen ennen kuin tuomiota on kärsitty minimissään 30 vuotta.

Joku on kuitenkin kiinnittänyt huomionsa Nikitaan. Hänet piikitetään tajuttomaksi ikään kuin kuolemantuomion saaneena, minkä jälkeen hän herää oudossa ympäristössä. Hän saa uuden mahdollisuuden: ryhtymisen hallituksen salaiseksi palkkatappajaksi, mihin rooliin häntä alkaa kouluttaa salaisessa tukikohdassa kylmän karismaattinen "Bob" (**Tchéky Karyo**).

Kolmen vuoden koulutuksen jälkeen Nikita pääsee vapaaksi, elämään normaalia arkielämää. Hän tapaa sympaattisen Marcon (**Jean-Hugues Anglade**) ja päätyy suhteeseen ja avoliittoon tämän kanssa. Mutta aina kun hänen puhelimensa soi ja soittaja lausuu koodinimen "Joséphine", hän joutuu suorittamaan tappokeikan; jopa kesken romanttisen Venetsian lomamatkan.

Nikita osoitti ensimmäisenä Bessonin lahjat napakoiden toimintakohtausten tekijänä. Dokumentäärisen elokuvansa *Atlantis* (1991) jälkeen hän teki samaa aihetta sivuten suuren mestariteoksensa *Léon* (1994), jota käsitellään tarkemmin jäljempänä, ja jonka jälkeen hän on turhaan yrittänyt toistaa näiden kahden elokuvansa mestarillista laatua yhä uudelleen ja uudelleen.

Nikita on eräänlainen ranskalainen versio brittien tunnetuksi tekemästä James Bondista. Toisin kuin tunnetumpi edeltäjänsä, Nikita kuitenkin kokee alati pahenevia omantunnontuskia tekemistään keikoista. Loppupuolella tutustumme epäonnistuneiden keikkojen "siivoojana" toimivaan Victoriin (**Jean Reno**), jonka hahmo on *Léonin* nimihenkilön selkeä inspiraatio.

Amerikkalainen 4K UHD on kuvanlaadultaan erinomainen. Juuri tällaisilta näiden hiukan vanhempien elokuvien 4K-laitosten kuuluisi näyttää, mutta ei se valitettavasti kovin yleistä ole.

TOTAL RECALL USA/Meksiko 1990 Ohjaus: Paul Verhoeven Pääosissa: Arnold Schwarzenegger, Sharon Stone, Michael Ironside Katsottu: 30.8.2021 Formaatti: 4K Ultra HD   8

Jo edellä käsitelty Paul Verhoevenin *RoboCop* oli menestys, ja kun miehen ohjattavaksi tarjottiin toinen scifi-toimintaseikkilu heti perään, tuli vielä yli tuplasti suurempi menestys. Toki budjettikin oli moninkertainen. Kesän 1990 toimintahittien kisassa olivat vastakkain Suomi ja Hollanti: **Renny Harlinin** ohjaama *Die Hard 2* jäi lopulta kisassa kakkoseksi, vaikkakaan ei suurella erolla.

Arnold Schwarzenegger on Douglas Quaid, isoa kokoaan lukuun ottamatta täysin tavallinen työmies jossakin päin tulevaisuuden Amerikkaa. Ihmiskunta on valloittanut Marsin, ja Quaidin suuri haave olisi matkustaa sinne lomalle. Koska rahat eivät riitä, hän tyytyy seuraavaksi parhaaseen vaihtoehtoon: implanttiin, jossa hänen aivoihinsa istutetaan muistot täydellisestä lomasta punaisella planeetalla.

Keinotekoisia muistoja myyvän yhtiön myyntimies ehdottaa Quaidille, että tämä ottaa samalla lomaa myös itsestään ja on "lomalla" salaisen agentin roolissa. Siitä ei hyvä seuraa, kun implantin asetusvaiheessa paljastuu, että Quaid onkin toiminut salaisissa tehtävissä, ollut oikeasti Marsissa ja joutuu palaamaan sinne taistelemaan pahiksia vastaan, voittamaan kauniin naisen omakseen ja pelastamaan koko planeetan.

Niin, tai sitten ei. Vaihtoehtoisesti koko loppuelokuva on vain se valemuisto, jonka Quaid nimenomaan osti, ja jonka parametreihin sen sisältö aika hyvin sopii. Nokkelaa.

Verhoevenille tyypilliseen tapaan *Total Recall* on väkivaltainen toimintaelokuva. Seksiä annostellaan tällä kertaa säästeliäämmin, onhan kyse aika ison budjetin tuotannosta. Kolmerintainen nainen sentään nähdään.

Quaidin petollisena vaimona hehkuu **Sharon Stone** *(Basic Instinct)*. Pääpahiksena julmuilee *Deliverancen* Ronny Cox. Hänen apurinaan, Quaidin pääasiallisena takaa-ajajana vakuuttaa **Michael Ironside** *(Starship Troopers)*.

Merkittävään rooliin nousee myös erikoisefektimaakari Rob Bottin *(RoboCop, The Thing)*, jonka luomia mutantteja ja muita omalaatuisia olioita elokuvassa suorastaan vilisee. Ne ovat pääsääntöisesti aika rumia ja jotenkin kömpelösti tehdyn näköisiä, mitä pitäisin jopa pienenä kauneusvirheenä muuten sujuvasti tehdyssä ja etenevässä toimintapaukussa.

Total Recallin 4K UHD -julkaisusta on jo jokunen vuosi aikaa. Vastustelin aikani sen ostamista, mutta päädyin sen kuitenkin lopulta hankkimaan. Kovinkaan suurta parannusta aiemmin omistamaani blu-rayhin en havainnut eikä 4K taida olla ylipäänsäkään parhaimmillaan silloin kun ruutu on joko lähes pimeä tai punainen.

RESERVOIR DOGS
USA 1992
Ohjaus: Quentin Tarantino
Pääosissa: Harvey Keitel, Tim
Roth, Chris Penn
Katsottu: 9.5.2023
Formaatti: 4K Ultra HD

10

Quentin Tarantinon esikoisohjaus *Reservoir Dogs* esiteltiin yleisölle ensimmäistä kertaa Sundance-festivaaleilla 21. tammikuuta 1992, ja loppuhan on, kuten sanotaan, historiaa. Omaperäisen pienen budjetin rikoselokuvan maine kasvoi kasvamistaan ja siitä tuli aito kulttiklassikko jo ennen kuin ohjaaja nappasi Cannesin Kultaisen palmun seuraavalla elokuvallaan *Pulp Fiction* (käsitellään jäljempänä), josta sitten tuli ihan aito laajan yleisön ajaton elokuvaklassikko.

Reservoir Dogsissa ovat jo läsnä Tarantinon tavaramerkit. Hän kuvaa mielellään rikollisia, jotka tuntuvat lisäksi asuttavan samaa fiktiivistä universumia; puhetta on paljon ja dialogi on erittäin korkeatasoista joskin toisinaan aika polveilevaa; väkivalta on erittäin raakaa vaikkakin se menee nopeasti ohi ilman että sillä jäädään mässäilemään; ja ääniraidalla kuullaan varsin coolia musiikkia.

Pelkillä värikoodeilla nimetty ryhmä kovia ammattirikollisia, joista useimmat eivät tunne toisiaan ennalta, on värvätty ryöstämään losangelesilainen kultasepänliike. Ryöstö epäonnistuu, ihmisiä ammutaan ja tekijät pakenevat eri suuntiin. Tämän jälkeen he alkavat yksitellen hoippua sovitulle tapaamispaikalle, hylättyyn varastorakennukseen, kiistelemään siitä mikä meni pieleen ja spekuloimaan oliko joukossa ollut petturi.

Itse ryöstöä elokuvassa ei siis nähdä lainkaan, vaikka tyypillisessä rikoselokuvassa se olisi varmaankin ollut tapahtumien kulminaatiopiste. Tarantino tekee välttämättömyydestä hyveen: kun budjetti ei salli kovinkaan ison set piecen rakentamista, tyydytään siihen, että ryöstäjät nähdään pikaisesti juoksemassa tai pyrkimässä autolla pakoon, ja muuten pysytellään halvimmalla kuvauspaikalla eli suuressa varastorakennuksessa.

Eräänlaisena päähenkilönä joukosta erottuu Mr. White, jota näyttelevä veteraani **Harvey Keitel** oli mukana auttamassa Tarantinoa saamaan elokuvalle rahoituksen. Hänen hahmonsa tekemä arviointivirhe osoittautuu elokuvan lopussa kohtalokkaaksi. **Steve Buscemin** ja **Tim Rothin** moottoriturvat erottuvat hekin joukosta.

Michael Madsenin näyttelemä kylmä psykopaatti vastaa elokuvan aikanaan kohutuimmasta jaksosta, jossa tämä kiduttaa pitkitetyssä kohtauksessa poliisia – kuitenkin kuvan ulkopuolella. Tarantinoa arvosteltiin aikanaan letkeän mukaansatempaavan pop-kappaleen sijoittamisesta kohtauksen taustalle, ikään kuin väkivallan viihteellistämistarkoituksessa.

Yllätyskäänteet seuraavat toistaan miesten taustojen ja motiivien vähin erin paljastuessa, ja alkaa näyttää ettei kovinkaan moni heistä selviä vahingoittumattomana tai edes hengissä loppuun saakka.

Tarantino ohjasi esikoiselokuvansa komeasti laajakangasformaattiin ja 4K UHD:nä se toistuu varsin mallikkaasti. Kuva on tarkka, kirkas ja värikylläinen. Referenssitasolla ei liikuta, mutta oikein hyvä näinkin.

•

Kahden toiminnallisen scifi-elokuvan jälkeen Paul Verhoeven siirtyi toisen suosikkilajityyppinsä eroottisen trillerin pariin. Hänen seuraavassa ohjaustyössään *Basic Instinct* Sharon Stone näyttelee ilkeän tuntuista, erittäin omahyväistä rikoskirjailija Catherine Tramellia, jonka kirjojen murhakohtauksia joku alkaa jäljitellä oikeassa elämässä. Tapausta alkaa tutkia kyseenalaisen menneisyyden omaava etsivä Nick Curran (**Michael Douglas**).

Ei kestä kauan, ennen kuin manipuloiva kirjailija on kiertänyt etsivän sormensa ympärille. Tämä päätyy suhteeseen epäillyn kanssa, mistä tekee erityisen vaarallista se, että nainen vaikuttaa siltä kuin hän voisi hyvinkin olla syyllinen jääpiikillä toteutettuun murhaan.

Murha näytetään heti elokuvan aluksi ja se kuuluu historian vastenmielisimpiin avauskohtauksiin. Myös *Total Recallin* efektit tehnyt

BASIC INSTINCT
USA 1992
Ohjaus: Paul Verhoeven
Pääosissa: Michael Douglas,
Sharon Stone, Jeanne Tripple-
horn
Katsottu: 29.3.2022
Formaatti: 4K Ultra HD

8

Rob Bottin osaa näyttää miten jääpiikki lävistää silmän ja Verhoeven tietenkin mielellään myös näyttää sen kuvassa, mutta näin raju avaus tuntuu yliampuvalta. Samanlainen matalamielisyys vaivaa elokuvaa siitä eteenpäinkin, mistä johtuen en ole koskaan päässyt sen arvottamisessa kahdeksikkoa korkeammalle.

Basic Instinct ei kuitenkaan ole huono trilleri. Tramell on alusta alkaen vastenmielinen hahmo, mutta mysteeri on hyvin kirjoitettu ja etenkin Curranin ja tämän kollegoiden väliset dialogit paikoin loistavia. Legendaarinen Stonen paljaan jalkovälin vilautus kuulustelun yhteydessä lienee elokuvan tunnetuin kohtaus, mikä kertoo myös paljon tekijöiden lähestymistavasta aiheeseensa.

Tutkimusten edetessä Tramellin ohella epäillyksi nousee vähitellen Curranin kanssa aiemmin heilastellut psykologi Garner (**Jeanne Tripplehorn**, *The Firm),* jolla näyttää olevan jonkinlainen yhteys myös Tramelliin. Elokuvan toiseksi eniten aikanaan puhuttaneessa kohtauksessa Curran ottaa Garnerin puoliväkisin yhden tapaamisen päätteeksi, mitä pidettiin deittiraiskauksen kuvauksena.

Jerry Goldsmithin säveltämä alkutekstien taustalla soiva teema kuuluu elokuvahistorian kauneimpiin. Käsikirjoittaja **Joe Eszterhas** jatkoi yhteistyötä Stonen että Verhoevenin kanssa erikseen elokuvissa *Sliver* (1993) ja *Showgirls* (1995), mutta ei saavuttanut enää samanlaista menestystä.

Basic Instinct joutui Amerikassa MPAA:n syyniin peräti seitsemän kertaa välttääkseen pelätyn NC-17 -ikärajaluokituksen. Vaadittujen leikkausten takia jenkeissä nähty versio jäi selvästi kesymmäksi kuin tämä eurooppalainen, mm. edellä mainittujen kahden kohtauksen osalta, jotka olivat siellä vähemmän graafisia. Elokuvan seksikohtauksissa ei käytetty lainkaan body doubleja vaan kaikki näyttelijät esiintyivät niissä oikeasti.

Studio Canalin julkaisema 4K UHD on kuvanlaadultaan varsin tyydyttävää tasoa, ei varsinaisesti huippu mutta ei missään nimessä huonokaan.

HARD BOILED
Hong Kong 1992
Ohjaus: John Woo
Pääosissa: Chow Yun-Fat,
Tony Leung, Anthony Wong
Katsottu: 27.10.2024
Formaatti: Blu-ray

10

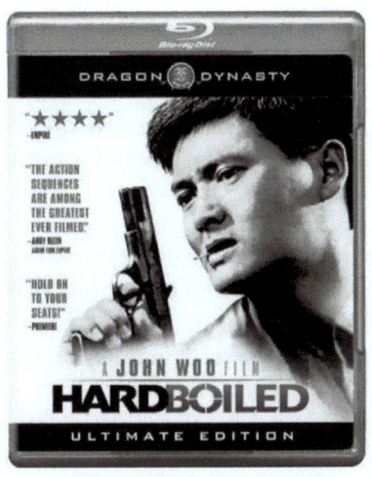

John Woo ei tehnyt pelkästään Chow Yun-Fatin tähdittämiä action-spektaakkeleita: minä olen vain sattumalta kiinnostunut juuri niistä ja siksi ne ovat tässä kirjassa arvioitavina. Edellä käsitellyn *The Killerin* (1989) jälkeen Woo ohjasi ahdistuneen Vietnam-spektaakkelin *Bullet in the Head* (1990) reaktiona tietoon, että Hong Kong luovutettaisiin Kiinalle vuonna 1997; sekä kepeän ja harmittoman mutta myös varsin yhdentekevän veijaritarinan *Once a Thief* (1991).

Hard Boiled on komea paluu massiivisen toiminnan pariin. Yli kaksituntinen teos ei ole vain hongkongilaisen action-elokuvan ehdotonta eliittiä vaan kaikkien aikojen top kolmessa tässä lajityypissä.

Woo on tässä vaiheessa harjaantunut mestariksi ja tuntuu lähestulkoon nautiskelevan omasta suvereenisuudestaan.

Chow on Tequila, hiukan rämäpäinen mutta kuitenkin ehdottoman ammattitaitoinen poliisi, joka ei pelkää rajuja vaaratilanteita ja joka osaa ampua kahdella kädellä paitsi liukuessaan kaidetta pitkin kiinalaisravintolan yläkerrasta katutasolle, myös ilmalennossa loikatessaan pahiksia kohti keskellä armotonta tulitaistelua.

Sankari tarvitsee vastaparin, ja sellaiseksi osoittautuu triadien parissa toimiva Alan (**Tony Leung**), kaunis poika joka paljastuu pian undercover-tehtävissä toimivaksi poliisiksi. Tämä kerrotaan katsojalle aiemmin kuin Tequilalle, joka näkee alkuvaiheissa vain vihollisen riveissä toimivan vastustajan. Lopulta asetelma muotoutuu samantapaiseksi kuin *The Killerissä:* muodollisesti miehet ovat samalla puolella lakia, käytäntö on epäselvempi.

Molempien tavoitteena on joka tapauksessa omalla tavallaan tuhota äärimmäisen katalan Johnny Wongin (**Anthony Wong**, *Ebola Syndrome,* kts. CineActive 1) laitonta asekauppaa harjoittava täysin häikäilemätön rikollisorganisaatio. Wong on yksi kaikkein häikäilemättömimmistä roistohahmoista mitä HK-elokuva on ylipäänsä tuottanut: mikään teko ei ole hänelle liian alhainen, mikäli se edistää hänen tarkoitusperiään.

Hard Boiledin dynamiikka nojaa Tequilan ja Alanin väliseen jännitteiseen suhteeseen. Molemmat ovat tavallaan lain samalla puolella, mutta kuitenkin täysin vastakkaisin menetelmin. Miehillä näyttääkin olevan ajoittaisia vaikeuksia sietää toisiaan senkin jälkeen kun yhteinen tavoite on tullut heidän tietoonsa.

Hard Boiledin viimeiset 45 minuuttia sijoittuvat sairaalaan, jonka alle roistomainen Wong on piilottanut asevarastonsa. Tämä jakso on Woon elokuvien tähän mennessä suurisuuntaisin, kun Tequilan ja Alanin onnistuu yhdessä tunkeutua piilotettuun asevarastoon. Tämä käynnistää sairaalan puolelle vyöryvän tapahtumasarjan, jossa ammutaan sumeilematta niin hyviksiä, pahiksia kuin syyttömiä potilaitakin. Synnytysosaston vauvojen pelastaminen tuo Tequilan ja hänen mielitiettynsä Teresan (**Teresa Mo**) mieleen perheen perustamisen.

Yhtenä kaikkien aikojen kolmesta parhaasta toimintaelokuvasta *Hard Boiled* on loistokkuudessaan tavallaan kaiken arvostelun yläpuolella. Arvostelijan on vain pakko hiljentyä katsomaan Woon työskentelyä ehdottomalla huipputasolla. Elokuva päättää ohjaajan uran tämän vaiheen: seuraavaksi vuorossa ovat Hollywood-ohjaukset ja kotikaupungin luovuttaminen sillä välin Kiinan kommunistidiktatuurin valtaan.

Hard Boiledin blu-ray-julkaisun kuvanlaatu on ehkä marginaalisesti parempi kuin edellä arvioidun The Killerin, mutta joka tapauksessa vaatimaton. Sen lisäksi, että kuva on ajoittain erittäin sumea, siinä esiintyy hetkittäin myös outoja pystysuuntaisia häiriöraitoja, joiden alkuperää voi vain arvailla. Legendaarisen edeltäjänsä tavoin myös se ansaitsisi totisesti uudelleen masteroidun 4K-levyjulkaisun. Sen julkaisua estänevät jonkinlaiset epäselvyydet oikeuksissa.

BAD LIEUTENANT
USA 1992
Ohjaus: Abel Ferrara
Pääosissa: Harvey Keitel,
Victor Argo, Paul Calderon
Katsottu: 9.11.2024
Formaatti: 4K Ultra HD

8

Harvey Keitelin (Reservoir Dogs) huippuvuoden 1992 täydentää päärooli Abel Ferraran (The Driller Killer) sleaze-draamassa Bad Lieutenant. Hänen nimettömäksi jäävä poliisikomisarionsa sikailee tiensä läpi New Yorkin laitapuolen vain kohdatakseen lopussa eräänlaisen sovituksen.

Ferrara on kirjoittanut elokuvan yhdessä aiemman elokuvansa Ms .45 (1981, tunnetaan myös nimellä Angel of Vengeance) päätähden **Zoë Lundin** kanssa ja Lund myös näyttelee siinä pienen sivuroolin. Keitelin näyttelemä poliisi tekee elokuvassa kaiken sen, mitä oikean poliisin ei pitäisi. Hän käyttää jatkuvasti huumeita ja alkoholia, työaikana tietenkin, varastaa, hyödyntää asemaansa erittäin kyseenalaisin tavoin ja uhkapelaa hullun lailla.

Pelin henkeä kuvaa hyvin alun kohtaus, jossa komisario saapuu murhapaikalle, jossa hänen kollegansa jo ovat. Kukaan ei tee siellä hetkeäkään varsinaista polisiityötä vaan alkaa keskustella baseballista, johon liittyvien uhkapelivelkojen kanssa päähenkilömme on juuri joutumassa suuriin vaikeuksiin.

Poliisi tunnustaa katolista uskoa ja järkyttyy suuresti kun hänen tutkittavakseen tulee sanoinkuvaamaton rikos: nunnan raiskaus, johon on syyllistynyt kaksi nuorehkoa miestä. Järkytystä lisää entisestään se, että raiskattu nunna sanoo antaneensa miehille jo anteeksi. Tällaisen toiminnan edessä mies on aseeton ja ymmärtämätön.

Ferrara provosoi elokuvallaan tarkoituksellisesti tehden siitä iljettävyyksien jatkumon. Keitelin poliisi käyttää huumeita koko ajan ja kaikki käyttökerrat näytetään ruudulla. Meille ei kerrota mikä hänestä on tehnyt näin kyynisen. Hän näyttää vihaavan kaikkea, eniten varmaankin itseään. Tapahtumaympäristöt ovat likaisia eikä niihin pilkahtele juurikaan valoa.

Lopputuloksena on erittäin voimakas rikosdraama, jolle **Werner Herzog** ohjasi sittemmin eräänlaisen henkisen jatko-osan *Bad Lieutenant – Port of Call: New Orleans* (2009). Siinä pahaa luutnanttia tulkitsi kukapa muu kuin **Nicolas Cage** *(Dream Scenario, Longlegs)*. Kuten nimestä jo voi päätellä, tapahtumapaikkana oli New Yorkin sijasta New Orleans.

Kino Lorberin 4K-toteutus on laadultaan kerrassaan erinomainen. Resoluutio on huipputasoa, häiriöitä ei ole ja värikylläisyyttäkin riittää. Ehdottomasti kannattava päivitys blu-raystä, jos sellaisen ennestään omistaa.

•

Yhtenä vaihtoehtona **Clint Eastwoodin** *(In the Line of Fire)* kuningaswesterniksi pidetään varmasti klassikkoelokuvaa *Hyvät, pahat ja rumat* (1966, kts. CineActive 1). Toinen vaihtoehto on *Unforgiven,* ja taitaisin itse kallistua sen puolelle. Näkemistäni 1960-luvun jälkeisistä Eastwood-länkkäreistä kaikki olivat olleet aika keskinkertaisia; en siksi odottanut tältäkään mitään ja missasin sen teatterikierroksellaan kokonaan. Kuinka väärässä olinkaan!

Eastwoodin tavoite oli tehdä koko western-uransa summaus: koota *Unforgiveniin* kaikki mitä oli aihepiiristä oppinut ja halusi vielä

UNFORGIVEN
USA 1992
Ohjaus: Clint Eastwood
Pääosissa: Clint Eastwood,
Gene Hackman, Morgan
Freeman
Katsottu: 23.4.2023
Formaatti: 4K Ultra HD

10

sanoa, sen jälkeen lopettaa lännenelokuvien tekeminen. Se onnistui: elokuvasta tuli aivan täydellinen, eikä hän ole enää sittemmin palannut täysin puhtaan lännenelokuvan pariin. Jotkut hänen myöhemmistä elokuvista ovat toki sijoittuneet samankaltaisiin maisemiin, mutta nykyajassa.

Eastwood on William Munny, vaatimattomissa oloissa kahden lapsensa kanssa elävä sikatilallinen. Hänellä on raju menneisyys, joka aukeaa elokuvan edetessä vähitellen. Rahalle olisi käyttöä, ja kun hänet kutsutaan mukaan matkalle eliminoimaan kaksi ilotyttöä viillellyttä cowboyta, joiden päistä on luvattu iso palkkio, hän lähtee. Eriparista matkaseuraa miehelle tarjoavat hänen kaverinsa Ned (**Morgan Freeman**) sekä nuori, rehvasteleva kukonpoika Schofield Kid (**Jaimz Woolvett**).

David Webb Peoplesin *(Twelve Monkeys, Blade Runner)* erinomainen käsikirjoitus purkaa sankarimyyttejä ikimuistoisesti kun muutkin palkkionmetsästäjät päähenkilökolmikkomme lisäksi suuntaavat Big Whiskeyn kaupunkiin Wyomingissa ison rahan toivossa. Heistä erityisesti **Richard Harris** on ikimuistoinen, ja **Saul Rubinek** *(True Romance)* tekee elämänsä roolin tämän sidekickinä. Pahiksista kenties hurjin on kuitenkin kaupungin sheriffi, joka ei kaihda sadistista väkivaltaa järjestyksenpidossaan. **Gene Hackman** voitti roolista miessivuosa-Oscarin.

Unforgiven on yksi kaikkien aikojen hienoimmista lännenelokuvista. Sitä taustoittaa **Lennie Niehausin** ja osittain myös Eastwoodin itsensä säveltämä melankolinen musiikki. Se voitti ansaitusti valmistumisvuotensa parhaan elokuvan ja ohjauksen Oscarit. Neljäs pysti ojennettiin **Joel Coxille** parhaasta leikkauksesta.

Myös elokuvan jo muutama vuosi sitten julkaistu 4K UHD on onneksi hyvälaatuinen. Olen ehtinyt katsoa sen jo kahdestikin. Maisemat näyttävät teräviltä ja värikkäiltä, eikä se että pimeäkohtaukset tahtovat mennä vähän tuhnuksi heikennä yleisvaikutelmaa juurikaan.

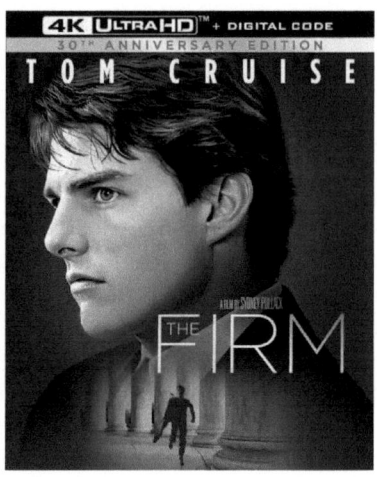

THE FIRM
USA 1993
Ohjaus: Sydney Pollack
Pääosissa: Tom Cruise, Gene
Hackman, Jeanne Tripplehorn
Katsottu: 31.7.2024
Formaatti: 4K Ultra HD

8

Amerikkalaisen **John Grishamin** toinen romaani *Firma* (1991) oli jättimenestys ja mahdollisti hänen siirtymisensä päätoimiseksi kirjailijaksi. Menestyskirjan elokuvaversiota jouduttiin odottamaan vain pari vuotta. Sen tekoon osallistui Hollywoodin eliitti: ansioitunut veteraaniohjaaja **Sydney Pollack** ja huikea määrä eturivin näyttelijöitä.

Grishamin romaaneista on tehty useita muitakin elokuvia, mutta väittäisin että tämä niistä aikajärjestyksessä ensimmäinen on edelleen onnistunein. Elokuva ei oikeastaan voi mitenkään olla enää enempää mainstream, mutta vaikka kaikki on tehty viimeiseen asti varman päälle ja kaupallisesti, lopputulos joka tapauksessa toimii.

Nuori, siloposkinen **Tom Cruise** on Mitchell McDeere, köyhistä oloista legendaarisen Harvardin yliopiston oikeustieteelliseen tiedekuntaan jollakin oudolla keinolla ponnistanut nuorimies. Mitch on jopa valmistunut kurssinsa viiden parhaan joukossa. Meille ei kerrota miten hän on Harvardiin päässyt: opiskelu tuossa opinahjossa maksaa omaisuuden. Yhdessä kohtauksessa mainitaan opintolaina.

Oli miten oli, suurkaupunkien lakifirmat suorastaan kilpailevat lahjakkaasta herra McDeerestä. Voiton vie lopulta yllättäjä: pienen osavaltion Tennesseen Memphisissä toimiva lakifirma Bendini, Lambert & Locke, jonka tarjous on äärimmäisen avokätinen. Mitch muuttaa paikkakunnalle Abby -vaimoineen (Jeanne Tripplehorn, *Basic Instinct)* isoon omakotitaloon ja saa käyttöönsä uudenkarhean Mercedeksen. Maailma näyttää olevan pariskunnalle avoin ja mahdollisuuksia täynnä.

Avokätisesti henkilökuntansa palkitseva firma alkaa kuitenkin pian vaikuttaa oudolta. Abby huomaa tämän ensin. Mitch saa yllätyksekseen kuulla, ettei kukaan ole koskaan poistunut sen palveluksesta elävänä. Päinvastoin, firman lakimiehiä on kuollut alle kymmenessä vuodessa jo neljä.

Mitch alkaa tutkia outoja tapahtumia ja päätyy todelliseen kujanjuoksuun, jonka kierrokset vain kasvavat elokuvan edetessä, työnantajan salaisuuksien vähitellen paljastuessa. Lopulta hän joutuu kirjaimellisesti juoksemaan hämärämiehiä pakoon pitkin Memphisin katuja.

Firman näyttelijäkavalkadi on upea ja tuotantoarvot korkeat. On helppo huomata, että se perustuu kirjaan ja vielä varsin laadukkaaseen sellaiseen. Kaksi ja puoli tuntia menee kuin siivillä, ikään kuin hyvään romaaniin uppoutuneena.

Ohjaaja Pollack on selvästi kevyen jazzin ystävä ja on sijoittanut ääniraidalle **Dave Grusinin** pianopainotteista jatsailua, joka ei ihan kaikissa kohdin tunnu tukevan kohtausten tunnelmia. Loppupuolen takaa-ajojen taustalla se kyllä toimii, mutta alkupuolella Grusin tuntuu monin paikoin pikemminkin häiritsevältä.

Firma on amerikkalaista mainstream-viihdettä parhaimmillaan. Monet sen dialogeista ovat kerrassaan loistavia, minkä takaavat sen nimekkäät käsikirjoittajat. Gene Hackman *(Unforgiven)* näyttelee Mitchin mentoria koko karismallaan.

Mikä hienointa, elokuvan 4K-toteutus on erinomainen. Kuva on ajoittain hieman sumea mutta suurimman osan aikaa ensiluokkaisen terävä ja värikylläinen. Jouduin säätämään projektorin perusasetuksista värikkyyttä hieman normaalia voimakkaammalle, mutta kun se oli tehty, ei valittamisen sijaa löytynyt. Ei aivan referenssitasoa, mutta lähellä sitä.

IN THE LINE OF FIRE USA 1993 Ohjaus: Wolfgang Petersen Pääosissa: Clint Eastwood, Rene Russo, John Malkovich Katsottu: 30.8.2021 Formaatti: 4K Ultra HD 8	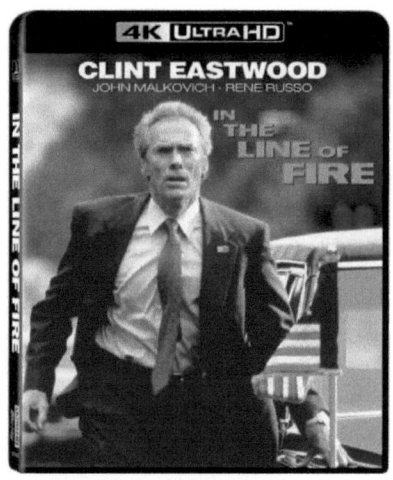

Nähtyäni *Unforgivenin* ja todettuani sen loistavaksi odotin aikanaan innolla myös Clint Eastwoodin seuraavaa elokuvaa. Jos mies oli nyt noin kovassa vedossa, mihin hän vielä pystyisikään? **Wolfgang Petersenin** ohjaama *In the Line of Fire* ei pystynyt aivan noihin odotuksiin vastaamaan ja merkitsin sille aikanaan vain seitsemän pistettä. Uusintakatseluilla se on sittemmin ansainnut kahdeksannen: kyseessä on kelpo jännäri.

Eastwood on ikääntynyt salaisen palvelun agentti Frank Horrigan, joka on koko ikänsä kantanut häpeää siitä, että presidentti John F. Kennedy murhattiin hänen vahtivuorollaan. Kun potentiaalinen salamurhaaja ottaa tähtäimeensä nykyisen presidentin, hän vannoo itselleen ettei sama uusiudu.

John Malkovichin kylmäävästi näyttelemä uhkaaja on Mitch Leary, CIA:n entinen palkkamurhaaja, joka kokee tulleensa hallituksen pettämäksi ja haluaa siksi ampua uudelleenvalintansa puolesta kampanjoivan presidentin. Leary on tietoinen Horriganin epäonnistumisesta Kennedyn aikoihin ja alkaa soitella tälle kiusoittelevia puheluita. Yhteydenpito kehittyy jännitteiseksi kissa ja hiiri -leikiksi.

In the Line of Fire on aikakautensa parasta isoa mainstream-elokuvaa. Se on hyvin tehty, kirjoitettu, näytelty ja ohjattu mutta ymmärrettävästi ei erityisen särmikäs tai omaperäinen. Toki Peterseniä ei sellaisista elokuvista ole tunnettu koskaan muulloinkaan; hän on sujuva viihdeohjaaja, ei sen enempää. Jännityksen oheen ympätään hiukan romanttistakin viritystä Horriganin ollessa kiinnostunut nätistä mutta itseään aika paljon nuoremmasta kollegasta (**Rene Russo**).

Monien Sonyn 4K UHD -julkaisujen tavoin tämäkin on laadultaan kerrassaan erinomainen. Kirkas, terävä ja selkeä kuva on hyvin lähellä referenssitasoa. Juuri tällaisia julkaisuja Sony saisi mielellään edelleen tehdä vanhoista nimikkeistä, mutta tuntuu nyt keskittyneen lähinnä Columbia Classics -sarjan kalliisiin paketteihin, joiden sisältö on vähän mitä sattuu.

CARLITO'S WAY USA 1993 Ohjaus: Brian De Palma Pääosissa: Al Pacino, Sean Penn, Penelope Ann Miller Katsottu: 12.10.2021 Formaatti: 4K Ultra HD **10**	

Scarfacen (kts. edellä) tekijät Brian De Palma ja Al Pacino tekivät kymmenen vuotta myöhemmin toisenkin rikoselokuvan, jossa he onnistuivat vähintään yhtä hyvin elleivät jopa paremmin. *Carlito's Way* perustuu kahteen **Edwin Torresin** kirjaan ja kertoo vankilasta vapautuvasta Carlito Brigantesta (Pacino), joka on päättänyt pyrkiä pysyvästi kaidalle tielle. Se osoittautuu kuitenkin äärimmäisen vaikeaksi, kun vanhat rikolliskollegat pyörivät koko ajan ympärillä.

Kerätäkseen riittävän ison pesämunan tulevaa uutta elämäänsä varten Carlito ryhtyy pyörittämään newyorkilaista yökerhoa. Seurakseen uuteen elämään hän toivoo kaunista mutta oikukasta Gailia

(**Penelope Ann Miller**), jonka hän jätti ennen joutumistaan vankilaan voidakseen suorittaa tuomionsa ilman jatkuvaa tähän kohdistuvaa kaipausta. Carliton ja Gailin suhde tuo rikoselokuvaan romanttista viritystä, mikä käytännössä puuttui *Scarfacesta*.

Sean Penn tekee maailmanluokan roolisuorituksen Carliton lapsuudenystävän, juutalaisen asianajaja Kleinfeldin roolissa. Carlito on tälle kiitollisuudenvelassa vapauduttuaan tämän keksimän lakiteknisen kikan välityksellä, mutta tähän velkaan liittyy myös mahdollinen tuho: asianajaja on joutunut vaikeuksiin vaarallisten miesten kanssa, ja saattaa vetää Carliton mukanaan ellei tämä ole tarkkana.

Carlito's Way on yksi täydellisimmistä rikoselokuvista mitä olen nähnyt. Se on ehkä hiukan vaisumpi ja vähemmän räiskähtelevä kuin *Scarface,* mutta samalla myös monisyisempi käsitellessään ystävyyden, kunnian, petoksen, rakkauden ja tulevaisuudenuskon teemoja yllättävänkin helposti samastuttavien ja selkeästi motivoitujen päähenkilöidensä kautta.

Tärkeissä sivurooleissa nähdään **John Leguizamo, Luis Guzmán** ja **Viggo Mortensen.** *Scarfacen* moottorisahamurhaaja **Al Israel** on myös mukana yhdessä kohtauksessa elokuvan alkupuolella rikollispomona, joka on kiitollinen Carlitolle siitä, ettei tämä ilmiantanut häntä vankilassa ollessaan.

Täydellisen elokuvan 4K UHD ei yllä täydellisyyteen, vaikka se onkin laadultaan suhteellisen OK. Kansikuvan retusointia ihmettelen: miksi Carliton taakse on siinä piirrelty pilvenpiirtäjiä, kun alkuperäisessä julisteessa on vain juuri se sama miestenhuoneen seinä, jonka takana tämä piileksii elokuvan alkupuolen jännityksentäyteisessä kohtauksessa.

•

Tanskalaisen **Ole Bornedalin** ohjaama *Nattevagten* on kirjoissani ehkä kaikkien aikojen paras pohjoismainen kauhuelokuva. Modernissa tarjonnassa ainoa, joka pääsee edes lähelle, on norjalaisten tekemä upea *Naboer* (2005), johon palamme hieman jäljempänä.

Game of Thronesin salskea tähti **Nikolaj Coster-Waldau** nähdään ensimmäisessä elokuvaroolissaan vasta vähän päälle parikymppisenä oikeustieteen opiskelija Martinina, joka ottaa sivutyökseen helpoksi uskomansa työn patologian laitoksen yövartijana. Martinin aikeena

NATTEVAGTEN
Tanska 1994
Ohjaus: Ole Bornedal
Pääosissa: Nikolaj Coster-
Waldau, Sofie Gråbøl, Kim
Bodnia
Katsottu: 25.9.2024
Formaatti: DVD

9

on kiertää säännölliset tarkistuskierrokset yöaikaan ja istua lopun aikaa nenä kirjassa opiskellen.

Patologian laitos osoittautuu karmivaksi paikaksi juuri öisin, kun Martinin pitää tehdä työtään. Reitti yhdelle tarkistuspaikalle kulkee ruumiita täynnä olevan huoneen läpi. Pimeydessä ja hiljaisuudessa on helppo kuvitella kaikenlaista. Martinin villi opiskelukaveri Jens (**Kim Bodnia**) itse asiassa piiloutuukin eräänä yönä rakennukseen pelkästään jäynämielessä.

Samaan aikaan Kööpenhaminassa riehuu nuoria naisia tappava ja skalpeeraava sarjamurhaaja. Tapausta tutkii poliisikomisario Wörmer (**Ulf Pilgaard**), josta tulee yleinen vieras Martinin työpaikalla kun tämän uhreja tuodaan sen ruumishuoneeseen. Pian rakennuksen vaiheilla alkaa tapahtua muutakin outoa. Alkaa näyttää siltä, että tappaja on ryhtynyt lavastamaan Martinia sekä syylliseksi murhiin että ruumiisiin sekaantujaksi työpaikallaan.

Nattevagten yhdistelee taitavasti murhamysteeriä ajoittain varsin karmiviin tunnelmiin öisellä ruumishuoneella. Se on myös kansoitettu sympaattisiksi kirjoitetuilla roolihahmoilla. Nuoren Coster-Waldaun virnistys on vastustamaton, Martinin tyttöystävä Kalinkasta (**Sofie Gråbøl**) on helppo pitää ja jopa hulluttelunhalussaan hiukan ärsyttävä Jens on mielenkiintoinen hahmo, jonka ilveily kääntyy elokuvan lopussa ansaitusti tuskalliseksi vakavoitumiseksi.

Nuoret miehet kohtelevat kaltoin Jensin tapaamaa ilotyttö Joycea (**Rikke Louise Andersson**), jonka henkilöhahmo on traaginen kipeää tekevällä tavalla. Huonot kortit elämässä jo alun perin saanut nuori nainen joutuu ensin Jensin kiusaamaksi ja saa sen jälkeen vielä peräänsä sarjamurhaajan, joka on miten sattuikaan erikoistunut tappamaan nimenomaan prostituoituja.

Erinomaisesta kauhuelokuvasta ei ole vieläkään saatavilla teräväpiirtojulkaisua ymmärrettävillä kielillä, joten jouduin tätä arvostelua varten katsomaan jälleen uudelleen Anchor Bayn vanhan amerikkalaisen DVD-julkaisun. Onneksi sen kuvanlaatu on oikein mainio tylsäpiirtojen asteikolla mitattuna.

Blu-raynä *Nattevagten* on julkaistu esimerkiksi Saksassa, mutta ilman englanninkielisiä tekstejä; sekä tietenkin kotimaassaan Tanskassa, mutta vain tanskan-, ruotsin- ja norjankielisin tekstein.

PULP FICTION
USA 1994
Ohjaus: Quentin Tarantino
Pääosissa: John Travolta,
Samuel L. Jackson, Bruce Willis
Katsottu: 9.5.2023
Formaatti: 4K Ultra HD

10

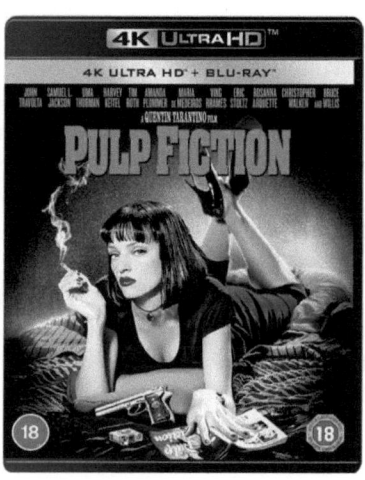

Siinä missä *Reservoir Dogs* oli vielä "vain" kulttisuosikki, Quentin Tarantinon toisesta elokuvasta *Pulp Fiction* tuli laajemmin tunnustettu klassikko. Se voitti sekä Cannesin elokuvajuhlien pääpalkinto Kultaisen palmun että vuoden parhaan käsikirjoituksen Oscarin ja on tätä kirjoitettaessa IMDb:n kaikkien aikojen parhaiden elokuvien listalla sijalla 8, mihin pelkkä kulttisuosikki tuskin pystyisi. *(Reservoir Dogs* on toisaalta sekin aika korkealla, sijalla 98).

Tarantinon uran alkuaikojen kiinnostus ammattirikollisiin ja näiden asuttamaan maailmaan näkyi jo debyyttiohjauksessa, mutta vasta *Pulp Fiction* onnistui todella populärisoimaan aihepiirin. Se kertoo kolme erillistä, toisiinsa nautittavasti kietoutuvaa tarinaa rikollisten maailmasta. Aikatasoja sekoitetaan. Toisessa tarinassa kuollut henkilöhahmo onkin taas hengissä kolmannessa. Kriminaalien väliset dialogit ovat vieläkin mestarillisempia kuin *Reservoir Dogsissa*.

Tarantino kirjoitti tarinat yhdessä **Roger Avaryn** kanssa. Molemmille ojennettiin myös käsikirjoitus-Oscar, mutta koska Tarantinolle on tärkeää näyttäytyä elokuviensa ainoana tekijänä, Avary sai pelkän "stories by" -krediitin alkuteksteihin, kun taas elokuvan lopussa seisoo "written and directed by Quentin Tarantino" ikään kuin QT olisi ideoinut kaiken yksin. Outo piirre, kuten myös ohjaajan naisten jalkoihin kohdistuva kiinnostus, joka alkaa nostaa häiritsevästi päätään jo tässä elokuvassa.

John Travoltan ura oli umpikujassa ja melkein ohitse ennen kuin Tarantino valitsi hänet Vincent Vegan rooliin, toiseen *Pulp Fictionin* pääosista. **Samuel L. Jackson** on Vincentin työpari Jules Winnfield. Tämä kaksikko kulkee ympäri Los Angelesia suorittaen gangsteripomo Marsellus Wallacen (**Ving Rhames**) heille antamia tehtäviä, käyden samalla keskenään nasevia, monin paikoin populäärikulttuuriin liittyviä keskusteluja.

Yksi Vincentin tehtävistä on viihdyttää Wallacen vaimoa Miaa (**Uma Thurman**) viemällä tämä ulos sillä aikaa kun pomomies on itse poissa kaupungista työmatkalla. Tämä muodostaa ensimmäisen *Pulp Fictionin* toisiinsa osittain limittyvistä tarinoista. Asiat eivät tietenkään suju niin kuin oli tarkoitus, ja päädytään varsin äärimmäisiin tilanteisiin.

Toisen tarinan päähenkilö on nyrkkeilijä Butch (**Bruce Willis**), jonka on tarkoitus tulla tyrmätyksi sovitussa ottelussa, mutta hän päinvastoin paukauttaa vastustajansa hengiltä, keräten siten komean summan vedonlyöntivoittoina. Tyrmätyksi tulemisesta maksanut Marsellus ei luonnollisesti ole tyytyväinen, ja pian Butchin perässä on tappaja – sattumoisin juurikin ensimmäisessä tarinassa keskeistä roolia näytellyt Vincent.

Kolmas tarina on puolestaan tavallaan ensimmäisen jatko-osa, joka kuitenkin sijoittuu ajankohtaan ennen sen loppua. Vincent ja Jules ovat siinä paluumatkalla hoitamaltaan keikalta, kun tapahtuu

onnettomuus ja kyydissä ollut Marvin tulee vahingossa ammutuksi.
Miten selvitä tilanteesta? Apuun tulee tällaisiin tilanteisiin erikoistunut *siivooja* Walter Wolf (**Harvey Keitel**).

Tarantinon ja Avaryn käsikirjoitus on vertaansa vailla. Se sisältää
loistoluokan dialogeja, absurdeja tilanteita ja sekoittaa tapahtumien
kronologiaa nerokkaasti. Äkilliset väkivallan purskahdukset hätkähdyttävät, mutta niiden pariin ei jäädä viipyilemään. *Pulp Fiction* saa
katsojan naurahtelemaan hetkittäin hyvinkin oudoille asioille.

Klassikon 4K UHD on onneksi erinomaista työtä. Kuva on
skarppi ja laadukas, saaden päivityksen blu-raystä tuntumaan erittäin
kannattavalta.

LÉON
Ranska/USA 1994
Ohjaus: Luc Besson
Pääosissa: Jean Reno, Natalie
Portman, Gary Oldman
Katsottu: 19.6.2021
Formaatti: 4K Ultra HD

10

Ranskalaisen Luc Bessonin täysosuma *Léon* jäänee hänen parhaaksi
elokuvakseen. Näin sen aikanaan teatterissa ja kauan ennen Suomen
ensi-iltaa mutta en muista miksi, olisiko ollut joku lehdistönäytös. Jo
ensi yrityksellä elokuva teki suuren vaikutuksen ja se tuli katsottua
sittemmin useammankin kerran teatterissa.

Vuonna 1994 jouduin käymään silloisen työni takia useita kertoja
Pariisissa, ja katsoin *Léonin* kertaalleen teatterissa sielläkin, kuten
myös edellä juuri käsitellyn *Pulp Fictionin* viimeisellä käynnilläni tuon
vuoden marraskuussa.

New Yorkiin sijoittuvassa tarinassa ranskalainen Jean Reno on
italialainen palkkatappaja nimeltä Léon. Vastaava hahmo nähtiin

ensimmäistä kertaa jo Bessonin edellisessä draamaelokuvassa *Nikita* (1990, kts. edellä), niin ikään Renon näyttelemänä, tuolloin kylläkin Pariisissa ja Victor-nimisenä.

Nikitan Victor oli jo tapahtuneiden sotkujen siivooja, kuten *Pulp Fictionin* Walter Wolf. Hänen lyhyehkö esiintymisensä tuossa elokuvassa oli niin mieleenpainuva, että hänen aivan oikein pääteltiin ansaitsevan kokonaan oman elokuvansa.

Nikitaan verrattuna Léonin toimenkuvaa on laajennettu: nyt palkkatappamistakin kutsutaan siivoamiseksi. Nimihenkilömme on hiljainen mies, joka asuu yksin ja viettää erittäin askeettista elämää. Tappokeikat hänelle hankkii pientä pizzeriaa pitävä mafioso Tony (**Danny Aiello**). Keikoillaan hän on todellinen mestari, *professional* kuten englanninkielinen alaotsikko kertoo. Tämä havainnollistetaan heti elokuvan aloittavassa loistavassa toimintajaksossa.

Eräänä päivänä Léonin naapurissa tapahtuu hurjia. Korruptoitunut ja ylipäänsäkin läpensä paha poliisi Stansfield (**Gary Oldman**) tunkeutuu miehineen asuntoon, jossa tapetaan surutta lähes kokonainen perhe huumeisiin liittyvien epäselvyyksien takia.

Hengissä selviää ainoastaan perheen tytär Mathilda (**Natalie Portman**), joka on sattumalta poissa, kauppareissulla surmatöiden tapahtuessa. Palatessaan sieltä ja nähdessään mitä perheelleen on tapahtumassa Mathilda hakeutuu turvaan Léonin luokse, joka ensin epäröi mutta päästää tytön sitten asuntoonsa.

Näin alkaa yksinäisen ja sulkeutuneen palkkamurhaajan ja orvon tytön ystävyys. Mathilda tekee diilin: hän hoitaa kaiken kotiin liittyvän, jos Léon opettaa hänet vastalahjaksi siivoamaan. Mathilda haluaa kostaa Stansfieldille ja tämän miehille sen, mitä nämä tekivät hänen syyttömälle pikkuveljelleen. Muulla perheellä ei ollut hänellekään suuremmin väliä.

Léon ei aluksi innostu ajatuksesta, mutta päätyy lopulta Mathildan mentoriksi. Pian selkenee, että myös Mathildalla on paljon opetettavaa Léonille. Stansfieldille kostaminen johtaa kaksikon nokkelasti kirjoitettuihin tilanteisiin ja ässähienoihin toimintakohtauksiin.

Léon on toimintaelokuvan muotovalio ja yksi 1990-luvun isoista elokuvaklassikoista. IMDb:n kaikkien aikojen parhaiden elokuvien listalla se on tätä kirjoitettaessa sijalla 42.

Varoituksen sana kuitenkin siitä, että ohjaajan jälkeenpäin koostama director's cut – josta on myös saatavana 4K-julkaisu – tuhoaa

Léonin ja Mathildan välisen suhteen kuvauksen lisäämällä siihen täysin asiaankuulumatonta eroottista viritystä. Muutenkin tuo versio on tarpeettoman pitkä: kaikki oleellinen on jo tässä teatteriversiossa, jonka tunnistaa helpoiten lisänimestä *The Professional.*

Tätä versiota kelpaa suositella myös huikean loistavan 4K-kuvanlaadun takia. Katsomani, kuvassa näkyvä jenkkijulkaisu on Sonyn vanhempia 4K-julkaisuja joista monikin on likimain referenssitasoa, niin myös tämä.

TO DIE FOR
USA/Kanada/Iso-Britannia
1995
Ohjaus: Gus Van Sant
Pääosissa: Nicole Kidman,
Matt Dillon, Joaquin Phoenix
Katsottu: 11.6.2024
Formaatti: 4K Ultra HD

8

Gus Van Santin ohjaama satiirinen rikosdraama *To Die For* esiteltiin maailmalle alun alkaen Cannesin elokuvajuhlilla toukokuussa 1995. **Nicole Kidman** nähdään sen pääosassa televisiouralle tähtäävän, erittäin kunnianhimoisen Suzanne Stonen roolissa.

Suzanne asuu ironisesti nimetyssä Little Hopen kaupungissa New Hampshiren osavaltiossa. Hän esiintyy pyrkyrimäisesti ja onnistuu lopulta pestautumaan sihteeriksi pikkuruiseen kaapelitelevisioyhtiöön, uskoen tv-uran aukeavan sitä kautta. Sillä mitä järkeä on tehdä mitään merkityksellistä, jos kukaan muu ei sitä näe?

Lopulta Suzannesta tuleekin tv-kasvo, kun hän pääsee lukemaan sääennusteita. Hänen kunnianhimonsa on ihailtavaa, mutta tuosta positiosta on vielä pitkä matka maanlaajuiseen kuuluisuuteen.

Yksityiselämässäkin menee aluksi hyvin, kun Suzanne nai yhden paikkakunnan halutuimmista poikamiehistä (**Matt Dillon**). Mutta hieman pidemmällä tähtäimellä aviotaivaalle nousee pilviä, kun käy ilmeiseksi että aviomies haluaisi lapsia ja Suzannelle ne olisivat vain turha hidaste matkalla kohti tv-tähteyttä. Lopulta Suzanne alkaa miettiä, että ehkä miehestä olisi päästävä eroon, tosin kuitenkin niin, ettei samalla jää itse puille paljaille.

Van Sant saa elokuvan alkupuolelle vastustamattoman imun nopealla leikkauksella ja vauhdikkaasti etenevällä sarjalla tiiviitä, puheliaita kohtauksia. Kerrontatekniikka on virkistävä: Suzannen tarinan alku kerrotaan käytännössä kokonaan haastattelujen kautta, joiden kohteena ovat hänen vanhempansa, vaitelias siskonsa, aviomiehen vanhemmat sekä etenkin aviomiehen sisko, jossa roolissa **Illeana Douglas** pääsee laukomaan herkullisia piruiluja koskien selvästi inhoamaansa kälyä.

Vähitellen haastattelut ulottuvat myös joukkoon nuoria (rooleissa mm. **Joaquin Phoenix** ja **Casey Affleck**) joiden yhteys Suzannen tarinaan paljastuu vasta hieman myöhemmin. Suzanne itse nähdään kertomassa omat näkemyksensä, toisin kuin kaikki muut, pelkästään valkoisella taustalla, mihin selviää syy vasta elokuvan lopussa.

Alussa upeasti mukaansa imaiseva elokuva alkaa hiukan hyytyä kun nuoret tulevat mukaan Suzannen tarinaan. Tätä osuutta olisi ehkä voinut hieman tiivistää. Toisaalta sen tarpeellisuus tarinalle on kiistaton.

Criterionin amerikkalaisen 4K UHD -julkaisun kuvanlaatu on aivan uskomattoman hieno. Todella terävässä ja värikylläisessä kuvassa ei ole mitään muita haittoja kuin lievä rakeisuus suurimman osan aikaa, ja erittäin voimakas hetkittäin. Etukäteen epäröin hyllyssäni jo olleen blu-rayn päivitystä tähän, mutta nyt kun elokuva on nähty, ei harmita enää yhtään!

•

Edellä käsittelimme elokuvan *Santa Sangre* (1989), jonka onnistumisen asetin pitkälti vahvan tuottajan ansioksi tämän kyettyä pitämään ohjaaja Alejandro Jodorowskyn kaikkein kuumeisimmat visioinnit kurissa. *Twelve Monkeys* on nähdäkseni varsin samanlainen tapaus: visionäärinen ohjaaja **Terry Gilliam** pysyi tiukasti tuottajan ja Hollywood-studion ohjauksessa ja tuloksena oli mestariteos jota väitän hänen parhaaksi työkseen.

TWELVE MONKEYS
USA 1995
Ohjaus: Terry Gilliam
Pääosissa: Bruce Willis,
Madeleine Stowe, Brad Pitt
Katsottu: 21.8.2022
Formaatti: 4K Ultra HD

10

Tulevaisuudessa eläimet ovat jälleen perineet maan sen jälkeen, kun tappava virus on tuhonnut suurimman osan ihmiskuntaa. Harvat hengissä edelleen olevat ihmiset ovat vetäytyneet turvaan maan alle, josta käsin tuon yhteiskunnan vankeuteen tuomitut rikolliset käyvät ajoittain vahvassa suojapuvussa maan pinnalla hakemassa näytteitä. Tutkimus vastalääkkeen keksimiseksi virukselle on edelleen käynnissä, mutta läpimurtoja ei ole tullut.

Yksi maan pinnalle lähetetyistä vangeista on James Cole (Bruce Willis), jolle tarjotaan erään maan pinnalle tehdyn keikan jälkeen aivan uudenlaista tehtävää. Hänen halutaan matkaavan aikakoneella takaisin 1990-luvulle seuraamaan viruksen leviämisreittiä, jotta tiedemiehet voivat tehdä sitä kautta päätelmiä siitä miten parhaiten taistella sitä vastaan.

Colen matkasta menneisyyteen kasvaa samanaikaisesti hauska ja surumielinen vaellus tuhoon jo tuomitun 1990-luvun ihmiskunnan joukossa. Hän tutustuu psykiatri Raillyyn (**Madeleine Stowe**), joka ottaa hänet alun alkaen potilaakseen mutta alkaa vähitellen hyväksyä sen tosiasian, että mies on todellakin tullut tulevaisuudesta. Viruksen päästäminen valloilleen näyttäisi liittyvän jotenkin salassa pysyttelevän *12 apinan armeijan* sekä etenkin sen jossain määrin vinksahtaneen johtaja Jeffrey Goinesin (roolistaan sivuosa-Oscar-ehdokkuudella huomioitu **Brad Pitt**) toimintaan.

Gilliamin elokuva on totuttuun tapaan kansoitettu mitä eriskummallisimmilla hahmoilla, mutta tällä kertaa hän ei eksy näiden sekaan vaan fokus pysyy tarinassa: Colen ja Raillyn tutkimusmatkassa ja sen ymmärtämisessä miten planeetan muulle elämälle tuhoisa elämänmuoto ihmiskunta oikeastaan on.

Tärkeissä sivurooleissa nähdään Goinesin upporikasta isää näyttelevä **Christopher Plummer** sekä poninhännän niskaansa saanut **David Morse**.

Mestarillinen elokuva jättää katsojaansa sekä vaikuttuneen että myös jossakin määrin surumielisen olon. Upean käsikirjoituksen teki *Unforgivenin* David Webb Peoples yhdessä vaimonsa **Janet Peoplesin** kanssa. Tarina-aihe pohjautuu jossakin määrin **Chris Markerin** tunnettuun lyhytelokuvaan *La Jetée* (1962).

Harmi kyllä, Arrow'n julkaisema 4K UHD tästä huippuelokuvasta on laadultaan kaukana täydellisestä. Suurimman osan aikaa en havainnut mainittavaa eroa tavalliseen blu-ray -julkaisuun.

DRACULA: DEAD AND LOVING IT USA/Ranska 1995 Ohjaus: Mel Brooks Pääosissa: Leslie Nielsen, Mel Brooks, Peter MacNicol Katsottu: 12.6.2024 Formaatti: Blu-ray 6	

En ole koskaan ollut kovin innoissani vampyyrielokuvista, koska en pidä uskonnollisia symboleja pelkääviä hirviöitä kovin vakuuttavina. CineActive 1:ssä ehdin jo piruilla **Francis Ford Coppolan** mahtipontiselle *Bram Stoker's Draculalle* ja nyt vuorossa on vanhan liiton komediamaakari **Mel Brooks**. Brooksin *Dracula: Dead and Loving It* on tosin noista kahdesta elokuvasta selkeästi viihdyttävämpi.

Vuoden 1893 Transylvaniassa asuva kreivi Dracula (**Leslie Nielsen**) ostaa Renfieldin (**Peter MacNicol**) avustuksella vanhan linnan Lontoon alueelta ja muuttaa sinne. Renfield itse sen sijaan menettää järkensä valon ja muuntuu klonkkumaiseksi olioksi, joka pitää Draculaa mestarinaan.

Perillä Dracula iskee silmänsä kahteen nuoreen kaunottareen, joiden kaulasta alkaa piakkoin löytyä erikoisia puremajälkiä. Kaikki tämä käydään läpi farssimaisissa puitteissa, joissa etenkin fyysinen komedia on vaivaannuttavan huonoa mutta moni yksittäinen tilanne siihen liittyvine sanailuineen hyvinkin hauska.

Brooksin pitkän komediantekijän uran hauskimpiin kuuluvat tällä kertaa splatter-kohtaukset, joista ensimmäisessä hänen näyttelemänsä Van Helsing opettaa lääkäriopiskelijoille kuinka ruumiinavaus tehdään oikein, ja jälkimmäisessä Harkerille miten lyödä vaarna vampyyriksi muuntuneen naisen sydämen läpi.

Etenkin jälkimmäisen kohtauksen ylenpalttiset verenroiskeet saavat ihmettelemään miten tuollainen oli jo 1990-luvulla sallittua komediassa mutta ei kauhuelokuvassa. En ole koskaan onnistunut katsomaan kohtausta nauramatta ääneen eikä se onnistunut tälläkään kertaa.

Amerikkalaisen blu-rayn kuva on laadultaan moitteeton: terävä ja värikylläinen. Miinusta kuitenkin ääniraidasta, joka on näinkin uuden elokuvan ollessa kyseessä häpeällisesti vain kahden kanavan stereo, joka sekin kuulostaa käytännössä monolta.

•

Vaikka olisit suuri kidutuskauhun ystävä ja nähnyt kaikki lajityypin tunnetuimmat teokset, japanilainen *Naked Blood* saattaa silti ällistyttää. *Hostel* ja *Saw* -elokuvat ovat toki raakoja, mutta ne toimivat kuitenkin aina länsimaisen elokuvan pelisäännöillä ja ne muotoillaan täkäläisen yleisön sensibiliteettiin sopiviksi. Japanissa niin ei luonnollisesti tarvitse tehdä.

Vertailu on tosin sikäli epäreilu, että *Naked Blood* ei ole noiden elokuvien tapainen korkean profiilin elokuva ja underground-tasolla toki länsimaissakin tehdään aika rouheaa tavaraa. Silti tässä elokuvassa on jotakin niin perijapanilaista, että on vaikea kuvitella länsimaista elokuvantekijää edes keksimässä mitään sen kaltaista.

NAKED BLOOD

Japani 1996
Ohjaus: Hisayasu Satô
Pääosissa: Misa Aika, Yumika
Hayashi, Mika Kirihara
Katsottu: 26.9.2024
Formaatti: DVD

8

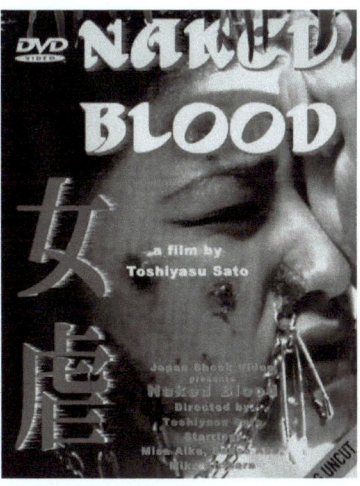

Eiji (**Sadao Abe**) on tiedemiesvanhempien poika, vasta 17-vuotias lapsinero, joka uskoo keksineensä kaikkien aikojen tehokkaimman kipulääkkeen. Hän säilyttää valmistamaansa ensimmäistä erää lasipurkissa: sininen neste saa häneltä nimen My Son. Ainetta olisi kuitenkin testattava ennen kuin sen tehosta voi olla varma.

Eijin äiti työskentelee hänkin lääkkeiden kehityksen parissa ja on kehittänyt nestemäisen, suonensisäisesti otettavan ehkäisyvalmisteen naisille. Eiji päättää tehdä uhkarohkean tempun. Hän sekoittaa salaa My Sonia äitinsä tuottaman valmisteen sekaan. Tämän testiryhmään kuuluu kolme nuorehkoa naista, jotka saavat seuraavaksi suoniinsa sekä ehkäisyvalmistetta että maailman voimakkainta kipulääkettä.

Tämän tempun seuraukset ovat sanoinkuvaamattomat. My Son tekee enemmän kuin vain ehkäisee kivun. Se saa kivun tuntumaan *nautinnolliselta,* ja kun naiset huomaavat tämän, he koukuttuvat välittömästi kukin tahollaan kivun tuottamiseen itselleen. Erilaisia kotitaloudesta löytyviä työkaluja ja välineitä käyttäen he ryhtyvät silpomaan itseään, voitte vain kuvitella millaisin tavoin. Efektit ovat niin hyvin tehtyjä, että eräskin silmän kuopastaan ulos kaivaminen näyttää tapahtuvan ihan oikeasti.

Ohjaaja **Hisayasu Satôn** ote aiheeseensa on monin paikoin lyyrinen, mikä luokin hyvän vastapainon veriefektijaksojen hurjuudelle. Eiji on näet isätön poika, ja näyttää äitinsä tavoin edelleen kaipaavan oudoissa olosuhteissa merenrannassa kadonnutta esikuvaansa. Tätä kuvaavien takaumajaksojen tunnelma on rauhallisen haikea ja niiden maisemat kauniita, aivan kuin eri elokuvasta rujojen silpomisjaksojen kanssa.

Naked Blood näyttäisi olevan jossakin päin maailmaa saatavilla myös blu-raynä – tekstityksistä en tiedä. Itse katsoin jälleen uusiksi jo 1990-luvun lopulla hankkimani hollantilaisen DVD:n, joka kuuluu Japan Shock -sarjaan. Se on teknisesti aika onneton, kuva ei ole kovin hyvälaatuinen eikä se ole edes anamorfinen vaan 4:3 letterbox.

CRASH
Kanada/Iso-Britannia 1996
Ohjaus: David Cronenberg
Pääosissa: James Spader,
Holly Hunter, Elias Koteas
Katsottu: 26.4.2022
Formaatti: 4K Ultra HD

10

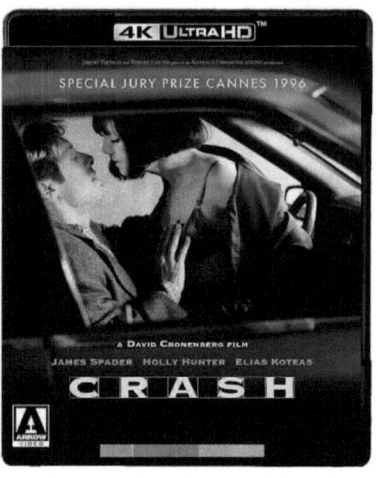

David Cronenberg on minulle ehkä elokuvahistorian merkityksellisin ohjaaja ja jo siksi on selvää, ettei yhtään CineActive -kirjaa tehdä ilman että siinä käsitellään vähintään yhtä ja mieluummin kahta Cronenbergin elokuvaa. Ensimmäisessä kirjassa vuoron saivat ohjaajan suurin mestariteos *Videodrome* sekä myöhäisempi työ *Eastern Promises,* jotka molemmat on julkaistu 4K UHD:nä.

Nyt vuorossa on ohjaajan mielestäni toiseksi suurin mestariteos *Crash.* Sen ja noiden kahden edellä mainitun lisäksi Cronenbergin elokuvista on julkaistu 4K-levynä myös *Crimes of the Future* (2022), mutta siihen en ole vielä päivittänyt. Näin olleen toisen Cronenberg-elokuvan virkaa tässä kirjassa tekee ohjaajan pojan *Possessor* (2020), joka on aivan isän töiden veroinen. Siitä siis lisää jäljempänä.

Crash sai maailmanensi-iltansa Cannesin elokuvajuhlilla 17. toukokuuta 1996. Skandaali oli saman tien valmis. Sitä vielä pahensi elokuvalle ojennettu Juryn erikoispalkinto. Miten näin hävyttömälle teokselle voidaan ojentaa palkintoja maailman isoimpiin kuuluvilla elokuvajuhlilla? Toisessa kotimaassaan Britanniassa *Crashille* alettiin viritellä paikallisia täyskieltoja. Jos muistan oikein, Lontoon Westminsterissä sellainen oli jonkin aikaa voimassakin.

Cronenberg onnistui siis jälleen kerran saamaan vanhoilliset piirit takajaloilleen, mutta varsin eri tavalla kuin aiemmin. Hänen aiempien elokuviensa pidäkkeettömän body horrorin ja siihen liittyvien veritehosteiden sijaan pahennusta herättivät tällä kertaa seksikohtaukset, joita oli paljon ja joista jokaisen ohjaaja selitti kuljettavan tarinaa eteenpäin.

James Spader on mainoselokuvien ohjaaja James Ballard, jolla on hyvin vapaa suhde kumppaniinsa Catherineen (**Deborah Unger**). Pari harrastaa seksiä myös muiden kanssa ja kertoo kokemuksistaan avoimesti toiselle. Tämä toimiva erotiikantäyteinen parisuhde menee rikki kun James joutuu autokolariin ja jokin hänessä muuttuu. Koko loppuelokuva kertoo siitä, miten James ja Catherine yrittävät päästä takaisin samanlaiseen yhteyteen joka heillä oli ennen onnettomuutta.

James alkaa nimittäin saada eroottista tyydytystä autokolareista, ja kun Catherine ei koe samaa, parin aiemmin hienosti toiminut suhdedynamiikka katkeaa. James tapaa niin ikään auto-onnettomuudessa olleen Helenin (**Holly Hunter**) ja alkaa tapailla tätä; ei pelkästään seksin takia vaikka kyllä he sitäkin harrastavat, vaan jatkaakseen yhteistä tutkimusmatkaa kohti auto-onnettomuuksien tuottamaa seksuaalista nautintoa.

Keskeiseksi henkilöksi tällä matkalla kasvaa karismaattinen Vaughan (**Elias Koteas**), joka vetää underground-piireissä kuuluisia auto-onnettomuuksia jäljitteleviä kolariesityksiä ja jonka ympärille on kertynyt kokonainen harrastajakunta. Silloin kun ei olla ruttaamassa autoja, kokoonnutaan yhdessä katsomaan kuvatallenteita: hidastettuina katsotut törmäysturvallisuustesteistä tehdyt videot kelpaavat tähän aidon materiaalin puutteessa.

Tässä kohtaa elokuvan samaistumispinta on voimakkaimmillaan. Aivan samalla tavalla kuin kolarifetisistit toimivat yhteiskunnan valtavirran ulkopuolella piilossa, mekin harrastimme leikkaamattomia kauhu- ja väkivaltaelokuvia juurikin elokuvan tekoaikaan 1990-luvulla, jolloin elokuvasensuuri oli vielä Suomessa voimissaan.

Salaseuran kokoontuminen törmäystestivideoiden ääreen näyttää ja tuntuu varsin samanlaiselta kuin omat elokuvamaratonimme noina taantumuksen aikoina. Niiden aiheena olivat kielletyt tai ainakin sensuroidut elokuvat ja niistä yhdellä myös *Crash* aikanaan katsottiin.

Elokuvan arvoituksellinen loppukohtaus (tämä ei spoilaa mitään) kuvaa Jamesin ja Catherinen yritystä päästä takaisin yhteyteen, sille samalle aaltopituudelle jolla he pitkään olivat ennen kuin autokolarit ja niiden erotisointi vaihtoivat Jamesin viritystaajuuden toiseksi.

Crash on vavahduttava mestariteos, jota säestää Cronenbergin hovisäveltäjä **Howard Shoren** elokuvan teemoihin hienosti sopiva metallisen kylmä, sähkökitarapainotteinen musiikki.

Elokuvaa ei pitkiin aikoihin saanut DVD:tä laadukkaampana levytallenteena, kunnes yhtäkkiä saksalainen Turbine julkaisi siitä komean 4K UHD:n ja blu-rayn digipackin, jonka luonnollisesti hankin hyllyyni välittömästi. Sitä seurasi melko pian Arrow'n brittijulkaisu, jonka kansikuvan laitoin arvion oheen vaikka itselläni on tuo saksalainen. Arrow'n kansikuva on mielestäni parempi ja sama, jota käytettiin kun elokuva alun alkaen julkaistiin 1990-luvulla VHS:nä.

Turbinen 4K UHD:n kuvanlaatu on oikein mainio, ei aivan paras mahdollinen mutta ei siinä ole suuremmin valittamistakaan. Olenkin ehtinyt katsoa sen jo kahdesti, viimeksi krediittiboksissa mainittuna päivämääränä.

•

Elokuun viimeisenä päivänä 1996 ensiesityksensä Venetsian elokuvajuhlilla saanut *Bound* esitteli elokuvan ystäville ensimmäistä kertaa uudet lahjakkuudet: ohjaajaveljekset **Andy** ja **Larry Wachowskin**, jotka ovat sittemmin sukupuolenvaihdosleikkaustensa tuloksena muuttuneet siskoksiksi nimiltä **Lana** ja **Lilly**. Parhaiten neljästä *The Matrix* -elokuvasta tunnetun parivaljakon debyytti saattaa olla edelleen heidän onnistunein elokuvansa.

Corky (**Gina Gershon**) on hiljattain vankilasta vapautunut, aika karskin oloinen nainen. Chicagolaisen kerrostalon isännöitsijä on palkannut hänet remontoimaan yhtä talon asunnoista. Työkohteessaan hän osuu sattumalta samaan hissiin sensuellin Violetin (koomisuuteen asti kähisevä-ääninen **Jennifer Tilly**) ja tämän miehen Ceasarin (elämänsä roolin tekevä **Joe Pantoliano**) kanssa. Violet osoit-

BOUND
USA 1996
Ohjaus: The Wachowskis
Pääosissa: Jennifer Tilly, Gina
Gershon, Joe Pantoliano
Katsottu: 13.8.2024
Formaatti: 4K Ultra HD

9

taa välitöntä kiinnostusta Corkya kohtaan eikä kestä kauan kun pari on kiihkeässä lesbosuhteessa.

Violet on kuitenkin onneton. Ceasar on mafian palkkalistoilla oleva rahanpesijä, jolle nainen on pelkkä *trophy* – koriste-esine, jota voi ylpeänä esitellä muille, mutta josta ei muuten tarvitse juurikaan välittää. Ihastuttuaan Corkyyn Violet haluaisi paeta tämän kanssa aloittamaan kokonaan uuden elämän. Kun Ceasarin haltuun päätyy runsaat kaksi miljoonaa pesun tarpeessa olevaa dollaria, naispari keksii juonen niiden kaappaamiseksi itselleen.

Corkyn ja Violetin suunnitelma varastaa likaiset rahat on varsin suoraviivainen, mutta elämä on sitä harvoin. Oletus, että menetettyään suuren summan mafian rahaa Ceasar lähtisi yksinkertaisesti pakoon ei toteudukaan. Alati muuttuvien ja odottamattomien juonenkäänteiden keskellä naiset joutuvat improvisoimaan ja juuri näiden äkillisten muutosten seuraaminen tekee elokuvasta niin jännittävän kuin se lopulta on. Ceasarin heikon ulkokuoren alta paljastuu piinkova peluri, eikä naisten suunnitelman onnistuminen ole missään vaiheessa varmaa.

Näyttelemisen tasoa nostaa entisestään mafian torpedona nähtävä loistava **John P. Ryan** *(Runaway Train, It's Alive* -trilogia). Isointa mafiapomoa näyttelee autohurjasteluklassikko *Vanishing Pointin* (1971) ohjaajana tunnettu **Richard C. Sarafian**.

Hieno käsikirjoitus, hyviä näyttelijöitä, mikä voisi mennä pieleen? Juuri mikään ei menekään. *Bound* on erinomainen rikostrilleri, jonka asemasta aikansa elokuvatarjonnassa kertoo selvää kieltään se, että kunnioitettu Criterion on valinnut sen kokoelmaansa ja julkaissut siitä 4K UHD -levyn.

Harmi kyllä, tuon kyseisen levyn kuvanlaatu ei ole kovin ihmeellinen. 4K ei pääse esittämään parastaan senkään takia, että hirmuisen suuri osa elokuvasta sijoittuu hämäriin tai lähes pimeisiin tiloihin. Silloinkin kun valaistus on hyvä, nähdään vain harvakseltaan todella tarkkaa kuvaa. Sitä kyllä silti nähdään, mutta suurimman osan aikaa kuvanlaatu ei juurikaan poikkea tavallisesta HD:sta.

Katsoin myöhemmin samana iltana Kino Lorberin restauroiman 4K-levyn vanhasta italialaisesta eksploitaatioelokuvasta *Cannibal Apocalypse* (käsitelty jo edellä) ja kuvanlaadun osalta se pyyhki tällä julkaisulla lattiaa.

NIGHTWATCH USA 1997 Ohjaus: Ole Bornedal Pääosissa: Ewan McGregor, Patricia Arquette, Nick Nolte Katsottu: 25.9.2024 Formaatti: DVD 4	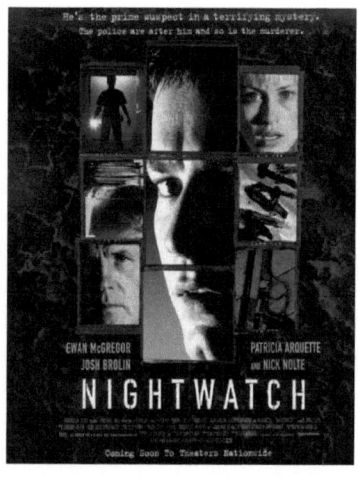

Edellä arvioitu tanskalainen kauhuelokuvan ja rikosmysteerin yhdistelmä *Nattevagten* havaittiin maailmalla niin erinomaiseksi elokuvaksi, että siitä päätettiin tehdä englanninkielinen uusintaversio. *Nightwatch* valmistui tarkalleen kolme vuotta alkuperäisen jälkeen ja roolitettiin varsin tunnetuilla näyttelijöillä.

Edellisvuonna läpimurtonsa *Trainspottingilla* tehnyt **Ewan McGregor** peri Nikolaj Coster-Waldaulta nuoren opiskelija Martinin roolin. **Patricia Arquette** vaikuttaa hänen naisystävänsä roolissa paljon neuroottisemmalta kuin alkuperäisen Sofie Gråbøl. Sarjamurhia tutkivan komisarion roolissa nähtävä **Nick Nolte** *(Affliction)* näyttää kävelevän roolinsa läpi kuin puoliunessa. **Josh Brolinin** epäkiitolliseksi tehtäväksi jää yrittää yltää Kim Bodnian puolihulluuteen, missä hän ei lainkaan onnistu.

Sarjamurhaajan toimintatapaa on jostakin syystä uusintaversiossa muutettu: skalpeeraamisen sijasta tämä tuhoaa uhriensa silmät. Lisäksi kuva on nyt levitetty 2.35:1 -laajakangasformaattiin. Muilta osin kaikki on tuttua. Etenkin nyt kun katsoin vanhan ja uuden version samana iltana peräjälkeen, saatoin huomata miten identtisinä useat kohtaukset on toteutettu. Vain niiden puhekieli on vaihtunut tanskasta englanniksi.

Elokuvien katselu peräkkäin paljasti myös armotta sen, miten tavattoman paljon alkuperäistä huonompi tämä uusintaversio on. Vanhojen muistikuvieni mukaan *Nightwatchin* piti olla vain keskinkertaisempi mutta muuten ihan OK katselukokemus. Nyt se tuntui todella laiskalta esitykseltä alkuperäiseen verrattuna, mikä on outoa kun ohjaajakin on sama.

Yksikään uuden version näyttelijöistä ei vedä vertoja alkuperäisen vastinparilleen. Etenkin Josh Brolinin James vaikuttaa pelkästään ilkeältä siinä missä Kim Bodnia sai puhallettua Jensiin myös inhimillisyyttä. Nyt pitää vain ihmetellä miksi muut henkilöhahmot ylipäänsä sietävät Jamesia.

Ihmetystä herätti myös, että uusintaversiosta oli jätetty kokonaan pois alkuperäisen kohtaus, jossa Martin ja Kalinka intoutuvat harrastamaan seksiä ruumishuoneen seinää vasten. Paikalta löytyvät siemennestetahrat kun nimenomaan tekevät tästä myöhemmin epäillyn ruumiisiin kajoamisesta. Nyt seksikohtausta ei nähdä, mutta nuo tahrat löytyvät silti samasta paikasta ihan samalla tavalla. Mitä ihmettä? Missasinko jotakin, en huomannut torkkuneeni.

Nightwatch olisi ollut saatavilla myös HD:nä, eikä olisi maksanut paljon, mutta tyydyin kuitenkin katsomaan vanhan saksa-DVD:ni. Sen kuvanlaatu oli vaatimaton ja lisähäiriönä ruudulla olivat myös saksankieliset pakkotekstit. Niiden välttämiseksi olisi pitänyt valita englanninkielisen ääniraidan sijasta saksa-dubbaus.

BREAKDOWN
USA 1997
Ohjaus: Jonathan Mostow
Pääosissa: Kurt Russell, J. T.
Walsh, Kathleen Quinlan
Katsottu: 31.10.2024
Formaatti: 4K Ultra HD

9

Kurt Russellin tähdittämä jännäri *Breakdown* on se elokuva, jonka vahvuudella ohjaaja **Jonathan Mostow** pääsi aikoinaan *Terminator* kolmosen puikkoihin. Molemmat elokuvat tuntuvat aliarvostetuilta, mutta eri syistä.

Breakdown jäi tuntemattomaksi. Erinomaista *Terminator* kolmosta puolestaan verrattiin klassikkotasoisiin kahteen ensimmäiseen osaan, joille se ei tietenkään pärjännyt, mutta oli silti erinomainen elokuva. Täysin sama tilanne siis kuin *Kummisedän* kolmannen osan kanssa: hyvä elokuva sai huonon maineen, koska sen kaksi edeltäjää ovat elokuvahistorian suurimpia klassikoita.

Kurt Russell on Jeffrey Taylor, täysin tavallinen mies, joka ajaa yhdessä vaimonsa Amyn (**Kathleen Quinlan**) kanssa harvakseltaan liikennöityä erämaatietä kohti Kalifornian San Diegoa. Pariskunta on ottanut uskaliaan hypyn uuteen irtisanoutumalla vanhoista töistään itärannikon Bostonissa muuttaakseen eteläiseen Kaliforniaan.

Huoltoasemalle sijoittuva epämiellyttävä kohtaaminen koppavan Earlin (**M.C. Gainey**) kanssa on vain ongelmien alku: pian sen jälkeen pariskunnan uudenkarhea Jeep Grand Cherokee tekee lakon ja he jäävät jumiin keskelle ei mitään. Paikalle osuu onneksi rekkakuski Red (helmikuussa 1998 kuollut **J.T. Walsh** yhdessä viimeisistä rooleistaan), joka tarjoaa parille kyytiä lähimpään dineriin, josta soittaa hinausauto.

Jeffrey ei halua jättää uudenkarheaa autoa yksin tien varteen. Amy lähtee rekkakuskin kyytiin ilman häntä, mikä sitten osoittautuu huonoksi ideaksi. Kun Jeffrey onnistuu vähän myöhemmin saamaan autonsa liikkeelle omin neuvoin ja löytää pienen etsimisen jälkeen avuliaan rekkakuskin, tämä väittää ettei ole koskaan nähnytkään häntä. Edes paikalle osuva sheriffi ei saa sen enempää selville. Amy on kadonnut jäljettömiin.

Taitavasti kirjoitettu jännäri seuraa tästä eteenpäin Jeffreyn alati hurjemmaksi muuttuvaa kujanjuoksua hänen yrittäessään löytää vaimonsa, joka on selvästikin joutunut sieppauksen uhriksi. Kaikki tuntuvat olevan mukana juonessa: Red, Earl, ja jopa tienvarren dinerin pihalla sekavia höpisevä kylähullu Billy (**Jack Noseworthy**).

Mostow ei ainoastaan onnistu kehittelemään rakentamaansa mysteeriä taidokkain ottein, vaan loihtii kankaalle toinen toistaan komeampia toimintakohtauksia, joita katsoja saa seurata rystyset valkoisina. Pienemmät sivuosatkin on kansoitettu taitavilla näyttelijöillä ja käsikirjoitus on ensiluokkainen. Jeffrey joutuu venymään todella parhaimpaansa saadakseen Amyn pelastettua.

Hankin *Breakdownin* aikanaan hyllyyni DVD:nä luettuani siitä ylistäviä arvosteluja alan lehdistä. Tämä tapahtui joskus 1990-luvun lopulla. HD-versiota jouduttiin sittemmin odottamaan todella kauan, ennen kuin australialainen Imprint sai vihdoin julkaistua blu-rayn pari, kolme vuotta sitten. Pian sen jälkeen sama levy julkaistiin myös jenkeissä.

Nyt vuorossa on vihdoin 4K UHD, jonka tilaaminen epäilytti hieman, kun tuo jo omistamani blu-ray oli laadultaan hyvä. Päivitys osoittautui kuitenkin kannattavaksi, sillä Paramountin 4K-julkaisu on vieläkin laadukkaampi. Kuva näyttää tosi upealta, mitä tietenkin korostaa se, että se tapahtuu suurelta osin päivänvalossa. Ei olla ihan referenssitasolla, mutta laadukas julkaisu joka tapauksessa.

•

Elokuvan *Affliction* päähenkilö Wade Whitehouse (Nick Nolte, *Nightwatch)* toimii lainvalvojana New Hampshiren osavaltion pohjoisosissa sijaitsevassa syrjäisessä pikkukaupungissa, joka näyttää vieläkin ankeammalta kuin *To Die For*in Little Hope. Waden elämä

AFFLICTION USA/Kanada/Japani 1997 Ohjaus: Paul Schrader Pääosissa: Nick Nolte, Sissy Spacek, James Coburn Katsottu: 10.6.2024 Formaatti: Blu-ray 8	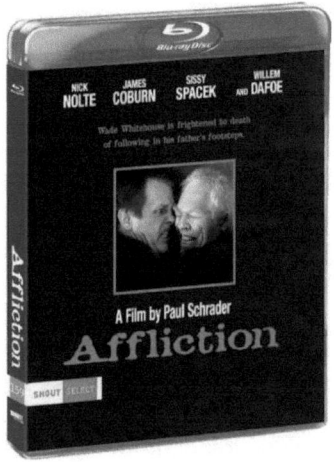

on haasteellista: rahojen riittämiseksi hänen on tehtävä toistakin työtä; ex-vaimon luona asuva pieni tytär haluaa takaisin kotiinsa aina kun olisi vuoro olla isän luona; ja vanhan juopottelevan isän ilkeys on ehdotonta maailmanluokkaa.

Tässä tilanteessa Wade päätyy tutkimaan epäilyttävää metsästysonnettomuutta. Bostonista vierailulla oleva ammattiliittopomo on ammuttu hengiltä oudoissa olosuhteissa heti kauden ensimmäisen peuranmetsästyspäivän aamuna. Wade saa pian selville, että kuolleella miehellä oli epäilyttäviä kytkentöjä hänen kotikaupunkinsa valtaapitäviin. Mistä on kyse?

Taksikuskin (1976) käsikirjoittajana maineeseen alun alkaen noussut **Paul Schrader** on sekä sovittanut *Afflictonin* käsikirjoituksen **Russell Banksin** romaanista että ohjannut elokuvan. Ohjaajana hän oli tässä vaiheessa jo rutinoitunut, tultuaan tunnetuksi mm. elokuvista *American Gigolo* (1980) ja *Cat People* (1982).

Schrader kuvaa pikkukaupunkia siellä asuvien umpikujana. Lokakuu on lopussa, ensilumi on satanut, ympäristö näyttää harmaalta ja ankealta. Kuka asuu täällä, jos ei ole ihan pakko? Waden nuorempi veli Rolfe (**Willem Dafoe**) on päässyt pois, mutta Wadella ei ole pakotietä. Kun veljesten äiti löytyy kuolleena vuoteestaan, Rolfen on kuitenkin tilapäisesti palattava.

Tämä tapahtuma tietää huonoa myös Wadelle. Väkivaltainen, alkoholisoitunut ja äärimmäisen ilkeä isä ei pärjää enää yksin vaan jää nyt Waden kontolle, siinä missä Rolfe voi hautajaisten jälkeen paeta takaisin omaan elämäänsä toisaalla. Waden naisystävä Margie (**Sissy Spacek**) joutuu myös lujille.

Elokuvan nimi *Affliction* viittaa väkivaltaiseen miehen malliin, jonka Wade on vaarassa periä isältään, vaikka hän toisaalta ymmärtääkin sen vahingollisuuden paitsi itselleen, myös läheisilleen: etenkin Margielle ja tyttärelleen. Veteraaninäyttelijä **James Coburn** tekee kovan roolityön isä Wadehousena, ja hänet palkittiinkin siitä miessivuosa-Oscarilla.

Vaikka isän ja poikien vaikeaa suhdetta korostetaan, *Affliction* on viime kädessä syrjäytyneen yhteisön kuvaus. Sitä kansoittaa lukuisa määrä hyvin kirjoitettuja ja näyteltyjä hahmoja, jotka on helppo tunnistaa pelkistetyiksi jäävistä ominaisuuksistaan. Myös metsästysonnettomuudessa kuolleen miehen mysteeri ratkaistaan lopussa varsin hätkähdyttävällä tavalla, jolloin siitäkin tulee pikkukaupunkia kuvaavan, taiten tehdyn mosaiikin osa.

Affliction on hieno, vakava elokuva keskittymiskykyisille yleisöille. Harmi kyllä, Shout Factoryn blu-rayn laatu ei ole kovin kummoinen. Kuva on pehmeä ja vähän suttuinen. Hyvin valaistuissa kohtauksissa sen kyllä huomaa helposti DVD:tä paremmaksi, mutta lähdemateriaalin ollessa laadukasta (mitä tässä ei tietysti välttämättä ollut) HD-kuvan pitäisi näyttää paremmalta.

•

Kirjoitettuaan kauhuhitin *Scream* (1996, kts. CineActive 1) **Kevin Williamson** mitä ilmeisimmin totesi, että kannattaa takoa kun rauta on kuumaa. Heti seuraavana vuonna julkaistiin miehen seuraava kauhuelokuva, jossa nähtiin jälleen nuoria aikuisia ja murhamysteeri. *I Know What You Did Last Summerin* ohjasi sekä sitä ennen että myös sen jälkeen varsin tuntemattomaksi jäänyt **Jim Gillespie**.

Tarinan keskiössä on neljä ystävää: Julie (**Jennifer Love Hewitt**), Ray (**Freddie Prinze Jr.**), Helen (**Sarah Michelle Gellar**) ja Barry (**Ryan Phillippe**). Tämä nelikko joutuu pelottavien tapahtumien keskelle sen jälkeen, kun erään myöhäisen kesäillan vauhdikas autoajelu päättyy kuolettavaan yliajoon.

Koska silminnäkijöitä ei ollut, nuoret päättävät yrittää salata tapahtuneen. Kukaan ei löydä ruumista. Mutta joku taisi sittenkin näh-

I KNOW WHAT YOU
DID LAST SUMMER
USA 1997
Ohjaus: Jim Gillespie
Pääosissa: Jennifer Love
Hewitt, Sarah Michelle Gellar,
Freddie Prinze Jr.
Katsottu: 13.12.2022
Formaatti: 4K Ultra HD

7

dä mitä tapahtui, sillä vuotta myöhemmin kaikki alkavat saada uh-
kaavia "tiedän mitä teit viime kesänä" -sisältöisiä viestejä. Toisistaan
tapahtuneen johdosta vieraantuneen kaveriporukan on yhdistettävä
tietonsa ennen kuin uhkaukset johtavat heistä jonkun tai useamman-
kin kuolemaan.

Merenrantakaupungissa alkaa liikkua sadeviittaan ja -päähinee-
seen pukeutunut synkkä hahmo kantaen mukanaan valtavaa kalas-
tuksessa käytettävää koukkua (tämä näkyykin hyvin 4K-levyn kansi-
kuvassa). Päähenkilömme alkavat tutkia menneisyyden tapahtumia
voidakseen välttää karun kohtalon koukun vaarallisemmassa päässä.

Avainhenkilö tapahtumien selittämisessä on kaupungin laitamille
erakoitunut Melissa (**Anne Heche**), jonka tapaaminen auttaa nuoret
mysteerin jäljille. Alkaa kuitenkin näyttää siltä, ettei tapahtumasar-
jasta voida mitenkään selvitä ilman henkilövahinkoja.

I Know What You Did Last Summer oli etenkin uutena hiukan
nolon teinikauhuilun maineessa. Se on kuitenkin pätevästi vaikkakin
hiukan varman päälle tehty "turvallinen" kauhuelokuva, jonka paris-
sa saa jännittää ilman, että tarvitsee pelätä kovin pahoja shokkeja.
2.35:1 -muotoinen laajakangaskuva viestii ison studion mukanaolos-
ta ja tietynlaisesta prestiisistä.

Elokuvan 4K-presentaatio on yksi parhaista mitä olen koskaan
nähnyt. Kuva on veitsenterävä ja täydellisen virheetön, ehdotonta

referenssimateriaalia sille joka haluaa näyttää kavereilleen miten upea UHD-kuva voi aivan parhaimmillaan olla.

STARSHIP TROOPERS USA 1997 Ohjaus: Paul Verhoeven Pääosissa: Casper Van Dien, Denise Richards, Dina Meyer Katsottu: 26.6.2018 Formaatti: 4K Ultra HD **10**	

Paul Verhoevenin viimeinen kaikin puolin täydellisesti onnistunut Hollywood-elokuva *Starship Troopers* perustuu **Robert A. Heinleinin** samannimiseen kirjaan, josta muokkasi satiirisen käsikirjoituksen **Ed Neumeier**, toinen edellä käsitellyn *RoboCopin* kirjoittajista.

Tapahtumat sijoittuvat tulevaisuuteen, jossa ihmiskunta on järjestäytynyt uudella tavalla. Äänioikeus on vain Kansalaisilla, jotka ansaitsevat asemansa suorittamalla asepalveluksen. Heidän alapuolellaan ovat Siviilit, jotka eivät sitä tee eivätkä siis myöskään äänestä.

Kansalaisten suorittama asepalvelus ei ole mitään kasarmiympäristössä äkseeraamista, vaan nuoret heitetään tarvittaessa suoraan hurjiin taisteluihin avaruushirviöitä vastaan. Ihmiskunta on nimittäin lähtenyt jo leviämään ympäri kosmosta ja sieltä löytyy jos jonkinmoista öttiäistä, jonka vihamielisyydeltä on tarve puolustautua.

Akuutti tarve on kyetä vastustamaan kaukana avaruudessa asuvien jättiläishyönteisten aggressioon: nämä taistelevat ihmisiä vastaan lähettämällä Maapalloa kohti valtavia meteoriitteja, jotka kykenevät osuessaan aiheuttamaan valtavaa tuhoa.

Tähän ympäristöön *Starship Troopers* sijoittaa innokkaan urheilijanuorukaisen Johnny Ricon (**Casper Van Dien**), joka on pihkassa sievään koulukaveriinsa Carmeniin (**Denise Richards**). Carmenin kiinnostus Johnnyyn on kuitenkin varsin puolivillaista. Johnnystä olisi sen sijaan kiinnostunut Dizzy (**Dina Meyer**). Neljän kaveruksen joukon täydentää älypää Carl (**Neil Patrick Harris**).

Johnnyn, Carmenin ja Dizzyn kolmiodraama on kuin suoraan jostakin aikakauden sliipatusta teinisarjasta tyyliin *Beverly Hills 90210* ja se on sitä tarkoituksella. Tarina saa uusia kierroksia, kun kaikki neljä ilmoittautuvat asepalvelukseen päästäkseen Kansalaisiksi ja pääsevät sitä kautta sotimaan jättiläishyönteisiä vastaan. Carmenin kilpakosijaksi ilmaantuu komea lentäjä Zander (**Patrick Muldoon**).

Starship Troopers näyttää todellisen luonteensa heti avauskohtauksessaan, joka kuvaa hektistä hyökkäystä jättiläishyönteisten kotiplaneetalle. Taistelussa lentävät veri ja irtojäsenet niin ihmisiltä kuin hyönteisiltäkin: Verhoeven on päässyt todella herkuttelemaan aiheen tarjoamilla mahdollisuuksilla splatter-roiskutukseen ja toteuttaa tuota puoltaan mukaansatempaavalla innolla.

Johnnyn seikkailut taistelutovereineen kasvavat valmistumisvuotensa varmaankin viihdyttävimmäksi elokuvaksi, jonka parissa ei voi viettää yhtään tylsää hetkeä. Oman aikansa tietokonetehosteilla pääosin tehdyt hyönteishirviöt ovat riittävän epäinhimillisen näköisiä, että niitä voi paloitella roiskeisesti kappaleiksi (hieman samaan tyyliin kuin George A. Romero ampui zombeja päähän *Dawn of the Deadissa*) ilman, että katsojalle tulee paha mieli ja elokuvalle sensuuriongelmia.

Starship Troopers vilisee muistettavia sivuhenkilöitä. Michael Ironside *(Total Recall)* yrmyilee nuorten opettajana ja ilmaantuu myöhemmin myös sotatantereelle upseerin roolissa. **Clancy Brown** *(Highlander)* on koomisuuteen asti kovapintainen sotilaskouluttaja. **Dean Norris** *(Breaking Bad)* on koulutusleirin komentaja, **Rue McClanahan** *(The Golden Girls)* opettaa nuorille jättihyönteisten biologiaa ja **Marshall Bell** *(Total Recall)* on sotaelokuvien historian kenties pelkurimaisin kenraali.

Starship Troopersin 4K UHD julkaistiin jenkeissä jo niinkin kauan sitten kuin vuonna 2017, elokuvan 20. juhlavuoden kunniaksi. Se ei minusta näytä laadullisesti aivan yhtä korkeatasoiselta kuin monet muut Sonyn julkaisut, mutta on se silti hyvälaatuinen. Päivitystä bluraystä ei ole tarvinnut jälkikäteen katua.

HAPPINESS
USA 1998
Ohjaus: Todd Solondz
Pääosissa: Jane Adams, Dylan
Baker, Philip Seymour
Hoffman
Katsottu: 9.10.2024
Formaatti: 4K Ultra HD

9

Criterion päätti pitkän odotuksen syksyllä 2024, kun **Todd Solondzin** loistava *Happiness* saatiin vihdoin julkaistua DVD:tä tarkkakuvaisemmassa formaatissa. Heidän julkaisunsa sisältää sekä 4K UHD:n että blu-rayn. Katsoin elokuvan tietenkin 4K:na ja voin vain ylistää sen loistavaa kuvanlaatua. Huipputerävässä, erittäin selkeässä kuvassa erottuu vain minimaalinen määrä filmiraetta, ja tuo määrä kuuluu jo asiaan, siitäkään ei voi valittaa.

Happiness on ironian mestari Solondzin kolmas pitkä elokuva ja voitanee jo lukea kulttiklassikoksi. Se luokitellaan helposti satiiriksi, mutta jos se on sitä, en itse ole ihan varma mitä siinä tarkalleen satirisoidaan. Onnen tavoittelua? Yleisfiilikseltään elokuva tuntuu passiivis-aggressiiviselta, pyrkien äärimmäiseen provosointiin, kuitenkin myös hymyilyttävällä tavalla.

Elokuva koostuu useasta toisiinsa limittyvästä ja ajoittain risteävästä tarinasta, jonka keskiössä ovat Jordanin aikuiset siskokset. Joy (**Jane Adams**) on heistä epävarmin; hän käy tragikoomisilla sokkotreffeillä, tekee lauluja, uskoo hyvään ja kokee alemmuudentuntoa "paremmin" pärjänneiden siskojensa rinnalla.

Helen (**Lara Flynn Boyle**) on heistä ainakin päällisin puolin menestynein: arvostettu ja kiireinen kirjailija, joka kuitenkin salaa itselleen tuntee riittämättömyyttä ja tuskailee kirjallisen tuotantonsa epäaitoutta. Hänen ulkoiselle kauneudelleen vetää vertoja vain hänen tunnekylmyytensä.

Kolmas sisko Trish (**Cynthia Stevenson**) puolestaan on kolmen lapsen perheen äiti ja suorittaa tuota rooliaan kuin uraohjus. Hän nuijii Joyta vieläkin alemmas ilmeisen tahattomilla sanallisilla iskuilla pitäen samalla täydellisen perheen kulisseja yllä.

Nuo kulissit alkavat kuitenkin vähitellen murentua, kun Trishin aviomies Bill (**Dylan Baker**) alkaa toteuttaa pedofiilin taipumuksiaan käytännössä, käyttäen hyväkseen 11-vuotiaan poikansa koulukavereita. Outoa henkilögalleriaa täydentää vielä **Philip Seymour Hoffmanin** yksinäinen huohotuspuheluidensa tahtiin masturboiva erakko, sekä Jordanin siskosten erilleen muuttoa hautovat, eläkeikäiset vanhemmat (**Ben Gazzara** ja **Louise Lasser**).

Kaikille näille henkilöhahmoille on heidän outoksistaan riippumatta yhteistä se, että he pyrkivät tavoittelemaan onnea, tai ainakin ylläpitämään onnellisuuden kulisseja. Solondzin taito on saada heidät tuntumaan aidoilta ja heidän motiivinsa ymmärrettäviltä (vaikkakin osassa tapauksista kaikkea muuta kuin hyväksyttäviltä). Kaksi tuntia ja 20 minuuttia menee tämän henkilögallerian parissa kuin siivillä.

Happiness ei ole ihan kaikkien yleisöjen elokuva, mutta niille jotka kestävät provosoivia aiheita se tarjoaa upean katselukokemuksen.

ELECTION
USA 1999
Ohjaus: Alexander Payne
Pääosissa: Matthew Broderick,
Reese Witherspoon, Chris Klein
Katsottu: 25.8.2024
Formaatti: 4K Ultra HD

10

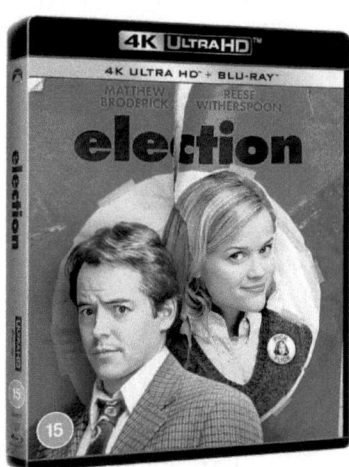

Alexander Payne on jo pitkään ollut yksi persoonallisimmista amerikkalaisohjaajista, joka kuitenkin työskentelee harvakseltaan. Hänen tätä kirjoitettaessa viimeisin ohjaustyönsä *The Holdovers* (2023) sai vastikään Oscar-huomiotakin, mutta ei kuulu mielestäni hänen parhaisiin töihinsä.

Vuoden 1999 *Election* oli Paynen järjestyksessä toinen pitkä elokuva. Hänen debyyttinsä *Citizen Ruth* (1996) oli vielä varsin vaatimaton suoritus, mutta *Election* käynnisti hänen todellisen huippukautensa, jonka aikana hän ohjasi neljä kymmenen pisteen mestariteosta peräkkäin. Nuo muut kympin suoritukset ovat *About Schmidt* (2002), *Sideways* (2004) ja *The Descendants* (2011).

Election on Paynen elokuvista järjestyksessä toinen, josta saatiin tarjolle 4K UHD, varsin pian *The Holdoversin* jälkeen. Näin *Electionin* aikanaan hänen elokuvistaan ensimmäisenä, ollessani lomamatkalla Kanadan Montréalissa kesäkuun alussa 1999. Tuolloin elokuvan ensi-illasta oli kulunut jo puolitoista kuukautta, joten se oli päätynyt yhteen sikäläisellä ostarilla sijaitsevan Famous Players -teatteriketjun pienemmistä saleista. Kokemus oli silti maaginen. Tällaista moderni elokuva voi olla parhaimmillaan, älykästä ja hauskaa.

Payne on kirjoittanut parhaat elokuvansa yhdessä **Jim Taylorin** kanssa. *Election* perustuu **Tom Perrottan** kirjaan, josta dynaaminen duo on loihtinut aivan upean käsikirjoituksen. Parhaat työnsä tämä kaksikko onkin loihtinut nimenomaan romaanien pohjalta: *About Schmidt* pohjautui **Louis Begleyn** ja *Sideways* **Rex Pickettin** kirjaan.

Tarinan päähenkilö on pienen nebraskalaisen high schoolin opettaja Jim McAllister (**Matthew Broderick**), jonka ihon alle pääsee äärimmäisen pyrkyrimäinen oppilas Tracy Flick (**Reese Witherspoon**) yrittäessään tulla valituksi koulun oppilaskunnan puheenjohtajaksi. Katsojakin pystyy lyhyessä ajassa tunnistamaan tyypin: Tracy on näennäisesti viaton huipputason oppilas, jonka pinnan alta löytyy pelkästään voittoihin pyrkivä ja niiden saavuttamiseksi kenet hyvänsä häikäilemättä alleen polkeva sosiopaatti.

McAllisterin pinna katkeaa lopullisesti, kun hänen hyvä ystävänsä ja kollegansa joutuu häpeällisesti eroamaan työstään, menettäen siinä sivussa myös vaimonsa ja kotinsa, jäätyään kiinni suhteesta Tracyyn. Hän ryhtyy tarkoituksella asettelemaan kapuloita kunnianhimoisen tytön rattaisiin hankkimalla tälle varteenotettavia vastustajia puheenjohtajavaaliin ja toimimaan sen jälkeen vieläkin äärimmäisemmin keinoin.

Payne tarkastelee high schoolia koko yhteiskunnan pienoismallina ja tekee osuvia, ääneen naurattavia havaintoja siitä miten yksilöt siinä toimivat. Tracy Flickin kaltaisia häikäilemättömiä pyrkyreitä vastaan voi aina yrittää taistella, mutta pystyykö tavallinen opettaja oikeasti saamaan aikaan minkäänlaista muutosta? Vai onko luonnonlaki, että yhteiskunnan näköalapaikoille ylletään pelkästään röyhkeydellä ja muiden polkemisella?

Upean elokuvan 4K-julkaisu on kaikin puolin tyydyttävää tasoa. Ei referenssitasoa mutta ei häiritsevän puutteellinenkaan.

SOUTH PARK: BIGGER, LONGER & UNCUT
USA 1999
Ohjaus: Trey Parker
Ääniosissa: Trey Parker, Matt Stone, Mary Kay Bergman
Katsottu: 29.7.2024
Formaatti: 4K Ultra HD

10

Erittäin pitkäikäiseksi osoittautunut animaatiokomediasarja *South Park* debytoi vuonna 1997. Kaksi vuotta myöhemmin, kun sitä oli esitetty kaksi kokonaista tuotantokautta, vuorossa oli elokuvaversio. *South Park: Bigger, Longer & Uncut* perustuu siinä määrin televisiossa nähtyihin episodeihin, että olisi suositeltavaa katsoa nuo mainitut ensimmäiset tuotantokaudet ennen elokuvaa. Sillä tavoin siitä olisi helpompi saada kaikki irti.

Alkuaikojen *South Parkin* jatkuva kiroilu oli tuon ajan televisiontekijöille ja varmaan amerikkalaisille yleisöillekin liikaa, joten kaikki tuhmat sanat peitettiin piippausäänellä. Sarjan luojat **Trey Parker** ja **Matt Stone** saivat tästä aiheen pitkään elokuvaan: mitä kauheuksia voisikaan tapahtua, jos amerikkalaiset *eivät* sensuroisi televisiosarjojensa tuhmia sanoja?

Tämä idea johti melkoiseen kiroiluilotulitukseen. *South Park: Bigger, Longer & Uncut* kestää vain 81 minuuttia, mutta tuohon kestoon se on onnistunut ahtamaan päätähuimaavat 399 fuck-sanaa, mikä oli valmistumisajan uusi maailmanennätys. Myöhemmin kaksikko kertoi tehneensä elokuvaversiosta niin äärimmäisen, koska kuvitteli sarjan tulevan kahden kauden jälkeen lopetettavaksi, ja halunneen sitä ennen antaa todella kaikkensa.

Nyt ei todellakaan olla enää televisiossa. Kyseessä on teatterilevitykseen tehty elokuva, joten kiroilua ei ole enää pakko peitellä piippauksin. Amerikkalainen ikärajavalvontaelin MPAA voi vain asettaa teokselle ikärajamerkinnän R (Restricted), mikä tarkoittaa ettei katsomoon päästetä alle 17-vuotiaita ellei näiden seurassa ole aikuisia.

Tarina käynnistyykin juuri tällaisesta tilanteesta. Cartman, Stan, Kyle ja Kenny haluaisivat mennä katsomaan kanadalaisen koomikkopari Terrance & Phillipin uuden elokuvan (nimeltä *Asses of Fire,* sen nimisen elokuvan minäkin haluaisin nähdä), mutta se on saanut R-ikärajan. Pojat lahjovat kodittoman pummin ostamaan heille liput ja pian tämän jälkeen heidän kuullaan toistavan koulun pihalla sekä myös luokassa täysin painokelvotonta sanastoa.

Asia herättää heidän opettajiensa, vanhempiensa ynnä muiden moraalinvartijoiden huomion. Jos elokuva opettaa nuorison kiroilemaan karmivin sanankääntein, sitä vastaan on tietenkin taisteltava. Koska elokuvien kieltäminen on Amerikassa paljon vieraampi ajatus kuin Euroopassa, tuo taistelu kohdistuu vain niiden tekijöihin.

Kylen kovaääninen äiti astuu innokkaasti moraalisesti parempien eturiviin taistelemaan kanadalaisia vastaan, mikä johtaa hätkähdyttävään tilanteeseen kun Terrance ja Phillip vangitaan ja uhataan teloittaa. USA:n sota Kanadaa vastaan alkaa näyttää väistämättömältä.

Jokainen elokuvanharrastaja, joka on aikanaan joutunut metsästämään suosikkejaan underground-piirien kautta ja tuskaillut sitä miten elokuvasensuuri tuhoaa taideteoksia, tunnistaa varmasti *South Parkin* tekijöiden allegorian. *Bigger, Longer & Uncut* on upea julistus taiteen vapauden puolesta puritaaneja ja ankeuttajia vastaan.

Kaikissa yhteiskunnissa on (vaihtelevan suuri) joukko taantumuksellisia konservatiiveja, joita kaikki uusi pelottaa. Heidän mielestään elämän pitäisi pysyä aina samanlaisena kuin "vanhoina hyvinä aikoina". Tässä ei vielä sinänsä ole mitään moitittavaa, mutta heille on harmittavan tyypillistä vaatia tätä samaa muuttumattomuutta myös ympäröivältä yhteiskunnalta sen sijaan, että he varjelisivat sitä vain omassa elämänpiirissään.

Tästä syntyy konflikti, kun uudistusmieliset ja liberaalit ihmiset, jollaisia esimerkiksi elokuvanharrastajat usein ovat, ottavat innolla ja positiivisella uteliaisuudella vastaan kaikki uudet asiat. Konservatiivit pyrkivät tukahduttamaan epäilyttäviksi kokemansa ilmiöt, liberaalit taas varjelemaan niitä. Tästä viime kädessä johtui myös 1980-luvun moraalinen paniikki kotivideoita vastaan meillä ja muualla.

South Park: Bigger, Longer & Uncut käsittelee tätä konfliktia täysin överiksi vedetyn tarinan puitteissa, mutta silti hyvin todenmukaisesti. Ei ole vaikea havaita, että myös Parker ja Stone ovat aikanaan olleet paitsi elokuvien, myös muun populäärikulttuurin faneja: sarjan kaksi ensimmäistä tuotantokautta ovat täynnä viittauksia siihen ja elokuva myös.

Miesten uskomattomin saavutus on, että vaikka animaation joka ikinen ratkaisu on äärimmilleen kärjistetty ja sen henkilöhahmot absurdeja karikatyyrejä, he onnistuvat välittämään katsojille sydämeenkäyvän vetoomuksen suvaitsevaisuuden puolesta. Elokuvan pakahduttavilla loppuhetkillä olen harvoin onnistunut pitämään silmäni kuivina, eikä se onnistunut tälläkään kertaa.

Bigger, Longer & Uncut poikkeaa tv-sarjan formaatista olemalla paitsi isompi, pidempi ja piippauksilla sensuroimaton, myös musikaali. Ensi alkuun laulujen sijoittaminen siihen tuntuu oudolta, mutta siihen tottuu nopeasti. Laulut ovat itse asiassa aika hyviä. *Blame Canada* oli jopa Oscar-ehdokkaana. Myös Saatanan tulkinta **Michael Boltonin** tyylisestä voimaballadista on unohtumaton.

Äänirooleissa kuullaan Parkerin, Stonen ja heidän vakioporukkansa ohella myös varsin tunnettuja näyttelijöitä, kuten **George Clooney**, Monty Pythonin **Eric Idle**, **Brent Spiner** ja **Minnie Driver**.

Elokuvan ansioksi pitää lukea vielä sen uskomattoman nopea ja älykäs konekivääridialogi, joka naurattaa elokuvahistorian loistavimpien komediaklassikoiden veroisesti. Vaikka jatkuva kiroilu ja kaikenlainen provosointi voi tuntua hieman lapselliselta, onnistuu *South Park* silti olemaan erittäin fiksu ja tarkkanäköinen nykytodellisuuden havainnoitsija, niin paradoksaaliselta kuin se ehkä kuulostaakin.

Omilla listoillani *South Park: Bigger, Longer & Uncut* on ilman muuta ainakin kaikkien aikojen paras musikaali. Se oli valmistumishetkellään myös kaikkien aikojen paras animaatio, mutta sittemmin sille tuli kyllä kova haastaja, kun *It's Such a Beautiful Day* valmistui vuonna 2012 (kts. CineActive 1). Valmistumisvuotensa 1999 paras elokuva se on ilman muuta, mikä onkin kova suoritus koska kyse on mahdollisesti kaikkien aikojen parhaasta elokuvavuodesta.

Kaikkien aikojen paras elokuva? Melkein. Täysin varmasti ainakin top 10:ssä.

4K-kuvanlaatu on vaatimatonta tasoa. Se oli oikeastaan odotettavissa, koska kuinka paljon melko niukasti yksityiskohtia sisältävä animaatio voi parantua jos se tarkennetaan perus-HD:stä 4K-tasolle? En havainnut oikeastaan mitään eroa, mutta toisaalta samanlaisia "4K-julkaisuja" minulla on hyllyssä ennestäänkin.

AMERICAN PIE
USA 1999
Ohjaus: Paul Weitz & Chris Weitz
Pääosissa: Jason Biggs, Chris Klein, Alyson Hannigan
Katsottu: 31.10.2024
Formaatti: 4K Ultra HD

9

American Pie -elokuvien sarja on tainnut saada maineen pelkästään härskeinä nuorisokomedioina. Useiden jatko-osien perusteella tuo maine on varmasti myös ansaittu. Mutta sarjan aivan ensimmäinen osa on paljon enemmän kuin millaiseksi koko sarjan maine sen pelkistäisi. Se on suorastaan sympaattinen elokuva ja kuuluu oman aikansa parhaimmistoon missä hyvänsä elokuvan lajityypissä.

Tutustumme joukkoon amerikkalaisen high schoolin viimeistä, senior-vuotta viettäviin poikiin ja tyttöihin. Ensiksi mainitut ovat aluksi tarinan keskiössä. Jim (**Jason Biggs**), Oz (**Chris Klein**, *Election),* Kevin (**Thomas Ian Nicholas**) ja Finch (**Eddie Kay Thomas**) alkavat käydä epätoivoisiksi: koulu loppuu kohta, ja heistä kukaan ei vieläkään ole saanut seksiä tytön kanssa. Näin siitäkin huolimatta, että Kevinillä on vakituinen tyttöystävä Vicky (**Tara Reid**). Eräiden yli yön kestäneiden bileiden jälkeen nelikko tekee juhlallisen sopimuksen. Heistä kaikkien on menetettävä poikuutensa ennen koulun päättäjäistanssiaisia (prom), tai viimeistään niiden jatkoilla. Tämän täyttämisen luulisi olevan helpointa Kevinille, jolla on jo tyttöystävä, mutta parin suhteeseen tulee ongelma väärällä hetkellä lausuttujen sanojen vuoksi. Kaikki päätyvät samalle viivalle.

Jim keksii ryhtyä harjoittelemaan tytön sormettamista ja unrated-versiossa myös panemista äitinsä paistamalla omenapiirakalla; Oz ystävystyy suloisen mutta hiukan pidättyvän kuorotyttö Heatherin (**Mena Suvari**, *American Beauty*) kanssa; Finch levittää koulussa juoruja siitä että hänellä on valtavan iso penis; ja Kevin yrittää saada Vickyn leppymään. Lisäksi Jimille tarjoutuu ainoalaatuinen tilaisuus saada eurooppalainen vaihto-oppilas Nadia (**Shannon Elizabeth**) riisuutumaan huoneessaan, minkä hän striimaa huonoin seurauksin suorana lähetyksenä nettiin.

American Pie on yksi julkaisuaikansa loistavimmista komedioista. Sen neronleimaus on aloittaa tavallisena, vaikkakin keskivertoa alun alkaenkin paremmin kirjoitettuna tuon lajityypin edustajana, ja syventää sittemmin henkilöhahmojaan ja näiden välisiä suhteita siten, että loppuvaiheissa näistä oikeasti välittää.

Pelkästään poikien toiveisiin ja epävarmuuksiin alussa keskittyvä elokuva ottaa sittemmin huomioon myös tyttöjen vastaavat tunteet. Vicky ja Heather tulevat yhtä lailla huomioiduiksi omine toiveineen. Äärimmäisen ärsyttävän Stiflerin (**Seann William Scott**) äveriäältä näyttävissä kotioloissa järjestettävien päättäjäistanssiaisten jatkojen aikana kaikki saavat ansionsa mukaan.

Loppupuolen suorastaa hellien ja romanttisten jaksojen aikana tuntuu kuin katsoja olisi kasvanut aikuiseksi yhdessä tekijöiden kanssa. Teinikomedian ei ole pakko olla ainoastaan härski; se voi myös kertoa jotakin oleellista nuoruuden kokemuksesta ja vastakkaiseen sukupuoleen kohdistuvien tunteiden haastavuudesta. Yhden pareista hellä hetki rannalla juhlien jälkeisenä aamuna saa suorastaan kyyneleet silmiin.

Eikä tässä vielä kaikki. Brittiläisen 88 Filmsin julkaisema 4K UHD on laadullisesti yksi parhaista mitä olen aikoihin nähnyt! Näin hyvältä elokuva näytti viimeksi korkeintaan teatterikierroksellaan, jos

edes silloin. Tässäkin suhteessa voidaan siis puhua erittäin suositelta-
vasta hankinnasta omaan hyllyyn.

THE GREEN MILE
USA 1999
Ohjaus: Frank Darabont
Pääosissa: Tom Hanks,
Michael Clarke Duncan,
David Morse
Katsottu: 5.4.2022
Formaatti: 4K Ultra HD

10

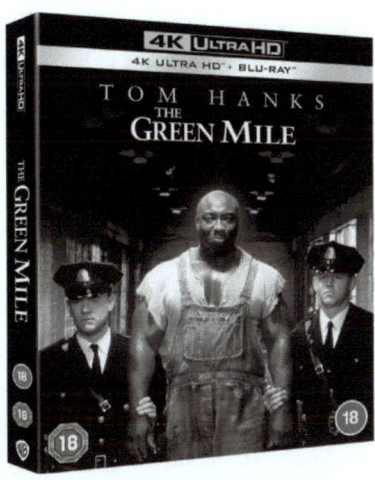

Ohjattuaan *The Shawshank Redemptionin* (kts. CineActive 1) **Frank
Darabont** jatkoi edelleen kauhun kuninkaan **Stephen Kingin** ai-
heen parissa. Tämä oli julkaissut vuonna 1996 kuusiosaisen kirjasar-
jan *The Green Mile,* jonka mm. minä luin läpi heti tuoreeltaan ja pidin
sitä kirjailijan parhaana teoksena tuolla vuosikymmenellä. Darabont
ohjasi elokuvaversion kolme vuotta myöhemmin.

Ohjaaja paneutui työhön niin yksityiskohtaisesti, että lopputulos
venähti jonkin matkaa yli kolmen tunnin mittaiseksi. Toisin kuin
edellisessä elokuvassaan, hän toisti Kingin tarinan tällä kertaa varsin
uskollisesti.

Elokuvan taustatapahtuma on kauhistuttava kaksoismurha 1930-
luvun Amerikan maaseudulla. Kaksi pikkutyttöä kaapataan öiseen
aikaan vanhemmiltaan ja löydetään etsintöjen jälkeen kuolleina, itke-
vän ja tuskissaan huutavan kookkaan mustan miehen käsivarsilta.
Tämä pidätetään, tuomitaan kaksoismurhasta kuolemaan ja lähete-
tään vankilaan odottamaan tuomion täytäntöönpanoa.

Kuolemanselliosaston vartiostoa johtaa Paul Edgecomb (**Tom
Hanks**) ja sen jäsenten rooleissa on tuttuja kasvoja kuten David
Morse *(Twelve Monkeys),* **Barry Pepper** *(Saving Private Ryan)* ja **Jeffrey
DeMunn** *(The Hitcher).* Jättikokoinen musta mies on John Coffey

(**Michael Clarke Duncan**) ja hän käyttäytyy täysin ennakko-odotusten vastaisesti puhuen hiljaisella, lempeällä äänellä ja peläten pimeää.

Vartiostoon kuuluu myös yksi iso mätämuna. Percy Wetmore (**Doug Hutchison**) on yksi elokuvahistorian limaisimmista lieroista, joka on hankkiutunut kuolemanselliosaston vartijaksi vain voidakseen itse teloittaa vangin. Kuolemantuomiot hoidetaan sähkötuolilla tarkasti harjoiteltua prosessia seuraten, ja Percy haluaa tilaisuuden päästä itse kääntämään tappavasta kahvasta.

Persoonallisuushäiriöisenä Percy aiheuttaa pelkästään harmia selliosastolla, jonka muut vartijat odottavat vain tilaisuutta päästä tästä eroon, mutta koska miehellä on suhteita ylemmäs, he eivät voi tehdä asialle mitään. Tämä on varmasti harmillisen tuttu tilanne monilla nykyajankin työpaikoista.

Vähitellen alkaa paljastua, että Coffey kykenee tekemään ihmeitä: parantamaan eläviä olentoja pelkästään koskettamalla näitä ja ikään kuin imemällä näitä vaivaavan sairauden pois heistä. Ei tarvitse olla kovinkaan päättelykykyinen tajutakseen ennen pitkää, ettei Coffey ollut suinkaan pikkutyttöjen surmaaja vaan yritti päinvastoin auttaa näitä samalla tavoin kuin hän nyt auttaa selliosaston asukkeja.

The Green Mile on hyvin tehtyä mainstream-elokuvaa kaikkein parhaimmillaan. Se on paikoin ehkä hieman ylisentimentaalinen, ylipitkä ja visuaaliset efektit Coffeyn parantamistöiden yhteydessä saattavat näyttää tosikkojen mielestä hölmöiltä. Mutta se tarkoittaa hyvää ja piirtää varsin todenmukaista kuvaa siitä, millaisia ihmiset voivat olla ja ovatkin toisilleen.

Frank Darabont ohjasi sittemmin vielä kolmannenkin ikimuistoisen Stephen King -elokuvan *The Mist* (2007, kts. CineActive 1). Se ei ollut ihan niin täysi kymppi kuin kaksi ensimmäistä, mutta erittäin hyvä toki sekin.

The Green Mile näyttää 4K UHD:nä oikein hyvältä: ei varsinaisesti mitään moitittavaa, vaikka ihan referenssitasolle ei yllettykään.

2000-LUKU

AMERICAN PSYCHO
USA 2000
Ohjaus: Mary Harron
Pääosissa: Christian Bale, Justin
Theroux, Josh Lucas
Katsottu: 18.10.2018
Formaatti: 4K Ultra HD

9

Lionsgaten julkaisema *American Psycho* 4K UHD julkaistiin jo useita vuosia sitten. Se kuuluu kokoelmani täydellisimpiin 4K-julkaisuihin. Elokuvan alkutekstien ollessa vielä ruudulla kuvanlaatu näytti tuottavan pettymyksen, mutta niiden loputtua se muuttui yhdellä iskulla aivan loistavaksi.

Bret Easton Ellisin samanniminen romaani julkaistiin alun perin vuonna 1991. Se sai tuolloin aikaan melkoisen hässäkän sisältämänsä ultraväkivallan vuoksi, josta teki erityisen paheksuttavaa se, että kirjoittaja oli jo tunnistettu yhdeksi sukupolvensa lahjakkaimmista. Eihän lahjakkuutta pitäisi tuhlata tällaiseen!

Kauhufanina olin tietenkin välittömästi erittäin utelias, tilasin kirjan ulkomaisesta nettikaupasta ja luin sen tuoreeltaan ennen kuin siitä ehdittiin julkaista suomennos. Tuntui suorastaan virkistävältä voida edes lukea jotakin täysin sensuroimatonta, kun kauhu- ja toimintaelokuvia kohdeltiin meillä noihin aikoihin todella julmasti.

Ajatus elokuvaversiosta näin äärimmäistä väkivaltaa sisältävästä romaanista tuntui hiukan epäuskottavalta – olin varma, että kirja latistuisi liikkuvina kuvina. Kiinnostus kuitenkin heräsi, kun tuli tieto David Cronenbergin osallisuudesta projektiin. Ehkä elokuvasta voisi sittenkin tulla jotakin!

Cronenberg jättäytyi kuitenkin projektista pois jo sen suunnitteluvaiheessa. Jos en ihan väärin muista, taisin lukea jostakin että hän olisi nimenomaan halunnut loiventaa kirjan väkivaltasisältöä. Sama vaivaa myös **Mary Harronin** lopulta ohjaamaa elokuvaa, ja se olikin ensimmäisellä katselulla tässä suhteessa pettymys. Uusintakatselujen kautta elokuvaa oppi kuitenkin arvostamaan: oleelliset asiat kirjasta siirtyivät kankaalle itse asiassa todella hyvin, vaikka ultraväkivalta pudotettiinkin siitä pois.

Näyttelijänä tunnetusti kameleonttimainen **Christian Bale** eläytyy täysillä newyorkilaisen psykopaattijuppi Patrick Batemanin rooliin. Tämä tekee kasapäin rahaa Wall Streetillä päiväsaikaan ja tappaa sekä toisinaan "vain" kiduttaa etupäässä naisia, öiseen aikaan. Muina harrastuksinaan hän kuuntelee musiikkia ihailleen etenkin Genesiksen banaalia *Invisible Touch* -vaihetta sekä jenkkiyhtyettä Huey Lewis & The News.

Meille ei koskaan näytetä, mitä Bateman tarkkaan ottaen tekee toimistolla. Kun hänen sihteerinsä (**Chloë Sevigny**) esimerkiksi tulee huoneeseen, hän saattaa selailla lehteä ja kuunnella musiikkia korvalappustereoista.

Batemanin kollegoiden joukosta erottuvat mm. siloposkisina ja viimeisen päälle sliipattuina **Justin Theroux** *(Mulholland Drive)*, **Josh Lucas** *(A Beautiful Mind)* ja **Jared Leto** *(Requiem for a Dream)*. Nämä eivät tee kokoushuoneessakaan varsinaisesti töitä, vaan keskittyvät vertailemaan sitä, kenellä heistä on hienoin käyntikortti.

Batemanin elämä kuvataan siis tyhjänä ja merkityksettömänä runsaasta rahantulosta huolimatta. Työ on tyhjää, musiikkimaku vielä tyhjempää, eikä miehen suorittamaa murhasarjaa tutkiva etsiväkään (Willem Dafoe) tunnu pääsevän puusta pitkään.

Elokuva kuvaa onnistuneesti kirjaa mukaillen 1980-luvun juppivuosikymmentä turhuuden huipentumana. Bateman ajautuu loppua kohden yhä absurdeimpiin tilanteisiin ja lopussa vihjataan, että kaikki nähty saattaisi ehkä olla vain hänen mielikuvitustaan. Ja merkissä hänen takanaan olevan oven yläpuolella lukee: THIS IS NOT AN EXIT.

•

Jos *American Psycho* kuuluu Lionsgaten 4K UHD -julkaisujen ehdottomaan eliittiin, niin samaa ei voi sanoa heidän niin ikään muutaman vuoden takaisesta julkaisustaan **Darren Aronofskyn** modernista klassikosta *Requiem for a Dream*. En suoraan sanoen huomannut mis-

REQUIEM FOR A
DREAM
USA 2000
Ohjaus: Darren Aronofsky
Pääosissa: Ellen Burstyn,
Jared Leto, Jennifer
Connelly
Katsottu: 24.11.2020
Formaatti: 4K Ultra HD

10

sään vaiheessa katsomista mitään mainittavaa eroa tavalliseen blu-rayhin, jollaisen jo ennestään omistin. Se oli todella sääli, sillä näin upea elokuva olisi ansainnut kovatasoisen 4K-versioinnin. Ehkä sellainen on vielä joskus tulossa.

Requiem for a Dream on Aronofskyn vasta toinen pitkä ohjaustyö. **Hubert Selby Jr:**n kirjaan perustuva elokuva sai ensisesityksensä Cannesin elokuvajuhlilla toukokuussa 2000 ja se kertoo New Yorkin Brooklynissä asuvista Sara ja Harry Goldfarbista; äidistä ja pojasta, joiden riippuvuudet päätyvät käytännössä tuhoamaan heidät.

Ellen Burstyn tekee elämänsä roolin televisiosta riippuvaisena Sarana, joka addiktoituu lopulta myös laihdutuslääkkeisiin odottaessaan kutsua suositun tv-ohjelman studioyleisöön, jonne päästessä on mahduttava vanhaan suosikkimekkoon. Jared Leto *(American Psycho)* on Harry, joka addiktoituu koviin huumeisiin yhdessä kaverinsa Tyronen (**Marlon Wayans**) kanssa. Samalle tielle päätyy ennen pitkää myös Harryn kaunis tyttöystävä Marion (**Jennifer Connelly**).

Aronofskyn tapa käyttää kuvaa erittäin nopeasti leikaten ja samojen kuvien liki pakonomaiseen toistoon (analogiana addiktiolle) tuntui jo tuoreeltaan uraauurtavalta. **Clint Mansellin** ja **Kronos Quartetin** musiikin käyttö on äärimmäisen tehokasta: hetkittäin jouset tuntuvat suorastaan hyökkäävän ääniraidalta katsojan kimppuun.

Addiktion selätettyä siitä kärsineen yksilön jälki ei ole kaunista. Sen tien päässä odottaa tuho, jota ilmentäessään etenkin Burstyn on ällistyttävä. Oli yksi 2000-luvun noloimmista hetkistä, kun vuoden 2001 Oscar-gaalassa parhaan naispääosan palkinto ojennettiin hänen sijastaan **Julia Robertsille.**

Sivurooleissa vilahtelee muista laatuelokuvista tuttuja kasvoja, kuten **Mark Margolis** *(Scarface),* Dylan Baker ja Louise Lasser (molemmat elokuvasta *Happiness).* Kirjailija Selby itse nähdään ilkeästi nauravana työleirin vartijana elokuvan loppupuolella.

BATTLE ROYALE
Japani 2000
Ohjaus: Kinji Fukasaku
Pääosissa: Tatsuya Fujiwara, Aki Maeda, Takeshi Kitano
Katsottu: 10.8.2021
Formaatti: 4K Ultra HD

9

Kinji Fukasakun ohjaama *Battle Royale* sai ensiesityksensä Tokion kansainvälisillä elokuvajuhlilla lokakuussa 2000, mutta kuuluisaksi se kasvoi vasta seuraavan vuoden puolella nostatettuaan kohua sisältönsä takia, jonkin verran myös kotimaansa ulkopuolella.

Japanissa eräät parlamentin jäsenet yrittivät aiemmin jopa kieltää **Kōshun Takamin** samannimisen romaanin (1999), johon elokuva perustuu. Kun elokuva sitten julkaistiin, he yrittivät kieltää senkin. Molemmat kieltohankkeet epäonnistuivat, päinvastoin luonnollisesti vain lisäten mielenkiintoa niin kirjaa kuin elokuvaakin kohtaan.

Battle Royale sijoittuu tulevaisuuden dystooppiseen Japaniin, jossa aikuiset ovat lopullisesti menettäneet otteensa nuorisosta. Ratkaisu kuulostaa hieman kaukaa haetulta, mutta näin se kuitenkin menee: kerran vuodessa yksi satunnaisesti valittu koululuokka kaapataan suljetulle saarelle ja pakotetaan taistelemaan toisiaan vastaan siihen saakka kunnes vain yksi on hengissä.

Tätä julmaa taistelupeliä kutsutaan nimellä Battle Royale. Suuri yleisö seuraa herkeämättä parin vuorokauden mittaiseksi venyvää show'ta reaaliajassa, ikään kuin kaikkien aikojen säälimättömintä tosi-tv-ohjelmaa.

Koska luokka on suuri, yli 30 oppilasta, tapettavia riittää paljon. Jokainen oppilas saa mukaansa yhden esineen, joka saattaa olla jotakin muutakin kuin ase, ja juoksee sen jälkeen etsimään sopivaa paikkaa itselleen metsäiseltä saarelta. Esimerkiksi sähköiskuja antavan tainnutusaseen, stun gunin saanut tyttö olisi tarvinnut lisäapuvälineekseen vedellä täytetyn ammeen, ennen kuin hänen aseensa olisi ollut tappava. Sillä mitä sattuu saamaan on kuitenkin tultava toimeen.

Osa nuorista lähtee peliin mukaan yrittäen tappaa muita ja selvitä itse hengissä. Osa liittoutuu ja yrittää keksiä keinoja selviytyä tappamatta tai tulematta tapetuksi. Tunnelmannostattajana kuvassa näkyy alaspäin juokseva laskuri, joka ilmaisee jäljellä olevien kilpailijoiden määrän aina kun heistä yksi tai useampi menettää henkensä. Lähestyttäessä yksinumeroisia lukuja elokuvan tunnelma alkaa oikeasti olla varsin kolkko.

Battle Royale seuraa eri yksilöitä ja ryhmiä ympäri saarta ja onnistuu hienosti tyypittelemään hahmot helposti tunnistettaviksi. Päähenkilöiksi kasvavat keskenään seurustelevat Shuya (**Tatsuya Fujiwara**) ja Noriko (**Aki Maeda**), jotka pyrkivät säilyttämään moraalinsa ääritilanteessa.

Monen koululaisen sisältä kuitenkin kuoriutuu tappohimoinen psykopaatti. Tällaisiksi osoittautuvat mm. vapaaehtoisena mukaan peliin tullut Kiriyama eli poika numero 6 (**Masanobu Andō**) sekä Mitsuko eli tyttö numero 11 (**Kō Shibasaki**). Tapot ovat paikoin erittäin verisiä ja pahimmat tyypit selviävät pitkälle. Tyttöä numero 13 näyttelevä **Chiaki Kuriyama** nähtiin sittemmin Quentin Tarantinon *Kill Bill vol. 1:ssä* (2003). Pelinjohtajana yrmyilee japanilaisen rikoselokuvan ikoni **Takeshi Kitano**.

Aihe kopioitiin sittemmin mainstreamiin *The Hunger Games* -elokuvasarjaksi, jossa verenroiske oli ymmärrettävästi hillitympää, pelin osanottajat hiukan vanhempia ja yleinen tunnelma kaiken kaikkiaan latteampi.

Arrow'n 4K UHD -julkaisun kuvanlaatu on ilmiömäinen. Miten ihmeessä elokuvasta onkin saatu näin hyvän näköinen? Projektorilla kankaalle heijastettu kookas kuva sai aikaan aidon tunteen siitä, että istuin elokuvateatterissa.

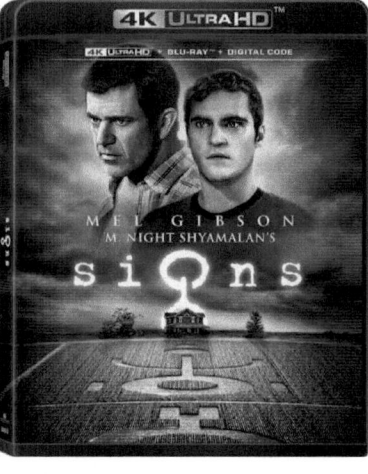

SIGNS
USA 2002
Ohjaus: M. Night Shyamalan
Pääosissa: Mel Gibson,
Joaquin Phoenix, Rory Culkin
Katsottu: 19.11.2024
Formaatti: 4K Ultra HD
7

Jättihitti *The Sixth Sensen* (1999) jälkeen **M. Night Shyamalan** oli Hollywoodissa muutaman vuoden ajan painonsa arvoinen kultaa. Vuoden 2002 *Signs* oli järjestyksessä toinen sitä seuranneista elokuvista, jotka pyrkivät herättämään yleisöjen kiinnostuksen hieman samantapaisia mysteeriaiheita kohtaan.

Mel Gibson on Graham Hess, Pennsylvanian maaseudulla asuva entinen pastori, joka on hiljattain menettänyt liikenneonnettomuudessa vaimonsa ja kahden pienen lapsensa äidin. Tämä tapahtuma on tuhonnut hänen uskonsa ja saanut hänet luopumaan paikkakunnan pastorin virasta. Tragedian jälkeen Grahamin nuorempi veli Merrill (**Joaquin Phoenix**) on muuttanut saman katon alle auttamaan käytännön asioissa.

Perheen maissipeltoon ilmestyy mystisiä kuvioita. Pimeän aikaan maatilan vaiheilla alkaa liikkua outoja olentoja. Televisiosta nähdään samanlaisten ilmiöiden yleistyvän ympäri maailmaa, erityisesti ohjaajan synnyinmaassa Intiassa. Onko maapallo joutunut avaruusolentojen hyökkäyksen kohteeksi? Siihen kaikki ainakin viittaa. Varsinaista taistelua ei käydä, mutta tiedustelutyötä alienit näyttävät tekevän.

Merkitsin *Signsille* kahdeksan pistettä heti nähtyäni sen ensimmäisen kerran uutena, enkä ole muuttanut tuota arviota uusintakatseluilla miksikään ennen kuin nyt. Shyamalan rakentaa peltokuvioihin ja avaruusolentoihin liittyvää mysteeriä niin esimerkillisen hyvin, että jos elokuvassa olisi kyse pelkästään siitä, voisin antaa vaikka ysin. Mutta tällä katselulla ymmärsin, miksi sen muut elementit vetävät sen pistelukua alaspäin sopimalla kokonaisuuteen heikommin kuin voisi toivoa.

Signsin idea käyttää surun tunteiden kanssa painiskelevaa tavallista, hiukan puutteellisesti toimivaa perheyhteisöä tarinansa keskiössä samalla kuin suuri maailmanlaajuinen uhka vaikuttaa siihen taustalla on sinänsä hyvä, mutta se tuo kokonaisuuteen mukanaan ongelmia.

Ensinnäkin Shyamalan upottaa tarinaansa falskin oloista sentimentaalisuutta, päällisin puolin ikään kuin siksi koska niin **Steven Spielberg** olisi myös tehnyt. Muistellaanpa nyt vaikkapa sitä pikkupoikaa *Kolmannen asteen yhteydessä*. Shyamalan ei kuitenkaan ole mikään Spielberg eikä ollut sitä edes huippuaikoinaan.

Epäaito sentimentaalisuus ja uskonkamppailun kuvaus kuitenkin vielä jotenkin menisivät, mutta liian moneen kohtaukseen upotettu vaivaannuttava "huumori" tekee elokuvalle oikeasti kipeää. Perheen aikuisetkin käyttäytyvät hetkittäin infantiilisti eivätkä koomiset kohtaukset ole toimivia, pikemminkin hölmöjä.

Kaikki kunnia komedialle sinänsä elokuvien osana, mutta kun tämän mysteeriaihe on näinkin hyvin rakennettu, komedia lyö sitä korville, keskeyttäen säännöllisesti vakuuttavan jännityksen kehittelyn. Olisiko ollut parempi keskittyä kunnolla *joko* scifi-mysteerin rakentamiseen *tai* komedia-aiheeseen sentimentaalisilla vivahteilla? Silloin lopputuloksesta ei ehkä olisi tullut näin epämuodostunutta. Tosin tuota komediaa en olisi välttämättä halunnut lainkaan nähdä.

Näin ollen, vaikka *Signs* on edelleen elokuvana kohtalaisen hyvä, se kuitenkin menettää pisteitä olemalla niin toivottoman eriparinen sisältönsä ja käsittelytapansa osalta. Potentiaalisesta ysistä valutaan siksi seiskaan.

Signsin lokakuun lopulla 2024 julkaistu amerikkalainen 4K UHD yllättää sisältämällä tekstityksen suomeksi! Kuvanlaatu on myöskin muuten oikein mainio, erittäin terävä ja selkeä, mutta valovoimaa siitä puuttuu samalla tavoin kuin muutamasta muustakin tässä kirjassa käsitellystä 4K-levyjulkaisusta. Himmeyden lisäksi myös värit ovat jääneet melko haaleiksi, minkä tosin pystyy korjailemaan kuvan säädöillä.

COLLATERAL
USA 2004
Ohjaus: Michael Mann
Pääosissa: Jamie Foxx, Tom
Cruise, Jada Pinkett
Katsottu: 21.12.2021
Formaatti: 4K Ultra HD

10

Michael Mannin pääteosta *Heat* (1995) pidetään rikoselokuvan modernina klassikkona. Mielestäni sen rinnalle voidaan nostaa täysin tasaveroiseen asemaan yhdeksän vuotta myöhemmin valmistunut *Collateral,* jossa Tom Cruise *(The Firm, Edge of Tomorrow)* näyttelee poikkeuksellisesti pahisroolia.

Jamie Foxx on Max, losangelesilainen taksikuski joka säästää itselleen pesämunaa voidakseen aikanaan perustaa oman limusiinipalvelun. Tosin hän vaikuttaa tavoitteensa suhteen aika saamattomalta, koska on tehnyt säästämistä jo vuosien ajan ilman minkäänlaisia näkyviä tuloksia.

Eräänä iltana hänen kyytiinsä astuu oikeusministeriön syyttäjänä toimiva kuvankaunis Annie (**Jada Pinkett**), johon hänen ajotaitonsa tekee ison vaikutuksen. Nainen antaa Maxille korttinsa mahdollista myöhempää yhteydenpitoa silmälläpitäen.

Seuraava kyyditettävä on hankalampi tapaus. Maxin ollessa jo lopettamassa vuoroaan takapenkille kiipeää Cruisen näyttelemä piinkova, hillityn ammattimaisesti käyttäytyvä palkkatappaja Vincent. Hänellä on lista osoitteita, joissa hänen on käytävä illan ja yön aikana ja hän tarjoaa Maxille tuntuvaa palkkiota tästä kiertoajelusta.

Maxille selviää jo varhaisessa vaiheessa, että Vincent on tappokierroksella ja hänestä tulee taksinsa ratissa käytännössä kyyditettävänsä panttivanki. Hän osaa myös laskea yhteen yksi plus yksi, arvaten olevansa melko varma viimeinen tapettava. Vincentin kierroksen päätepiste on puolestaan toimistorakennus, jossa Maxin äsken tapaama Annie työskentelee.

Collateral on loistavasti kirjoitettu jännityselokuva, jonka yllättävät käänteet lyövät ensikatselulla kuvaannollisesti ilmat pihalle ja tekevät suuren vaikutuksen vielä nyt myöhemminkin. Maxin öisen matkan jäljille pääsevät vähitellen myös kaupungin poliisivoimat, etunenässä **Mark Ruffalon** näyttelemä Fanning. **Javier Bardem** nähdään vaikuttavassa pikkuroolissa Vincentin toimeksiantajana. Sykkivää discomusiikkia soivassa yökerhossa tapahtuva vaanimiskohtaus on nykyelokuvan todellinen klassikko.

Mann kuvasi elokuvan kokonaan digitaalisilla kameroilla, jotka eivät vielä vuonna 2004 olleet erityisen laadukkaita, etenkään nykyisellä mittapuulla. Oli uraauurtavaa onnistua kuvaamaan Los Angelesin yönäkymiä niin että ne oikeasti erottuivat kuvissa, mutta kääntöpuolena oli varsin suttuinen kuvanlaatu.

Tästä johtuen 4K menee elokuvassa suurelta osin hukkaan, mutta julkaisu näytti kuvanlaatunsa puolesta kuitenkin niin laadukkaalta kuin se kuvaustapa huomioiden pystyi olemaan.

TEAM AMERICA:
WORLD POLICE
USA/Saksa 2004
Ohjaus: Trey Parker
Ääniosissa: Trey Parker, Matt Stone, Kristen Miller
Katsottu: 6.8.2024 & 18.9.2024
Formaatti: 4K Ultra HD

8

Vuonna 1997 alkanut, rääväsuisista pikkupojista kertova yhteiskunnallisesti satiirinen animaatiosarja *South Park* osoittautui pitkäikäiseksi ja sitä tehdään edelleen. Edellä käsitelty ensimmäinen ja edelleen viimeinen elokuvaversio *Bigger, Longer & Uncut* osoittautui mestarilliseksi. Mitä muuta Trey Parker ja Matt Stone keksisivät tuoda isolle kankaalle?

Vastaus tähän saatiin viisi vuotta tuon edellisen elokuvan jälkeen. *Team America: World Police* on ehkä vielä edeltäjäänsäkin rankemmin satiirinen nukkeanimaatio maailmanpoliiseina toimivasta, nimensä mukaisesti erittäin amerikkalaisesta iskuryhmästä, joka laittaa terroristit verisesti kuriin ympäri maailmaa sekä aiheuttaa siinä sivussa silmitöntä tuhoa itsekin.

Elokuva saatiin 4K UHD:lle Amerikassa kesäkuussa 2024 yhtä aikaa *South Park* -elokuvan kanssa. Erityisen mielenkiintoisen tästä julkaisusta tekee se, että siitä tuli ensi kertaa saataville myös unrated-versio. Se sisältää vihdoinkin leikkaamattomana sen pitkän seksikohtauksen, jota on aiemmin pystynyt katselemaan vain huonolla kuvanlaadulla epämääräisistä lähteistä peräisin olevista nettiklipeistä.

Team America esitellään meille johdantojaksossa, jossa se estää islamistien näköisten terroristien iskun Pariisiin, mutta tuhoaa siinä sivussa kaikki kaupungin keskeisimmät maamerkit. Lisäksi yksi ryhmän jäsenistä tulee terroristin ampumaksi ollessaan juuri kosimassa hehkeää Lisaa.

Tekeillä on valtava terrori-isku, jonka ennalta ehkäisemiseksi jonkun tulisi soluttautua terroristiryhmään. Kuka voisi onnistua vaarallisessa tehtävässä? Tietenkin näyttelijä, joka osaa tekeytyä fanaatikoksi. Team America hakee uudeksi jäsenekseen lahjakkaan Gary Johnstonin suoraan Broadwayn musikaalilavalta.

Gary ei koe terrorismin estämistä kutsumuksekseen, mutta suostuu lopulta vaaralliseen tehtävään. Miesystävänsä juuri menettänyt Lisa näyttää hänelle juuri sopivalta romanttiselta patnerilta. Kun islamistit ja tšetšeeniterroristit on saatu päästettyä päiviltä, tiimi kohtaa päävastustajansa, joksi osoittautuu Pohjois-Korean tuolloinen diktaattori Kim Jong-Il.

Gary ja Lisa löytävät sitä ennen toisensa samasta vuoteesta. Parin ensimmäinen rakastelu ei kuitenkaan tunnu kaikilta osin kovin romanttiselta, ja juuri sen kohdalta teatteriversiota aikanaan lyhennettiin. Kaksikko kokeilee ensin kaikkia mahdollisia ja paria mahdotontakin yhdyntäasentoa, sekä lopuksi vielä virtsaa ja ulostaa toisensa päälle.

Ei siis ihme, että Gary toteaa hurjastelun päätteeksi Lisan olevan täydellinen nainen! Harmi kyllä, unrated-versio on kotelossa ainoastaan blu-raynä: vain teatteriversio on saanut 4K -käsittelyn.

Team America: World Police jää selkeästi *South Parkia* vaatimattomammaksi vaikkakin toki silti hyväksi viihde-elokuvaksi. Vitsit eivät ole kaikin paikoin yhtä onnistuneita: monissa kohdin kirjoittamisen taso on suorastaan infantiili. *South Parkin* tavoin mukana on jälleen useita laulunumeroita, joista yksikään ei yllä edeltäjänsä vastaavien tasolle.

4K-kuvanlaatu on varsin hyvä, parempi kuin *South Parkissa.* Myös blu-ray on laadullisesti OK.

NABOER
Norja/Ruotsi/Tanska 2005
Ohjaus: Pål Sletaune
Pääosissa: Kristoffer Joner,
Cecilie A. Mosli, Julia Schacht
Katsottu: 26.9.2024
Formaatti: DVD

9

Naboer oli aikanaan ensimmäinen norjalaiselokuva 17 vuoteen, joka päädyttiin kieltämään alle 18-vuotiailta. Tämä ei tunnu lainkaan yllättävältä, sillä kyseessä on paikoin erittäin rajuotteinen psykotrilleri, joka sisältää selkeitä kauhuelokuvamaisia piirteitä.

Nähtyäni *Naboerin* aikoinaan teatterissa olin niin vaikuttunut, että päädyin tilaamaan sen DVD:nä Norjasta asti, ja tuon saman levyn katsoin myös nyt. Erikoista kyllä, norjalaiselle levylle on tallennettu tekstitys suomeksi, vaikka tietääkseni Nordisk Film ei tuonut sitä levitykseen Suomessa. Tämä olikin syy tilaukseeni, muutenhan en olisi tietenkään ymmärtänyt dialogista mitään.

John (**Kristoffer Joner**) on sympaattisen mutta hiukan apean oloinen, noin kolmekymppinen mies. Apeuden syyksi paljastuu heti elokuvan alussa se, että Johnin naisystävä Ingrid (**Anna Bache-Wiig**) on päättänyt jättää hänet. Ingrid on tullut hakemaan tavaroitaan parin aiemmin yhteisestä asunnosta samalla kun hänen uusi miehensä Åke (**Michael Nyqvist**) odottaa kadulla autossa. Syntyy sävyltään varsin katkeraa keskustelua.

Yksin asumaan jäänyt John huomaa saaneensa uusia naapureita. Oudon oloinen Anne (**Cecilie A. Mosli**) houkuttelee hänet seinän toiselle puolelle siirtämään isoa kaappia. Samalla kertaa John esitellään avoimesti seksuaalisuutta huokuvalle Kimille (**Julia Schacht**), joka saattaa ehkä olla Annen sisko. Kaapin siirto osoittautuu vain tekosyyksi saada John naapuriasuntoon, sillä pian viinipullo on jo auki.

Erikoislaatuisen naapuritutustumisen jälkeen varsinaiset tapahtumat käynnistyvät, kun Anne pyytää Johnin Kimin seuraksi naapuriasuntoon sillä välin kun on itse poissa. Syyksi tähän kerrotaan, että Kim pelkää olla yksin jouduttuaan aiemmin kolmen miehen raiskaamaksi omassa asunnossaan.

Tultuaan pitämään seuraa Kimille John huomaa kohta olevansa lukkojen takana oudon naisen seurassa ja keskustelut tämän kanssa muuttuvat alati kummallisemmiksi. Äkkiarvaamatta Kim läimäyttää Johnia avokämmenellä kasvoille, kahdestikin, ja siitä alkaa miehen hurja, ahdistava kujanjuoksu iltapäivän vieton muuttuessa veriseksi.

Ohjaaja Sletaune korostaa Johnin ahdistavaa tilannetta mahdottoman arkkitehtuurin avulla. Tavalliselta kerrostaloasunnolta ensin näyttänyt huoneisto tuntuu jatkuvan luonnottoman kauas tummaseinäisenä labyrinttinä äärimmäisen kapeine, mihinkään johtamattomine käytävineen.

Naboer on upeasti tehty, kiinnostava kauhujännäri: lajityypin todellinen muotovalio, jonka käänteitä seuraa herkeämättä. Sen väkivaltaiset kohtaukset saattavat säikäyttää herkimpiä. Kimin ja Johnin välisten kohtausten sisältämä seksuaalisen lataus on voimakas, vaikka juuri mitään ei oikeastaan näytetä. Elokuva on vain 72-minuuttisena myös varsin tiivis pakkaus.

Pohjoismainen DVD-julkaisu on laadultaan OK.

LAND OF THE DEAD
USA/Kanada/Ranska 2005
Ohjaus: George A. Romero
Pääosissa: Simon Baker, Dennis
Hopper, John Leguizamo
Katsottu: 19.11.2024
Formaatti: 4K Ultra HD

8

George A. Romeron alkuperäisen Dead-trilogian viimeisestä osasta *Day of the Dead* (käsitelty edellä) ehti kulua kokonaiset kaksi vuosikymmentä ennen kuin ohjaaja sai tilaisuuden tehdä sarjaan uuden elokuvan, vieläpä ihan kohtuullisen kokoisella budjetilla ja Hollywood-studio Universalin tuella.

Land of the Dead perustuu osittain *Day of the Deadin* alkuperäiseen käsikirjoitukseen, joka oli toteutunutta elokuvaa paljon suurimuotoisempi, ohjaajan itsensä sanoin ''Raiders of the Lost Ark with zombies''. Kronologisesti *Land* näyttää sijoittuvan jonnekin *Dawnin* ja *Dayn* välimaastoon: zombiet ovat vasta opettelemassa aseiden käyttöä *(Dawn)* mutta toisalta vallanneet jo maailman ja pakottaneet elävät ihmiset sulkeutumaan suljettuihin linnoituksiin *(Day)*.

Tarina sijoittuu niistä yhteen: Dennis Hopperin *(Blue Velvet, The Texas Chainsaw Massacre 2)* näyttelemä itsekäs porho Kaufman on perustanut eksklusiivisen asuinympäristön eliitille korkeaan saarella sijaitsevaan tornitaloon, jonka ympärille leviää köyhien asuinalue. Zombielaumoista sen erottaa tietenkin vesialue.

Yhteiskunnallinen allegoria ei siis ole kovin hienovarainen, mutta Romero saa kokonaisuuden toimimaan mallikkaasti taitavasti tyypitellyillä henkilöhahmoillaan. Keskushenkilöksi nousee Riley (**Simon Baker**). Tämä johtaa säännöllisesti zombien hallussa oleville alueille uskaltautuvaa iskuryhmää, joka hakee sieltä ihmisten yhteisöä hyödyttäviä tarvikkeita. Hänelle on kirjoitettu mainio sidekick Charlie

(**Robert Joy**), joka saa lausua monet elokuvan parhaista vuorosa-
noista.

Rileyn ryhmään kuuluu uhkarohkea, anarkistinen omien polku-
jensa kulkija Cholo (John Leguizamo, *Carlito's Way)*, joka pitää
tapanaan karata iskuryhmän retkillä omille teilleen hankkimaan
ylellisyystarvikkeita myydäkseen niitä parhaiten tarjoavalle sekä
lahjoakseen Kaufmania, jolta hän toivoo saavansa luvan muuttaa
tämän hallitsemaan edellä mainittuun kaikin puolin ylelliseen torni-
taloon.

Elokuvan tapahtumat pääsevät vauhtiin, kun Cholo vie erään
hankintaretken jälkeen Kaufmanille lahjoina paketin laadukkaita si-
kareita sekä laatikollisen "samppanjaa". Elokuvan tekijät eivät tunnu
tietävän kuohuviineistä mitään, sillä Cholon lahjukset ovat merkkiä
Henkell Trocken, joka ei ole samppanjaa. Lisäksi Cholo korkkaa yh-
den pulloista Kaufmania varten, eikä se kuohu yli vaikka se on ilmi-
selvästi lämmintä.

Nämä lahjukset annettuaan Cholo pyytää aivan suoraan pääsyä
Kaufmanin talon asukkaaksi ja tulee torjutuksi, selvästikin latinope-
rimänsä vuoksi. Kun Kaufman vielä tämän lisäksi pyytää vartijaansa
lopettamaan Cholon, tämä suuttuu todella: kamppailee itsensä va-
paaksi ja ryhtyy rakentamaan kostoa.

Tuo kosto rakentuu ison Dead Reckoningiksi nimetyn taistelure-
kan käyttöön: sen aseilla Cholo pystyy tuhomaan koko tornitalon, ja
uhkaa myös tehdä sen ellei saa viiden miljoonan dollarin korvausta
tähänastisesta. Elokuvan alkuperäinen työnimi olikin juuri *Dead
Reckoning,* mutta se muutettiin myöhemmin vanhastaan tutumpaan
muotoon "[jotain] *of the Dead".*

Riley lähetetään estämään Cholon suunnitelmia samaan aikaan
kun zombiet järjestäytyvät, opettelevat käyttämään aseita ja oivalta-
vat miten päästä kaupungin puolelle vesialue ohittaen. Elävien kuol-
leidenhan on helppo kulkea veden alla, koska niiden ei tarvitse hen-
gittää. Tosin joissakin tilanteissa ne saattavat joutua taistelemaan hai-
kalojen kanssa, mistä elokuvahistoria tuntee esimerkkejäkin.

Land of the Dead on vauhdikas, viihdyttävä ja katsomanani unra-
ted-versiona myös erittäin verinen zombie-eepos. Rileyn roolissa
nähtävä Simon Baker on kyllä näyttelijänä aika vaisu, ja **Asia Argen-
ton** rooli on aika melko turha. Romerolla on kuitenkin mitä ilmei-
simmin ollut elokuvaa tehdessään aivan yhtä hauskaa kuin *Dawnin* ja

Dayn aikoihin, ja lajityypin ystävä viihtynee lopputuloksen parissa hyvin.

Scream Factoryn Collector's Edition -nimikkeellä julkaistu elokuva sisältää unrated-version sekä 4K UHD:nä että blu-raynä, ja teatteriversion blu-raynä. 4K-kuva ei eroa laadullisesti mitenkään blu-raystä ja olisi sellaiseksikin keskinkertainen.

BROKEBACK MOUNTAIN
USA 2005
Ohjaus: Ang Lee
Pääosissa: Heath Ledger, Jake Gyllenhaal, Michelle Williams
Katsottu: 31.7.2024
Formaatti: 4K Ultra HD

10

Wyoming, 1963. Kaksi vähävaraista nuorta lännenmiestä etsii töitä kesäksi. Ennis Del Mar (**Heath Ledger**) aikoo mennä myöhemmin syksyllä naimisiin Alman (**Michelle Williams**) kanssa. Jack Twist (**Jake Gyllenhaal**, *Source Code)* on poikamies, joka haluaa työpaikan mahdollisimman kaukana isästään, jota hän ei voi sietää.

Aguirre (**Randy Quaid**) palkkaa nuoret miehet lammaspaimeniksi jylhän Brokeback -vuoren rinteille. Heidän tehtävänsä on suojata valtavaa lammaslaumaa petoeläinten hyökkäyksiltä. Nämä ovat edellisenä vuonna verottaneet laumasta neljänneksen, mikä ei saa missään nimessä toistua.

Parhaasta kuvauksesta Oscarilla palkitun **Rodrigo Prieton** maisemamaalailu miltei salpaa hengen miesten ratsastaessa lampaineen Brokebackin rinteille. Kun vähän aikaa on kulunut, kumpikaan ei kuitenkaan vaikuta kovin tyytyväiseltä työntekoon luonnon askeettisissa oloissa, vaikka maisemat ovatkin kauniita. Jälkeenpäin he silti muistavat tämän ajanjakson elämänsä onnellisimpana.

Ennis ja Jack nimittäin rakastuvat toisiinsa. Koko loppuelämänsä ajaksi. Ja näin ei saisi tapahtua. Miehiä ympäröivä 1960-luvun alkupuolen amerikkalainen yhteiskunta ei hyväksy homopareja millään tasolla, kaikkein vähiten tosimiesten kansoittamassa lännessä. Ennis tietää kertoa lapsuudestaan varoittavana esimerkkinä kokemuksen siitä, miten julmasti homoseksuaaliksi jo pelkästään epäilty cowboy oli hänen nuoruudessaan tapettu.

Millä tavoin Ennis ja Jack voisivat siis edistää romanssiaan? Eivät mitenkään. Ennis palaa kesän 1963 jälkeen takaisin Alman luokse ja menee tämän kanssa naimisiin tuon vuoden marraskuussa. Jack palaa vielä seuraavan vuoden kesällä tarkistamaan, olisiko Ennis tullut uudelleen Brokeback -vuorelle kesätöihin. Ei ole, eikä työtä ole enää tarjolla Jackillekään Aguirren huomattua miesten homouden ja suhtauduttua siihen erittäin nuivasti.

Brokeback Mountain on pohjimmiltaan tarina yhteiskunnan asettamien rajoitteiden vuoksi suurelta osin hukkaan menevistä elämistä. Ennis ja Jack olisivat kenties voineet olla onnellisia, jos heidän olisi ollut mahdollista päätyä yhteen. Meistä jokainen haaveilee elämästä rakastamansa ihmisen rinnalla; tästä tarinasta tekee sydäntäsärkevän tietoisuus siitä, että sen päähenkilöt ovat löytäneet tuon ihmisen, mutta rakkaustarina ei voi mitenkään toteutua ympäröivän yhteiskunnan asettamien rajoitusten takia.

Elokuvasta Oscarin voittanut ohjaaja **Ang Lee** tekee upeaa työtä kuvatessaan Ennisin ja Jackin elämiä omilla tahoillaan, saaden ajan kulumisen samalla selkeästi näkymään. 1960-luku kuluu loppuun, ja sitten myös 1970-luku miesten mennessä omilla tahoillaan naimisiin naisten kanssa toisiaan samaan aikaan kaivatessaan. Jackin vaimon Lureenin roolissa nähdään **Anne Hathaway**.

Tämänkertaisella katselulla panin merkille, ettei *Brokeback Mountainin* tarina ollut aivan niin pohjattoman surullinen kuin muistin. Ennis ja Jack eivät voineet saada toisiaan, mutta toisaalta heidän oli mahdollista tavata ja viettää sekä päiviä että öitä yhdessä – harvakseltaan, mutta kuitenkin säännöllisesti. Yhteisten kalastusretkiensä aikana heidän oli siten edes tilapäisesti mahdollista kokea sitä onnea ja läheisyyttä, jonka yhteiskunta on normaalioloissa varannut vain heteroseksuaaleille.

Brokeback Mountain voitti vuoden 2006 Oscar-gaalassa parhaan ohjauksen ja kuvauksen lisäksi palkinnon myös parhaasta musiikista

(**Gustavo Santaolalla**). Sen kärsimä tappio parhaan elokuvan sarjassa *Crashin* kaltaiselle kylläkin kohtalaisen hyvälle, mutta valmistumisvuotensa top 10:n ulkopuolelle ilman muuta sijoittuvalle teokselle oli aikanaan melkoinen yllätys ja hyvä muistutus Hollywoodia yhä vaivanneesta homofobiasta. Toki miesten välisen anaaliseksikohtauksen sisältävä elokuva ottaa tässä suhteessa tietoisen riskin.

Nykyajassa, jossa seksuaalivähemmistöjen oikeuksien puolestapuhuminen on muuttunut uudelleen kirosanaksi, elokuvan tekijät varmaankin joutuisivat jättimäisen vihapuhekampanjan kohteiksi somessa. Emme ole päässeet vieläkään kovin pitkälle 1960-luvun alkupuolen takapajuisista asenteista.

Kino Lorber on tehnyt 4K-julkaisun kanssa erinomaista työtä. Kuvanlaatu hipoo referenssitasoa, ja äänimiksauskin on ilmava.

UNITED 93
USA/Iso-Britannia/Ranska
2006
Ohjaus: Paul Greengrass
Pääosissa: Ben Sliney, James Fox, Trish Gates
Katsottu: 9.11.2024
Formaatti: Blu-ray

10

Britti **Paul Greengrassin** *United 93* valmistui verrattain pian syyskuun 11. päivän terrori-iskujen jälkeen ja on edelleen definitiivinen elokuvaversio aiheesta. Kohtalokkaan päivän lukuisia ihmiskohtaloita seuraavalla elokuvalla ei ole varsinaista päähenkilöä, vaan se seuraa tapahtumia lukuisista eri näkökulmista, kuten levyn mosaiikkimainen kansikuva antaa jo ymmärtää.

United 93 käynnistyy sen nimessä mainitun lennon kaappauksen toteuttavien terroristien hotellihuoneessa syyskuun 11. päivän 2001 aamulla tai aamuyöllä. Vakavailmeiset miehet rukoilevat tietäen kuolevansa muutaman tunnin kuluttua. Tästä edetään Bostonin lento-kentälle, jossa sekä matkustajat että matkustamohenkilökunta val-mistautuvat lentoon normaalin arkipäiväiseen tapaan. Lähi-idästä kotoisin olevat synkeät miehet sulautuvat joukkoon ilman, että hei-hin kiinnitetään huomiota.

Lentokentän tapahtumien lisäksi paljon aikaa annetaan myös lennonjohdolle. Useat oikeasti paikalla olleet ihmiset näyttelevät itse-ään. Heistä keskeisimpään rooliin nousee Yhdysvaltain lentoliiken-teestä vastaavan FAA:n operatiivinen johtaja **Ben Sliney**, joka on juuri saanut ylennyksen rooliinsa ja on siinä ensimmäistä päivää. Lentoliikenteen keskusvalvomon lisäksi myös yksittäisten lennon-johtojen henkilökunnassa on mukana oikeasti paikalla olleita.

Ei-näyttelijöiden käytön ohella Greengrass saa elokuvaansa vah-van dokumentaarisen tunnun kuvaamalla sen kokonaan käsivaralla ja käyttäen tarkoituksella hiukan rakeista kuvaa. Taitava leikkaus saa *United 93:n* etenemään kovalla vauhdilla mutta ei liikaa kiirehtien; kun sen katselun on aloittanut, on sen imuun jouduttuaan likimain mahdoton keskeyttää. On kuin katsoja seuraisi todellisia tapahtumia reaaliajassa.

United Airlinesin lento 93 viivästyy lähdössä puoli tuntia, mikä on sotkea terroristien suunnitelmat. Muiden kaapattujen koneiden osumat kohteisiinsa New Yorkissa ja Washingtonissa ehditään näh-dä ja niistä tiedetään, joten kun myös tämä lento kaapataan väkival-taisesti, matkustajat osaavat arvata mitä on suunniteltu tapahtuvan. Myös heidän on tarkoitus osua johonkin tärkeään maamerkkiin. Tieto siitä saa heidät yrittämään kapinaa, vaikka yhdellä kaappareista näyttääkin olevan pommi vyötäröllään.

United 93 on mestarillinen suoritus, huippuunsa viety jännäri, jota saa jännittää rystyset valkoisina vaikka tietääkin miten lopussa tapah-tuu. Paul Greengrass tunnetaan parhaiten Bourne -elokuvistaan, mutta hänen varsinainen mestariteoksensa on kuitenkin tässä. Sijoit-taisin sen koko 00-luvun elokuvatarjonnan top kolmeen yhdessä edellä käsitellyn *Brokeback Mountainin* sekä seuraavana vuorossa ole-van *The Prestigen* kanssa.

4K-julkaisua elokuvasta ei ole kuulunut, joten katsoin uudelleen elokuvan kotimaisen blu-ray -julkaisun. Katselupäivämääräksi osui puhtaasti sattumalta 9.11. Laadullisesti julkaisu on täysin OK.

THE PRESTIGE
USA/Iso-Britannia 2006
Ohjaus: Christopher Nolan
Pääosissa: Hugh Jackman,
Christian Bale, Scarlett Johansson
Katsottu: 10.11.2024
Formaatti: 4K Ultra HD

10

CineActive 1:n ainoa **Christopher Nolanin** elokuva oli *Tenet* (2020) ja koska en ole hänen elokuviaan kovin paljoa viime aikoina katsellut oli jälleen vaikeuksia saada hänet mukaan kirjaan. Lopulta valitsin isänpäivän klassikkouusinnaksi miehen mielestäni parhaan elokuvan *The Prestige,* niin saatiin jälleen edes yksi kiintiö-Nolan mukaan.

Tarkoitus ei suinkaan ole vähätellä, sillä Nolan on mielestäni erinomainen ohjaaja ja minulla onkin hänen kaikki muut elokuvansa levyinä hyllyssä paitsi debyytti *Following* (1998). Lisäksi kaikki muut on tullut vielä hankittua nimenomaan 4K UHD -julkaisuina, vain kaksi seuraavaa ohjausta *Memento* (2000) ja *Insomnia* (2002) poislukien, joista ei ainakaan toistaiseksi ole 4K-levyjä tullut saataville.

The Prestige oli aikanaan ikimuistoinen kokemus lehdistönäytöksessä, josta kirjoitin heti sen nähtyäni innostuneen viiden tähden arvion tuolloin päätoimittamaani Episodi -lehteen. Nolanin aiemmat ohjaustyöt eivät olleet vielä saaneet minua vakuuttuneeksi hänen neroudestaan, mutta tämä sen vihdoin teki.

Angier (**Hugh Jackman**) ja Borden (**Christian Bale**) hankkivat elantonsa taikuriesityksillä 1800-luvun lopun Lontoossa. Angier on enemmän showmies, Borden taas on tinkimättömämpi taikuuden laatuun liittyvien seikkojen suhteen. Kaksikko päätyy vihamiehiksi sen jälkeen, kun Angierin sievä vaimo Julia (**Piper Perabo**) menettää henkensä vaarallisessa tempussa Bordenin osittaisella myötävaikutuksella.

Entisistä kumppaneista tulee verivihollisia. Molemmat sabotoivat vuoron perään toistensa esityksiä yritäessään samalla kehittää ylivertaista taikatemppua. Ratkaisua päädytään lopulta hakemaan Amerikan Coloradosta, jossa asustava Nikola Tesla (**David Bowie**) pystyy auttamaan täysin ylivertaisen illuusion luomisessa – joka ei oikeastaan ole enää pelkkä illuusio vaan aivan aitoa magiaa.

Christopher Priestin kirjaan perustuva *The Prestige* on mielikuvitusta kutkuttavaa laatuviihdettä, joka onnistuu lopun käänteissä ällistyttämään tehden mahdottomalta näyttävästä mahdollista. **Scarlett Johansson** ja **Rebecca Hall** hehkuvat naisina kilpailevien taikurien elämässä. Lopun käänteitä voi olla melko vaikeaa arvata ensimmäisellä katselukerralla.

Harmi kyllä, *The Prestigen* 4K UHD -julkaisu ei yllä elokuvan sisällön tasolle vaikkei se nyt ihan huonokaan ole. Kuvan terävyys ja värikkyys ovat kohtalaisen hyvällä tasolla, mutta valovoimssa on hiukan puutetta ja kun sitä yrittää kompensoida lisäämällä valoisuutta, kuva muuttuu hiukan turhan harmaaksi. Parannus blu-rayhin ei ole kovin suuri, mutta kuitenkin havaittavissa.

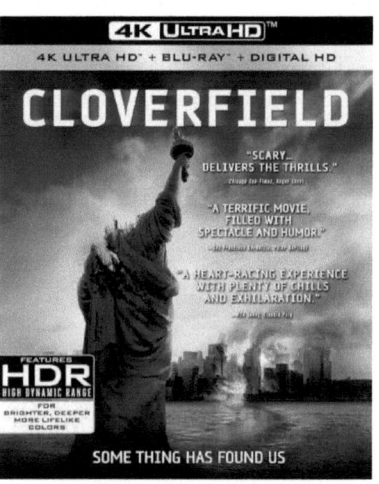

CLOVERFIELD
USA 2008
Ohjaus: Matt Reeves
Pääosissa: Mike Vogel, Jessica Lucas, Lizzy Caplan
Katsottu: 15.5.2022
Formaatti: 4K Ultra HD

10

Matt Reevesin nokkela *Cloverfield* on se elokuva, joka **Roland Emmerichin** kymmenen vuotta aiemmin julkaistun *Godzillan* olisi pitänyt olla, mutta mitä se ei totisesti ollut. Edellä käsitellyn *Collateralin* tavoin myös se on suurelta osin kuvattu aikakautensa laadultaan vaatimattomilla videokameroilla, joten 4K-päivitys on tavallaan turha, mutta sen elokuvan tavoin tämäkin näyttää nyt niin hyvältä kuin se ylipäänsä voi näyttää.

Jessica Lucas (vuoden 2013 *Evil Dead,* kts. CineActive 1) ja **Mike Vogel** (vuoden 2003 *The Texas Chainsaw Massacre)* ovat keskeiset henkilöt suuremmassa nuorten aikuisten joukossa, joka on bilettämässä myöhään illalla eräässä yksityisasunnossa New Yorkissa, kun tapahtuu jotakin pelottavaa. Tuntematon, valtavan kokoinen olio ilmestyy paikalle jostakin ja alkaa silmittömästi tuhota kaupunkia asukkaineen.

Godzillan lisäksi *Cloverfield* tuo muistumia syyskuun 11. päivän terrori-iskuista, joista oli elokuvan tekoaikaan kulunut vasta muutama vuosi. New Yorkia kohtaa äkillinen, selittämätön hyökkäys joka on riittävän voimakas pystyäkseen tuhoamaan kaupungin maamerkkejä.

Nuoret lähtevät paniikissa etsimään turvaa. Yhdellä heistä on videokamera, jolla hän taltioi tapahtumia parhaansa mukaan. Maailmanlopun näkymien katsominen monin paikoin epäselvästä ja heiluvasta videokuvasta tuottaa hienon kontrastin: kuvaustekniikka on halpaa, mutta kuvassa nähtävät efektit komeasti tehtyjä.

Tarina kelautuu auki *found footage* -periaatteella: se esitetään meille ikään kuin salaiseksi luokiteltuna Yhdysvaltain armeijan videotallenteena, jonka sotilaat ovat poimineet talteen jostakin päin New Yorkin katuja sen jälkeen kun tilanne on tavalla tai toisella ollut ohi.

Cloverfieldissä tehdään erittäin toimiva ja tehokas ratkaisu jättäen kaupunkiin hyökkäävän hirviön näyttäminen kokonaan vasta aivan loppumetreille, jolloin mysteeri säilyy läpi elokuvan kestoajan. Alkupuolella näemme siitä vain muutamia osittaisia vilahduksia. Kun olio lopulta näytetään kokonaan, se osoittautuu todelliseksi painajaisten materiaaliksi: vaikea sanoa, onko se peräisin avaruudesta vai kokonaan toisesta ulottuvuudesta. Maan päältä ei missään nimessä.

Elokuvan tekijöiden neronleimaus on ollut tehdä nuorten pakomatkalla kuvaukseen käyttämästä videokasetista jo aiemmin käytetty, jolloin New Yorkin katastrofista kuvattu materiaali katkeaa siellä täällä näyttämään sen alle peittynyttä iloista ja vähän romanttistakin kuvamateriaalia yhteisestä päivästä huvipuistossa. Vasta lopussa paljastuu, miksi tämä on niin hieno idea.

Käsikirjoittaja **Drew Goddard** tunnetaan myös kahdesta ohjaustyöstään *The Cabin in the Woods* (2011) ja *Bad Times at the El Royale*

(2018), jotka molemmat hän tietysti myös kirjoitti *(Cabinin* yhdessä **Joss Whedonin** kanssa), ja jotka pyrin käsittelemään lähiaikojen CineActive -kirjoissa, mahdollisesti jo seuraavassa.

Noiden kahden ohjauksensa lisäksi Goddard on kirjoittanut paljon tv-sarjoja (mm. *Buffy the Vampire Slayer, Alias, Lost* ja *Daredevil)* sekä elokuvat *World War Z* (2013) ja *The Martian* (2015).

THE STRANGERS
USA 2008
Ohjaus: Bryan Bertino
Pääosissa: Liv Tyler, Scott
Speedman, Glenn Howerton
Katsottu: 9.10.2024
Formaatti: 4K Ultra HD

8

Bryan Bertinon ohjaama alkuperäinen *The Strangers* on tyly kauhuelokuva puolentoista vuosikymmenen takaa. Se tuntui jo jääneen unohduksiin ennen kuin se sai ensin vuosikymmenen viiveellä jatko-osan *The Strangers: Prey at Night* (2018) ja sen jälkeen tuli vielä tieto, että **Renny Harlin** tekee aiheesta kokonaisen uuden trilogian. Sekä *Prey at Night* että Harlinin trilogian ensimmäinen osa käydään myös läpi jäljempänä tässä kirjassa.

Alkuperäinen *The Strangers* tapahtuu lähes kokonaan aamuyön pimeydessä ja alkaa tilanteesta, jossa nuorehkot aikuiset Kristen (**Liv Tyler**) ja James (**Scott Speedman**) palaavat viimeksi mainitun huvilalle vietettyään railakkaan illan ja alkuyön ystäviensä hääjuhlassa. Tunnelma ei ole ankea pelkästään laskuhumalan vuoksi, vaan myös siksi, että James on vuorostaan kosinut juhlissa Kristeniä, joka on tämän pettymykseksi kieltäytynyt tarjotusta sormuksesta.

Edelleen juhlavaatteissa olevalle pariskunnalle rilanteesta tekee vielä nolomman se, että James on salaa kattanut heille pöydän ruusun terälehtineen ja samppanjapulloineen Kristenin oletetun kyllävastauksen juhlistamiseksi. Nyt kello on neljä aamuyöllä, ja vaikka James toki avaa samppanjapullon, sitä ei vaivauduta kaatamaan laseihin, vaan juodaan suoraan pullon suusta hiljaisuuden vallitessa.

Tilanne häiriintyy, kun outo naishenkilö ilmaantuu paukuttamaan huvilan ulko-ovea ja kyselemään Tamarasta. Koputtajan kasvoja ei nähdä, koska tämä on kiertänyt kuistin valon pois päältä. Tämä näyttää poistuvan, mutta asia ei tietysti jää siihen. Kun James poistuu paikalta hakeakseen Kristenille lisää savukkeita, tämä jää yksin jolloin koputtelu jatkuu.

Kauhu alkaa tilanteesta, joka nähdään levyn kansikuvassa: aavemainen, naamioitu hahmo on onnistunut tunkeutumaan huvilan sisäpuolelle asti ja tarkkailee Kristeniä kauempaa ilman, että tämä huomaa mitään poikkeuksellista. Jamesin palattua tilanne vain pahenee ja pariskunta ymmärtää pian taistelevansa hengestään. Salaperäisiä naamioitua hyökkääjiä on kolme, ja heidän tarkoituksensa on ensin piinata ja sen jälkeen tappaa huvilan asukkaat.

The Strangers on tehokas, jäätävän kylmä kauhutrilleri, jollaisia ei sen tekoaikana tehty Amerikassa paljoakaan. Huvilan ulkopuolelta tuleva uhka on selittämätön mutta yhtä kaikki kuolemanvaarallinen. Naamioitujen hyökkääjien motiivia ei juurikaan valaista, mikä tavallaan tekee heidän muodostamastaan uhkasta vielä kauhistavamman.

Scream Factoryn 4K UHD on laadullisesti melkein surkuhupaisaa tasoa. Missään vaiheessa elokuvaa ei erota vähäisintäkään eroa aivan tavalliseen blu-ray -julkaisuun. Koska minulla oli jo ennestään sellainen hyllyssä, vieläpä nimenomaan samana unrated-versiona (alkuperäinen teatteriversio on hiukan lyhyempi), en nähnyt mitään syytä säilyttää tätä julkaisua hyllyssä ja ehdinkin myydä sen pois jo ennen kuin ehdin kirjoittaa edes tätä arvostelua valmiiksi.

•

Adam on yllättäjä: romanttinen draama, jolla on oikeasti jotakin sanottavaa. Myönnän, että ryhdyin katsomaan elokuvaa hiukan epäillen, mutta se voitti minut lopulta puolelleen jo hyvissä ajoin ennen lopputekstejä.

Draaman nimihenkilö Adam (**Hugh Dancy**) on sosiaalisesti hiukan jäykän oloinen, nuorehko elektroniikkainsinööri joka asuu ja

ADAM
USA 2009
Ohjaus: Max Mayer
Pääosissa: Rose Byrne, Hugh
Dancy, Peter Gallagher
Katsottu: 22.9.2024
Formaatti: Disney+ (HD)

Adam

7

työskentelee New Yorkissa. Hänen isänsä on juuri kuollut ja hän on jäänyt yksin asumaan kalliin näköiseen, tilavaan asuntoon jonka hän on aiemmin jakanut tämän kanssa.

Talon pesutuvassa Adam törmää vastikään alakertaan muuttaneeseen Bethiin (ihana **Rose Byrne**). Kaksikko tutustuu toisiinsa kohdaten säännöllisesti uudelleen ja lopulta Beth alkaa varovaisesti kiinnostua komeasta naapuristaan romanttisessa mielessä.

Mutta miksi tämä on niin kömpelö sosiaalisissa tilanteissa? Asia selviää lopulta: Adam kärsii Asperger-oireyhtymästä eikä kykene sen takia tunnistamaan muiden ihmisten tunteita. Mikäli Beth haluaa jatkaa tutustumistaan mieheen, odotettavissa on haastavia tilanteita. Adam ei esimerkiksi osaa tunnustaa rakkauttaan vaikka hän kokisi sitä tuntevansa. Tilanne muuttuu entistäkin haastavammaksi, kun Adam irtisanotaan työpaikastaan.

Adam onnistuu hienosti konkretisoimaan sen, millainen ominaisuus Asperger-oireyhtymä on ja millä tavoin tulla toimeen sellaisen ihmisen kanssa, jolla tuo ominaisuus on. Adamin ja Bethin suhde on kaukana ongelmattomasta, mutta kärsivällisyys ja molemminpuolinen oppiminen auttavat asiassa eteenpäin.

Epäsuhtaisen pariskunnan tarinaa täydentää sivujuoni Bethin liikemiehenä menestyneen isän (**Peter Gallagher**) odottamattomista haasteista lain kanssa. Bethin äidin roolissa nähdään **Amy Irving**

(Carrie, kts. CineActive 1). Vanhempien hyväksyntä vaikuttaa väistämättä myös tyttären ajatuksiin miesystävästään.

Tarinan loppu jää avoimeksi hieman hämmentävällä tavalla, mutta siitäkin huolimatta katselukokemus on varsin palkitseva. Disney+ esittää elokuvan mukiinmenevällä HD-laadulla.

2010-LUKU

SOURCE CODE
USA/Kanada/Ranska/Saksa
2011
Ohjaus: Duncan Jones
Pääosissa: Jake Gyllenhaal,
Michelle Monaghan, Vera
Farmiga
Katsottu: 18.6.2024
Formaatti: 4K Ultra HD

8

Jake Gyllenhaal *(Brokeback Mountain)* on Afganistanissa helikopteri-
lentäjänä palvellut kapteeni Colter Stevens, joka havahtuu hereille
kohti Chicagoa kiitävässä junassa tietämättä missä hän on ja tunte-
matta ketään ympärillään olevista ihmisistä. Jopa hänen seurassaan
istuva sievä Christina (**Michelle Monaghan**) on täysin vieras.

Colterin hämmentävä tilanne jatkuu kahdeksan minuutin ajan,
minkä jälkeen juna tuhoutuu pommiräjähdyksessä. Seuraavaksi Col-
ter löytää itsensä oudosta suljetusta kapselista, jonka ikkunan ulko-
puolella häntä seuraa upseerin univormua käyttävä Goodwin (**Vera
Farmiga**). Ensin Colter lensi helikopteria Afganistanissa, sitten hän
siirtyi Chicagon junaan ja nyt tällaiseen tilanteeseen. Mistä kummasta
on kyse?

Pian selviää, että olemme murmelipäiväelokuvassa tyyliin *Ground-
hog Day* ja *Edge of Tomorrow*. Colter on joutunut aikaluuppiin, jossa
hänen tehtävänsä on selvittää kuka on vastuussa pommi-iskusta ju-
nassa, jossa hän matkustaa. Tai tarkkaan ottaen hän ei siellä matkus-
ta, mutta hän on päätynyt yhden matkustajista tietoisuuteen erittäin
scifi-henkisen juonen puitteissa.

Kuten usein käy, aikaluuppimysteeri imaisee vastustamattomasti
mukaansa. Tarinan sisältämät salaisuudet paljastuvat vähitellen, Col-
terin oppiessa toistuvilla yrityksillä toimimaan fiksummin käytössä
olevien kahdeksan minuutin aikana, ja katsoja oppii uutta samassa
tahdissa päähenkilön kanssa.

Elokuvan tarinassa on lopulta kaksi erillistä mysteeriä. Niistä ensimmäinen on ilmeisin: kuka on junan pommittaja ja miten Colterin on mahdollista jäljittää tämä, kun hän pystyy olemaan tämän kanssa samassa todellisuudessa vain kahdeksan minuuttia kerrallaan. Mutta toinen mysteeri on sitäkin arvoituksellisempi: missä Colter oikeasti on ja mikä on tämä outo tekniikka, joka mahdollistaa aikaluupin?

Molemmissa todellisuuksissa Colterin seurana on sympaattinen naishenkilö. Michelle Monaghan on totuttuun tapaansa valloittava ystävällisen mutta vähitellen Colterin käytöksestä huolestuvan Christinan roolissa. Vera Farmigasta huokuu myös empatiaa univormuun pukeutuneen naisupseerin roolissaan, kun Colterille alkaa vähitellen valjeta mitä junamatkan ulkopuolisessa todellisuudessa on tapahtunut.

Studio Canalin brittiläisen 4K UHD -julkaisun kuvanlaatu on yleisesti ottaen varsin hyvä. Hetkittäin kyllä tipahdetaan jopa HD-tason alapuolelle, mutta tällöin kyse on vain yksittäisistä otoista. Rakeisuutta on ajoittain melko paljon, mutta kuvan resoluutio on joka tapauksessa oikein hyvä ja miellyttävä silmälle.

MEGAN IS MISSING
USA 2011
Ohjaus: Michael Goi
Pääosissa: Amber Perkins,
Rachel Quinn, Dean Waite
Katsottu: 11.10.2024
Formaatti: Blu-ray

8

Extreme-kauhuelokuvasta *A Serbian Film* (2010, kts. CineActive 1) on tullut mittatikku lajityypin elokuvien äärimmäisyydelle. Aina, kun halutaan välittää kuva siitä, että elokuvan sisältö on todella törkeä ja äärimmäinen, sitä vertaillaan *A Serbian Filmiin*. Hyvänä esimerkkinä tästä käsittelemmekin hetken päästä kauhuelokuvan *Found* (2012). Aniharva elokuva kuitenkaan yltää oikeasti kipeydessä serbialais-elokuvan tasolle. **Michael Goin** ohjaama *Megan Is Missing* mielestäni yltää. Se tekee sen tosin aivan eri tavalla. *A Serbian Film* on shokee-raava tarkoituksella, *Megan Is Missing* taas mitä ilmeisimmin vahin-gossa. Sen ohjaajalla on omasta mielestään niin painavaa sanottavaa, että sitä sanoessaan hän menee tahattomasti kauas hyvän maun rajo-jen tuolle puolen.

Katsoin elokuvan tätä arviota varten kolmatta ja luultavasti viimeistä kertaa. Loppupuolella minulle tuli jopa hiukan huono olo, mikä on erittäin poikkeuksellista. En varsinaisesti suosittele *Megan Is Missingin* katsomista kenellekään, mutta jos joku sen silti katsoo, ke-hotan tarkkailemaan millä tavoin ohjaaja käyttää tuota levyn etukan-nessa oikealla taka-alalla näkyvää nallekarhua loppupuolen kohtauk-sissa, ja yrittämään olla voimatta pahoin.

Megan (**Rachel Quinn**) on pohjois-Hollywoodin vauraalla Sher-man Oaksin alueella asuva 14-vuotias teini. Hän on koulussa suosit-tu tyttö ja pitää parhaana ystävänään Amyä (**Amber Perkins**) siitä-kin huolimatta, että tätä melkein vihataan koulussa, koskapa hän on luonteeltaan ujo ja pidättyväinen. *Megan Is Missing* on found footage -elokuva, joka koostuu kaksikon jäljelle jääneistä videoista, joita he kuvaavat mielellään etenkin kun Amy on saanut vauraan oloisilta vanhemmiltaan lahjaksi HD-videokameran.

Elokuvan alku on rasittava ihan muista kuin edellä mainituista syistä. Meille näytetään tavallisten amerikkalaisteinien elämää, johon kuuluu armotonta bilettämistä, sekoilua, aivan hirveää musiikkia ja seksuaalisia kokeiluja. Viimeksi mainitut näyttävät oudosti olevan täysin poikien vallassa, toisin kuin oikeassa elämässä. Pojat voivat peräti vaatia tytöiltä pääsymaksun järjestämiinsä bileisiin, ja jos näillä ei ole rahaa, maksuksi kelpaa suihinotto.

Suosittuna tyttönä Megan voi vaatia Amyn ottamista mukaan sillä uhalla, että jää muuten itse pois. Kun Amy juo liikaa ja oksentaa vieraiden päälle häntä vihataan vain entistä enemmän. Näin siitäkin huolimatta, että 14-vuotias Megan on lunastanut tämän paikan juh-lissa juurikin illan isäntänä toimivan pojan suihinotolla.

Megan on tässä nuoressa iässä jo seksuaalisesti varsin kokenut. Hänen isäpuolensa on raiskannut hänet ensi kertaa jo 9-vuotiaana, mistä hän kertoo Amylle ilman sen suurempia tunnekuohuja. Paljon pidemmin hän kuvailee kokemuksiaan ensimmäisestä suihinotostaan, johon 17-vuotias poika pakotti hänet kesäleirillä hänen ollessaan 10-vuotias. Kiltille Amylle tämä kaikki on vielä vierasta. Hän täyttää 14 vuotta vasta niinä päivinä joista elokuva kertoo.

Elokuva on jo melkein puolivälissä, ennen kuin sen varsinainen tarina käynnistyy. Megan tutustuu netissä skeittaaja Joshiin, joka juttelee mukavia ja vaikuttaa ainakin lähettämiensä kuvien perusteella sympaattiselta, suunnilleen tyttöjen ikäiseltä pojalta. Harmi kyllä, hänen web-kameransa on "rikki" eikä hän pysty näyttämään itseään livenä. Tästä huolimatta Megan lähtee luottavaisena tapaamaan tätä ja elokuvan nimen mukaisesti katoaa sen jälkeen jäljettömiin.

Michael Goi on suunnannut elokuvansa nimenomaan nuorille, tarkoituksenaan varoittaa näitä siitä, ettei netissä voi luottaa kehenkään. Seksuaaliset saalistajat ovat siellä etsimässä nimenomaan nuoria tyttöjä, jotka ovat vielä naiiveja ja herkkäuskoisia. Goilta on kuitenkin puuttunut aimo annos arvostelukykyä; hän on päättänyt, että paras tapa saavuttaa tuloksia on näyttää kuvissa ainakin viitteellisesti se, mitä voi kaikkein pahimmassa tapauksessa tapahtua.

Joudumme siis seuraamaan pitkiä, piinaavia kohtauksia joissa 14-vuotias tyttö joutuu aikuisen miehen uhriksi sanoinkuvaamattomilla tavoilla. Varmasti tämä toimi varoituksena, mutta elokuvan vastaanotto oli paikoin niin järkyttynyt, että Goi joutui jälkikäteen lisäämään nettiin sen katseluohjeita tyyliin: kun tulet tähän kohtaan, niin laita elokuva poikki tai katsele muualle, jos et halua nähdä jotakin todella järkyttävää.

Megan Is Missing vertautuu tässä suhteessa **Wes Cravenin** ensimmäiseen elokuvaan *The Last House on the Left* (1972). Craven oli debytoidessaan täysin kokematon tekijä eikä osannut arvioida kuinka häijy elokuva voi olla menemättä liian pitkälle. Niinpä hän yhdisti autuaan tietämättömänä brutaaleja raiskauskohtauksia melkein slapstickkomediallisiin aineksiin.

Cravenin elokuvan uhrit olivat kuitenkin edes aikuisen oloisia nuoria naisia, siinä missä Goin uhrit ovat 14-vuotiaita lapsia. Haluttu sanoma menee varmaankin perille, mutta paljon isommalla moukarilla kuin mitä ohjaaja taisi itsekään ymmärtää käyttäneensä. IMDb:n *parental guidance* -osiossa elokuva onkin vetänyt harvinaiset täydet pisteet olemalla räikeän punainen *severe* kaikissa kategorioissa: *sex &*

nudity; violence & gore; profanity; alcohol, drugs & smoking ja *frightening & intence scenes.* Tähän ei moni elokuva pysty!

Kuten *Megan Is Missingille* merkitsemäni 8 pistettä antavat ymmärtää, se on kyllä hyvin tehty ja äärimmäisen tehokas elokuva. Mutta samanaikaisesti sen jälkipuoliskon katselu tuntui jotenkin likaiselta, etenkin viimeisten 22 minuutin aikana. Väistämättä kävi mielessä, olenko sairas kun katson jotakin tällaista. Varmaan ainakin tekijät ovat olleet?

Goi on vakuutellut, että nuorten näyttelijöiden vanhemmat olivat paikalla kuvauksissa, joten näille ei aiheutunut niistä mitään isompia traumoja. Pisteet siis vanhemmille, toivottavasti he myös pääsivät kutsuvierasensi-iltaan näkemään lopputuloksen.

Amerikkalaisen blu-rayn kuvanlaadusta ei löydy moitteen sijaa.

FOUND
USA 2012
Ohjaus: Scott Schirmer
Pääosissa: Gavin Brown, Ethan
Philbeck, Phyllis Munro
Katsottu: 26.7.2024
Formaatti: Blu-ray

8

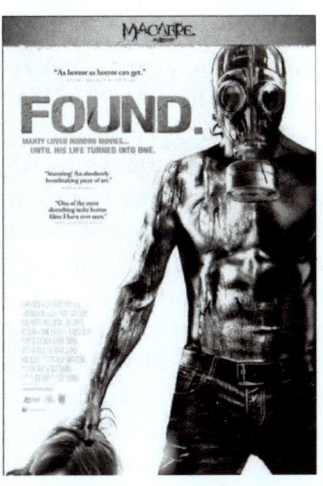

Marty (**Gavin Brown**) on pahasti koulukiusattu 12-vuotias poika. Hän on epävarma, ei uskalla antaa samalla mitalla takaisin, ja hänen harvalukuiset kaverinsakin epäröivät olla hänen kanssaan peläten leimautuvansa samanlaiseksi kouluyhteisön hylkiöksi. Marty osoittaa taiteellisia taipumuksia piirtäen sarjakuvia viimeisen kaverinsa Davidin kanssa.

Pojat katsovat yhdessä myös verisiä kauhuelokuvia, joita kohtaan Marty osoittaa aitoa kiinnostusta. Elokuvan tapahtuma-ajankohta on ilmeisesti 1990-luvun alkupuoli, päätellen siitä että elokuvat katsotaan VHS-vuokravideolta ja **Clive Barkerin** *Nightbreed* (1990) on jo saatavilla. Myös Martyn sotkuinen kampaus viittaa tähän maailman-aikaan. Katsottuaan aivan erityisen verisen ja sadistisen (keksityn) elokuvan nimeltä *Headless* Marty ja David riitaantuvat ja Marty jää lopulta täysin yksin. Kuinka arka poika selviää kokonaan ilman kavereita koulukiusaajien määrittelemässä maailmassa?

Vastaus tähän näyttää löytyvän odottamattomalta suunnalta. Martyn ilkeäilmeinen ja tunteettoman oloinen isoveli Steve on nimittäin sarjamurhaaja. Jo heti elokuvan aluksi Marty on löytänyt tämän huoneen komeroon piilotetusta kassista verentahriman irtopään.

Hän ei ole sanonut asiasta kenellekään mitään, mutta seurailee tilannetta löytäen kassista useita eri irtopäitä, joista valtaosa näyttää kuuluneen mustille naisille.

Kun Stevelle paljastuu Martyn kokema koulukiusaaminen, ei kestä kauan kun kassista löytyy hänen pahimman kiusaajansa irtopää. Voiko koulukiusaajista päästä eroon tällä tavoin? Marty tuntuu vain ahdistuvan lisää, etenkin kun hänen elämänsä alkaa nyt muistuttaa liikaa hänen suuresti rakastamiaan kauhuelokuvia.

Found perustuu **Todd Rigneyn** vuonna 2004 omakustanteena julkaisemaan romaaniin. Kirjallinen tausta on sen vahvuus, sillä henkilöhahmot ja motiivit ovat tarkasti mietittyjä ja dialogi toimii. Ohjaaja **Scott Schirmerillä** on myös selvästi visuaalista silmää. 2.35:1 -laajakangasformaatissa kuvattu elokuva näyttää hetkittäin komealta, vaikka hieman sumea italialainen blu-ray -toteutus sen loistoa himmentääkin. Lisäksi elokuva kuulostaa kuin tynnyrissä äänitetyltä.

Päädyin hankkimaan *Foundin,* koska joku satunnainen arvioitsija väitti netissä sen olevan vielä äärimmäisempi kauhuelokuva kuin *A Serbian Film.* Arvasin jo silloin, että väite olisi varmaan liioiteltu, ja niin totta kai olikin, mutta ostos ei silti jäänyt harmittamaan koska *Found* osoittautui erinomaiseksi kauhuelokuvaksi.

Poikien katsoman fiktiivisen slasher-elokuvan *Headless* osuudet ovat kyllä verisessä sadismissaan hyvin lähellä *A Serbian Filmin* tehoja, mutta kyseessä on kuitenkin vain yksittäinen jakso muuten voittopuolisesti draamakategoriaan osuvassa elokuvassa. Loppupuolella nähdään yltä päältä verentahriman tappajan erektio, mikä kohtaus elokuvan brittiversiosta on jouduttu sensuroimaan pois. Italialaisessa blu-rayssä se on luonnollisesti tallella.

Found on hieman amatöörimäisen vaikutelman itsestään antava erinomainen independent-kauhuelokuva, jonka soisi tulevan paremmin tunnetuksi. Romaaniin pohjautuminen ja vakavan teeman rehellinen käsittely nostaa sen selvästi keskiverto-gornon yläpuolelle. Italialaisesta julkaisusta löytyy myös tekstitys englanniksi.

Headless on sittemmin laajennettu parista tässä nähdystä sadistisesta murhakohtauksesta kokonaiseksi elokuvaksi. Se on julkaistu vuonna 2015 ja saanut etupäässä heikkoja arvioita.

THE COUNSELOR
USA/Iso-Britannia 2013
Ohjaus: Ridley Scott
Pääosissa: Michael Fassbender,
Brad Pitt, Cameron Diaz
Katsottu: 15.6.2024
Formaatti: Blu-ray

8

Yksi Hollywoodin todellisista työmyyristä, britti **Ridley Scott** teki uransa vihaisimman elokuvan vain vuotta sen jälkeen kun hänen ohjaajana tunnettu veljensä **Tony** oli tehnyt itsemurhan. Olen aina miettinyt, onko näillä asioilla jonkinlainen yhteys.

Sitä ei voi varmasti tietää, mutta *The Counselor* on joka tapauksessa nihilistisin elokuva, jonka olen koskaan nähnyt. Kotimainen blu-ray sisältää sekä elokuvan teatteriversion että pidennetyn unrated-version, joista tälläkin kertaa katsoin jälkimmäisen.

Nimettömäksi jäävä asianajaja (**Michael Fassbender**) nähdään ensi alkuun sängyssä syvästi rakastamansa Lauran (**Penélope Cruz**) kanssa. Pitkässä kohtauksessa annetaan ymmärtää, että pari on kiintynyt toisiinsa syvästi ja seksikin toimii erittäin hyvin.

Asianajaja haluaa todistaa pohjattoman rakkautensa Lauraa kohtaan. Hän matkustaa Amsterdamiin saakka ostamaan virheettömän timantin tämän kihlasormukseen. Se on kuitenkin aika kallis, ja selvitäkseen sen maksamisesta hän joutuu sekaantumaan yhden asiakkaistaan, Reinerin (Javier Bardem) huumebisneksiin.

Varsin pitkälle sattuman kautta hän päätyy meksikolaisen huumekartellin kohteeksi yhdessä välimiehenä toimivan Westrayn (**Brad Pitt**) kanssa. Alamaailman lait ovat armottomia, ja pian asianajaja ei ainoastaan joudu pakenemaan henkensä edestä vaan lisäksi myös Laura on vaarassa joutua kartellin käsiin ja snuff-elokuvan uhriksi.

Hienosti kirjoitettu ja ohjattu *The Counselor* oli tällä katselulla aika vastenmielinen kokemus. **Cormac McCarthy** *(No Country for Old Men, The Road)* on kirjoittanut meksikolaiset huumekartellit kuin täysin vastustamattomaksi luonnonvoimaksi, joka onnistuu kaikessa ja jota ei voi kukaan edes vastustaa saati lyödä. McCarthyn viha tuntuu ulottuvan myös keskushenkilöihin, joita hän kohtelee tarinassaan äärimmäisen julmasti.

The Counselor on loistavasti toteutettu pahan mielen elokuva, joka etenkin katsomanani unrated-versiona voi pimentää kirkkaimmankin päivän. Vanhana tällaista ei oikein enää jaksa. Aiemmin monta kertaa antamani ysi pyörähti tällä kertaa enää kahdeksikoksi. Penélope Cruzin näyttelemällä roolihahmolla ei varmasti koskaan ole ollut ihan tällaista kehityskaarta.

Blu-ray on laadultaan jotakuinkin moitteeton.

•

Elokuvassa *Edge of Tomorrow* jälleen yhdet todella oudon näköiset avaruushirviöt ovat hyökänneet maapallolle (vrt. edellä käsitelty *Cloverfield)*. Niitä on paljon ja ne ovat voitolla.

Entä jos ihmiskunnan pelastumisen avain piilisi ajan kierryttämisessä murmelipäivämäiseksi luupiksi, jonka sisällä ihmisillä olisi riittävästi aikaa toteuttaa mahdottomalta näyttänyt voitonsuunnitelma kymmenien tai satojen yritysten ja erehdysten kautta, siihen saakka kunnes tuloksena on onnistuminen?

Cage (Tom Cruise) ei näytä ollenkaan sellaiselta tyypiltä, joka voisi tuossa onnistua. Hän ei ole mikään *Collateralin* jääkylmä Vincent vaan pelkkä pelkurimaisen oloinen upseeri armeijan PR-osastolta, joka kyllä käyttää univormua mutta ei ole aitoja sotatantereita nähnytkään.

EDGE OF TOMORROW

USA 2014
Ohjaus: Doug Liman
Pääosissa: Tom Cruise, Emily Blunt, Brendan Gleeson
Katsottu: 22.11.2022
Formaatti: 4K Ultra HD

9

Pian näkee! Erinäisten sattumien sarjan kautta Cage päätyy rintamalle. Siellä hän ei tietenkään pärjää taistelutaitoja täysin osaamattomana, vaan kaatuu alienin hyökkäyksessä. Mutta sitten tulee yllätys.

Hän päätyykin takaisin armeijan tukikohtaan, samaan aamuun ja samaan tilanteeseen josta taistelijan uransa aloitti. Kaikki tapahtuu uudelleen samalla tavoin, päivän päätteeksi tapahtuva kaatuminen mukaan lukien.

Eläessään murmelipäiväänsä yhä uudelleen Cage tutustuu arvostettuun ja kovapintaiseen naissotilas Ritaan (**Emily Blunt**), jonka kanssa hän alkaa jakaa kokemuksia ja suunnitella sitä, miten he voisivat yhdessä samassa aikaluupissa virheistään oppimalla päivä päivältä edetä kohti tilannetta, jossa alienit onnistuttaisiin kukistamaan.

Mm. ensimmäisen Bourne-elokuvan *The Bourne Identity* ohjannut **Doug Liman** on tehnyt erittäin kovavauhtisen ja viihdyttävän scifi-toimintaelokuvan, jonka parissa ei tarvitse kelloa vilkuilla. Valtavan pyörän tavoin liikkuvat, nopeat, vahvat ja lukumäärältään runsaat alienit muodostavat elokuvan kontekstissa täysin vakuuttavan uhan, ja on helppo uskoa että ilman aikaluupin tarjoamaa mahdollisuutta ihmisillä ei olisi paljoakaan mahdollisuuksia näitä vastaan.

Lähes kaksituntiseksi venyvän toimintapaukun mittakaava kasvaa eeppiseksi päähenkilöiden päästessä vähitellen loittonemaan sotatoimialueelta, jossa tarina alkaa. **Brendan Gleesonin** näyttelemä kenraali on ratkaisun suhteen keskeisessä asemassa. **Bill Paxtonin** velmu kersantti on ilkeänhauskassa sivuroolissa alkupuolen kohtauksissa vauhdittamassa Cagea kohti rintamaa.

Viimeksi katsomani 4K Ultra HD:n lisäksi minulla on hyllyssäni myös 3D blu-ray, jonka katselu oli sekin varsin vinkeä kokemus. 4K-levy on laadultaan hyvää perustasoa, ei mikään huono presentaatio mutta selvästi referenssitason alapuolella.

SUBURRA
Italia/Ranska 2015
Ohjaus: Stefano Sollima
Pääosissa: Pierfrancesco
Favino, Elio Germano,
Claudio Amendola
Katsottu: 16.11.2024
Formaatti: Blu-ray

9

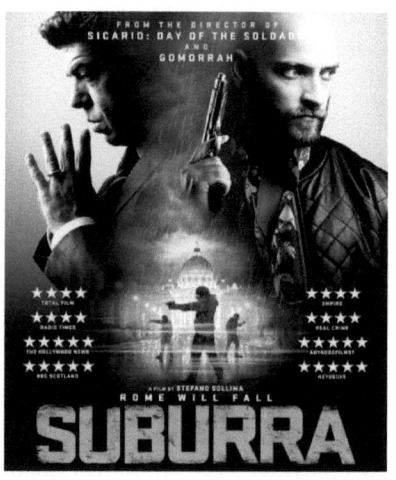

Katsoin **Stefano Solliman** ohjaaman rikoselokuvan *Suburra* vuonna 2016 kahdesti saatuani käsiini sen brittiläisen blu-rayn: ensin 20.5. ja sen jälkeen uusiksi 11.10. Merkitsin sille molemmilla kerroilla 9 pistettä, mikä tuli yllätyksenä nyt runsaat 8 vuotta myöhemmin kun katsoin sen kolmannen kerran. Muistikuvat puhuivat 8 pisteen puolesta, elokuva kuitenkin tuntui ysin arvoiselta, ja vasta sitten huomasin antaneeni nuo pisteet jo kahdesti aiemmin.

Huipputason ajoittain toiminnallinen rikosdraama maistui ikään kuin klassikkoelokuvan *Heat* (1995) italialaiselta versiolta laajoine henkilögallerioineen, vaikka aihe onkin toisenlainen.

Roomassa alkaa kova kähmintä, kun suunnitelma antaa meren rannalle Ostiaan rakennuslupa suurelle Las Vegasin kaltaiselle huvikeskukselle lähestyy sitä koskevaa parlamenttiäänestystä. Juuri ennen ratkaisun hetkiä parlamentin jäsen Malgradi (**Pierfrancesco Favino**) viettää kohtalokkaan illan kahden prostituoidun kanssa, joista toinen kuolee huumeiden yliannostukseen kesken riehakkaiden leikkien.

Ruumista hävittämään tullut pikkurikollinen tunnistaa poliitikon ja saapuu seuraavana päivänä tämän toimistolle ideanaan kiristää tätä tiedoillaan tapahtuneesta. Malgradi ei ole aseeton tällaisen edessä: myös hänellä on kontakteja alamaailmaan, mutta kun hän lähettää oman miehensä, Numero 8:n (**Alessandro Borghi**) varoittamaan kiristäjää, tämä saakin kääntöveitsestä kurkkuunsa, ja siitä alkaa tapahtumien raju eskalaatio.

Huvikeskushankkeen taustalla naruja veteleviä mafiaperheitä edustaa Samuraina tunnettu, tavallisen näköinen kuusikymppinen järjestelijä (**Claudio Amendola**), joka haluaa rauhoittaa tilanteen ettei mikään vain menisi pieleen äänestyksen kanssa. Tuo rauhoittelu vaatii kuitenkin varsin rajuja toimenpiteitä etenkin elokuvan loppua lähestyttäessä.

Suburra edustaa kertakaikkisen upeaa uutta rikoselokuvaa: vain svengaavan musiikkiraidan ja lähikuvien paljaista naisten jaloista puuttuminen erottavat sen Quentin Tarantinon parhaista suorituksista. Juonenkäänteet jaksavat hätkähdyttää loppuun asti ja väkivaltaa annostellan hallitusti: sillä ei mässäillä, mutta sen sijoittelu tarinaan onnistuu tämän tästä yllättämään. Etenkin hieno ammuskelujakso tuikitavallisessa supermarketissa on todella vaikuttava.

Lisäksi *Suburra* liittää vakuuttavasti rikollisorganisaatioiden maailmaan myös politiikan, osoittaen millä tavoin paljon valtaa omaavat kansanedustajat toimivat miltei yhtä häikäilemättömästi kuin mafia omia etujaan (erotukseksi äänestäjiensä edusta) ajaessaan. Loppupuoli yllättää myös nostamalla kaksi tarinassa selvimmin päähänpotkittua henkilöhahmoa ratkaiseviin asemiin.

Katsoin jälleen uudelleen vuonna 2016 ostamani britti-blu-rayn. Se on laadultaan tyydyttävää tasoa, mutta ei yhtään sen enempää. Näin hienosta elokuvasta olisi mukavaa saada joskus laadukkaampikin julkaisu.

•

The Boy oli minulle aikoinaan miellyttävä yllätys, kun näin sen ensimmäistä kertaa vuokrattuna striiminä joitakin vuosia sitten. Sittemmin hankin sen kotimaisen blu-ray -julkaisun, jonka katsoin ja totesin että hyvin toimii edelleen. Nyt muutaman vuoden tauon jälkeen kolmas katselu 4K UHD:ltä ei sitten enää toiminutkaan. Elokuva kestää

THE BOY
USA/Kanada/Kiina 2016
Ohjaus: William Brent Bell
Pääosissa: Lauren Cohan, Rupert
Evans, James Russell
Katsottu: 9.10.2024
Formaatti: 4K Ultra HD

7

huonosti kovin monia uusintakatseluita, koska sen loppyllätyksen muistaminen etukäteen imee sen kauhutehoja pois. Hyvä elokuva se silti ilman muuta on.

Greta (hurmaava **Lauren Cohan**) on amerikkalainen nainen, joka on paennut menneisyyttään Britanniaan. Hän ottaa siellä vastaan työn keskeltä ei mitään, linnamaisessa kartanossa asuvalta vanhalta pariskunnalta, joka palkkaa hänet hoitamaan pientä poikaansa lähtiessään itse lomamatkalle.

Työtehtävän vastaanottotilanne muuttuu kuitenkin oudoksi, kun hoidettavaksi tarkoitettu poika osoittautuu erikoisen näköiseksi valkokasvoiseksi nukeksi (kts. levynkannen kuva). Onneksi paikalla sattuu sillä hetkellä olemaan myös paikallinen puodinpitäjä, sympaattisen oloinen Malcolm (**Rupert Evans**), josta mallia katsomalla Greta osaa suhtautua tilanteeseen asianmukaisesti.

Vanhukset opastavat Gretaa yksityiskohtaisesti "pojan" hoidon suhteen, mutta tämä ei noudata annettua ohjeistusta vaan jättää sen oman onnensa nojaan lueskellessaan ja siemaillessaan punaviiniä peiton alla. Vähitellen alkaa kuitenkin tapahtua outoja. Jostakin kaukaa talon sisältä kuuluu säännöllisesti aavemaisia ääniä, ja nukke löytyy toistuvasti eri paikasta tai ainakin eri asennosta kuin mihin Greta on sen jättänyt.

Onko nukke elävä? Päästääkö se noita outoja ääniä? Syrjäisessä paikassa sijaitseva yksinäinen talo pimeine käytävineen lisää osaltaan hermostumisen tunnetta, saaden Gretan pelkokertoimen nousuun. Lopulta hän tulee vakuuttuneeksi yliluonnollisen läsnäolosta.

William Brent Bellin elokuva on, kuten tuli jo mainittua, oikein mainio yliluonnollisia piirteitä sisältävä mysteeri, joka ei kuitenkaan toimi enää yhtä hyvin sitten kun tuon mysteerin selityksen tietää etukäteen. Tämä lienee ylipäänsäkin varsin yleinen ongelma sellaisten elokuvien kohdalla, jotka nojaavat vahvasti loppupuolen yllättävään käänteeseen.

Scream Factoryn 4K UHD -julkaisun kuva on perusasetuksilla häiritsevän kontrastikas ja väreiltään haalea, mutta molemmat asiat saa kyllä kuntoon näyttölaitteen säädöillä. Resoluution suhteen ei ole moitteen sijaa, eli teknisesti kaikki on kunnossa jos elokuvan hankinta omaan hyllyyn kiinnostaa.

WAR DOGS
USA/Romania 2016
Ohjaus: Todd Phillips
Pääosissa: Jonah Hill, Miles Teller,
Ana de Armas
Katsottu: 25.1.2023
Formaatti: 4K Ultra HD

10

Teinikomedialla *Road Trip* (2000) alun alkaen itselleen nimeä tehnyt ja sen jälkeen *The Hangover* -trilogialla tuota mainetta vielä kasvattanut **Todd Phillips** tekee nykyään *Joker* -elokuvia, joista ensimmäinen voitti Venetsian elokuvajuhlien Kultaisen leijonan vuonna 2019, ja toista viimeistellään tätä kirjoitettaessa jonkinlaisena väkivaltamusikaalina (ja tätä nyt oikoluettaessa sen tiedetään flopanneen erittäin näyttävästi).

Joker on ollut suosittu yleisöjenkin keskuudessa, mutta minun mielestäni Phillipsin todellinen mestariteos on sitä ennen valmistunut *War Dogs,* jonka katsoin otsikkotiedoissa mainittuna päivänä jo neljättä kertaa ja nyt kun aloin kirjoittaa tätä tekstiä alkoi tehdä mieli katsoa se jo viidennen kerran. Myös *Joker* minulla on ollut hyllyssä 4K-levynä, mutta toisen katselun jälkeen myin sen pois aivan liian yhdentekevänä siellä säilytettäväksi.

Brian De Palman legendaarinen *Scarface* (1983) risteytyy *Lord of Warin* (2005) kanssa kertakaikkisen riemastuttavalla ja viihdyttävällä tavalla, kun Miamista käsin toimivat nuoret juutalaismiehet päättävät haluta tavoitella asekauppiaiden uraa. Tämä valinta johtaa heidät jokseenkin hillittömiin tilanteisiin, joiden kanssa saa nauraa paljon enemmän kuin useimmissa komedioissa.

Hyvin löyhästi tositapahtumiin perustuvassa elokuvassa **Miles Teller** *(Whiplash)* on David Packouz, miamilainen nuorimies joka elättää itsensä hierojana. Hän ei vaikuta kovin innostuneelta työstään, eikä se lyö oikein leivillekään. Davidin elämä muuttuu, kun hän kohtaa sattumalta vanhan koulukaverinsa Efraim Diverolin (**Jonah Hill** maanisimmillaan), joka ehdottaa hänelle ryhtymistä asekauppiaaksi hänen kanssaan.

Efraim on harjoittanut tätä ammattia hyvin pienessä mittakaavassa jo itsekin, mutta vasta kun kaksikko ryhtyy yhteistyöhön alkavat kuviot suurentua. Elokuvan tapahtuma-aikana 00-luvun puolivälissä on meneillään Irakin sota, ja Yhdysvaltain armeija ostaa paljon aseita. Isoimmat sopimukset menevät jättiyrityksille, mutta niiden väleissä on tilaa pienyrittäjille. Kahden uskaliaan miehen yritys elää varsin leveästi niillä muruilla, jotka putoavat isompien pöydältä. Itsevarmuus korvaa monessa kohdin kokemuksen vähäisyyden.

War Dogs on erittäin mukaansatempaava ja viihdyttävä elokuva, joka on kuten edellä mainittiin paljon hauskempi kuin mitä synopsiksesta voisi päätellä. **Ana de Armas** nähdään Davidin sotaa vastustavan naisystävä Izin roolissa. Phillipsin elokuvien lähestulkoon vakiokasvo **Bradley Cooper** on suuren mittaluokan asekauppias, jolla on ratkaiseva rooli tarinan lopussa.

Loistavan elokuvan 4K UHD -julkaisu on laadullisesti varsin keskinkertainen. Ennen sitä omistin blu-rayn, enkä huomannut että kuvanlaadussa olisi tapahtunut päivityksen yhteydessä kovinkaan isoa parannusta. Jos jo omistat blu-rayn, päivityksen tarve ei siis ole kovin suuri. Pääasia on, että omistat jommankumman.

PASSENGERS

USA/Australia 2016
Ohjaus: Morten Tyldum
Pääosissa: Jennifer Lawrence,
Chris Pratt, Laurence
Fishburne
Katsottu: 16.10.2017
Formaatti: 4K Ultra HD

8

Tähtijärjestelmien välillä kulkeva avaruusalus on taittanut 30 vuotta kaikkiaan 120 vuoden mittaisesta matkastaan, kun tekninen vika herättää yhden matkustajista. Kyseinen matkustaja, Jim Preston (**Chris Pratt**) huomaa pian kauhukseen tulleensa herätetyksi liian aikaisin: kaikki muut matkustajat ovat edelleen horroksessa, hän ei pysty vaipumaan siihen uudelleen, ja matka perille kestää vielä 90 vuotta.

Jim ei kestä yksinäisyyttä, eikä etenkään tietoa siitä että se venyisi hänen koko loppuelämänsä mittaiseksi. Hän kehittää itselleen pakkomielteen kauniista Aurorasta (**Jennifer Lawrence**) ja päätyy viimein herättämään tämän seurakseen.

Aurora on aluksi luonnollisesti yhtä kauhuissaan kuin Jim, mutta lopulta kaksikko ystävystyy ja heidän välilleen alkaa jopa kehittyä romanttisia tunteita. Mutta miten Aurora reagoi, jos hän saa tietää Jimin herättäneen hänet tarkoituksella? Entä oliko Jimin herääminen oikeasti vain pelkkä onneton sattuma?

Norjalaisen **Morten Tyldumin** *(Headhunters, The Imitation Game)* scifi-kehykseen rakennettu mainstream-draamaromanssi sai julkaisuaikanaan yllättävän huonon vastaanoton kriitikkojen keskuudessa. Itse pidin siitä jo ensimmäisellä katselulla eikä tunne ole muuttunut uusinnoillakaan. Henkilöhahmot ovat sympaattisia ja heille asetettu haaste kiehtova. Elokuva myös näyttää komealta lavasteineen ja avaruusmatkaan liittyvine tehosteineen.

Passengers kuuluu Sonyn alkupään 4K UHD -julkaisuihin ajalta, jolloin formaatti oli vielä tuore. Monien muiden nimikkeiden tavoin sekin on teknisesti aivan loistava: kuvanlaatu hipoo täydellisyyttä ja ääniraita luonnollisesti samoin.

1922

USA 2017
Ohjaus: Zak Hilditch
Pääosissa: Thomas Jane, Molly
Parker, Dylan Schmid
Katsottu: 24.1.2024
Formaatti: Netflix (4K)

10

Zak Hilditchin ohjaama Stephen King -filmatisointi *1922* oli ehtinyt olla tarjolla Netflixissä jo yli viisi vuotta minun siitä oikeastaan mitään tietämättä, ennen kuin lopulta osuin sen kohdalle ja katsoin sen ensimmäistä kertaa 3. tammikuuta 2023. Ja mitä näinkään! Sittemmin olen katsonut elokuvan toistamiseen, varmistaakseni oliko se tosiaan niin täysi kymppi kuin miltä silloin tuntui. Kyllä se oli.

Kuten varsin hyvin tiedetään, ei Kingin tekstiin perustuminen ole enää pitkiin aikoihin ollut minkäänlainen laadun tae, pikemminkin päinvastoin. *1922* on kuitenkin todellinen huipputeos, parasta King-elokuvaa sitten *The Mistin* (2007, käsiteltiin CineActive 1:ssä). Pääosassakin on sama mies, **Thomas Jane**.

Traaginen, hieman ahdistavakin tarina lähtee liikkeelle kun maanviljelijä Wilfred James (Jane) manipuloi nuoren poikansa Henryn (**Dylan Schmid**) murhaamaan kanssaan yhteistuumin perheen äiti Arletten (**Molly Parker**) vuoden 1922 Nebraskassa.

Taustana tälle on peruuttamaton ristiriita avioparin tulevaisuuden toiveissa. Arlette on kyllästynyt maalaiselämään ja haluaisi muuttaa kaupunkiin. Mies ja poika eivät jaa tätä haavetta vaan haluaisivat asua hoitamallaan tilalla. Perheen omaisuus on kuitenkin Arletten nimissä, jonka kuolema siirtäisi kaiken miesväen haltuun. En spoilaa kertomalla, että murha toteutetaan. Se tapahtuu jo elokuvan alkupuolella. Tämä jo itsessään kammottava tapahtuma toimii kuitenkin vasta lähtölaukauksena hirveyksien sarjalle, jossa asiat alkavat mennä kiihtyvällä tahdilla ja täysin odottamattomilla tavoilla yhä enemmän pieleen hiukan samaan tapaan kuin kotimaisessa *Pahassa maassa* (2005, kts. CineActive 1) aikoinaan.

Paitsi että Stephen Kingin kirjat eivät mielestäni ole enää aikoihin olleet hyviä, niistä monissa ei ole ollut enää mitään järkeä. Ostin niitä jonkin aikaa kaikesta huolimatta, mutta huomattuani lopettavani kirjoja toistuvasti kesken, lopetin ja olenkin sujuvasti skipannut lähes kaiken vuoden 2010 jälkeen julkaistun.

1922 julkaistiin neljän laajan novellin kokoelmassa *Full Dark, No Stars* juurikin vuonna 2010. Elokuvaversion erinomaisuus houkuttaa miltei hankkimaan tuon kokoelman, josta se on peräisin. Ehkä helmiä voisi olla löydettävissä vielä muualtakin Kingin myöhäistuotannosta. Melko äskettäin katsomani täysin luokaton minisarja *Lisey's Story* ei kylläkään rohkaise tekemään kokeiluja.

Näin ohjaaja Zak Hilditchin ensimmäisen pitkän elokuvan *These Final Hours* (2013) tuoreeltaan. Se oli muistaakseni varsin keskinkertainen maailmanlopputarina: lupaava alku, vaatimaton lopputulos. *1922:n* parissa Hilditch onnistuu useita kertaluokkia paremmin.

Ohjaaja on itse sovittanut elokuvansa käsikirjoituksen Kingin novellista. Henkilöhahmot luonteenpiirteineen ja motiiveineen esitellään taitavin vedoin, minkä jälkeen painajaismainen tapahtumasarja puristaa entistä lujemmin.

Kuten lähes aina, Netflixin 4K-kuvasta ei löydy moitteen sijaa.

•

Kymmenen vuoden hiljaisuuden jälkeen jollekulle tuli yhtäkkiä mieleen, että edellä käsitellylle *The Strangersille* voisi olla paikallaan tehdä jatko-osa. Niin sellainen sitten tehtiin ja se sai alaotsikon *Prey at Night*. Toinen uuden teoksen käsikirjoittajista oli alkuperäisen elokuvan ohjannut Bryan Bertino. Ohjauksesta vastasi tällä kertaa kuitenkin tuntematon **Johannes Roberts**.

THE STRANGERS: PREY AT NIGHT USA/Iso-Britannia 2018 Ohjaus: Johannes Roberts Pääosissa: Bailee Madison, Lewis Pullman, Christina Hendricks Katsottu: 15.10.2024 Formaatti: Blu-ray 7	

Alkutilanne on tällä kertaa hyvin erilainen. Tutustumme nelihenki-seen perheeseen, joka on juuri lähdössä sukuloimaan Marvin-sedän luokse tietämättä, että the strangersit teurastivat tämän naisystävi-neen jo elokuvan johdantojaksossa. Tila-autoa pakattaessa ja läh-töön valmistautuessa tutustumme heihin kaikkiin.

Perheen vanhemmat ovat Cindy (**Christina Hendricks**) ja Mike (**Martin Henderson**). Heillä on kaksi lasta: varsin joviaalin oloinen poika Luke (**Lewis Pullman**) sekä kiukutteleva tytär Kinsey (**Bailee Madison**). Kinseyn kiukuttelu johtuu siitä, että vanhemmat ovat juuri päättäneet lähettää hänet opiskelemaan sisäoppilaitokseen.

Etenkin Kinseyn huonotuulisuus tuottaa jännitettä matkalaisten tunnelmiin, mutta perille kuitenkin päästään ilman, että kukaan saa hermoromahdusta. Marvin-setä on osoittanut perheelle muuten tyh-jillään olevasta trailer parkista oman trailerin ja koska hänet oli alun perinkin tarkoitus tavata vasta seuraavana aamuna, perhe ei huomaa mitään outoa ennen kuin on myöhäistä.

Edellisestä (ja myöskin seuraavasta) elokuvasta tuttuun tapaan ulko-ovelta kuuluu pian voimakas koputus ja kasvojensa kohdalta täysin varjoon jäävä naishenkilö kyselee Tamaraa. Kinseyn lähdettyä ulos kiukuttelemaan lisää perheen poika menee hänen seurakseen, jolloin perhe on juuri sopivasti kahtiajakautunut ja the strangersien tilaisuus hyökätä on tullut.

Kahden uhatun henkilön määrä on siis tuplaantunut neljään, mutta muuten *Prey at Night* toistaa alkuperäisen *The Strangersin* ideaa varsin uskollisesti. Hiljaiset, naamioidut hahmot uhkaavat ensin päähenkilöitä ja sen jälkeen alkavat käyttää tappavaa voimaa. Kaikki tapahtuu yön pimeydessä. Tappajat ovat selvästikin samoja henkilöitä kuin jo ensimmäisessä osassa, heidän autonsakin taitaa olla sama.

Prey at Night poikkeaa kuitenkin ykkösosasta siinä, että tällä kertaa myös hyökkääjät ottavat osumaa. Alkuperäisen elokuvan pariskuntahan ei lopulta kyennyt juuri puolustautumaan, nyt pääosassa oleva perhe sen sijaan onnistuu siinä hetkittäin aika hyvin.

Trailer park on lisäksi tapahtumaympäristönä sen verran laajempi että kamppailukohtauksiin saadaan vaihtelevuutta. Suuren uima-altaan vaiheilla tapahtuva perheen pojan kamppailu yhtä hyökkääjistä vastaan on koko sarjan tähän mennessä paras yksittäinen jakso.

Oheisesta kuvasta poiketen katsoin elokuvan italialaiselta blurayltä. Sen kuva oli sinänsä muuten OK, mutta hiukan pehmeä ja lisäksi se oli jäänyt aika pimeäksi. Valoisuuden lisääminen muutti kuvan vain harmaammaksi. Laajakangasframen ylä- ja alalaidassa esiintyi lisäksi ajoittain ylimääräinen, ohut vihreä raita joka häiritsi katselua etenkin pimeäkohtauksissa.

THE NIGHT
COMES FOR US
Indonesia/USA 2018
Ohjaus: Timo Tjahjanto
Pääosissa: Joe Taslim, Iko Uwais,
Salvita De Corte
Katsottu: 16.6.2024
Formaatti: Netflix (HD)
19.10.2018

8

Kauhuantologia *V/H/S 2* (2013) on ylipäänsäkin katsomisen arvoinen, mutta erityisesti se on sitä aivan uskomattoman segmenttinsä

Safe Haven ansiosta. Tuon pienen mestariteoksen kirjoittivat ja ohjasivat Indonesiassa vaikuttava walesilainen **Gareth Evans** *(The Raid* -elokuvat) sekä indonesialainen **Timo Tjahjanto**.

Viisi vuotta myöhemmin Tjahjanto sai tilaisuuden ohjata elokuvan Netflixille. Hän myös kirjoitti sen itse, kunnianosoitukseksi ihailemilleen 1980-luvun hongkongilaisille kamppailuelokuville. Näin syntyi yksi ällistyttävimmistä toimintaelokuvista vuosiin: *The Night Comes for Us.* Olin katsonut sen jo kahdesti aiemminkin, mutta katsoin sen vielä kolmannen kerran tätä arviota varten.

Elokuvan päähenkilö Ito (**Joe Taslim**) on Indonesian huumekauppaa hoitavan triadin jäsen, tehokas tappaja, jonka kuppi menee eräänä päivänä nurin. Muutaman välistä vetäneen kyläläisen takia on päätetty tappaa koko kylän kaikki asukkaat, mutta kun Iton edessä on nuori, hädin tuskin teini-ikäinen tyttö, hän vaihtaa puolta surmaten kollegansa ja paeten paikalta tämän kanssa.

Tätä triadin roistot eivät tietenkään katso hyvällä ja pian valtava määrä sen tappajia on Iton perässä. Tämän kuvankaunis naisystävä Shinta (**Salvita De Corte**) onnistuu vielä pakenemaan, mutta parhaat ystävät Bobby (**Zack Lee**) ja Fatih (**Abimana Aryasatya**) ovat pian tulilinjalla ja vaikka he taistelevat loistavasti vastaan, ylivoima vaikuttaa aivan liian suurelta.

The Night Comes for Us lienee elokuvahistorian väkivaltaisin toimintaelokuva. Ruumiita tehdään varovaisestikin arvioiden ainakin pari sataa, ja hyvin suuri osa tästä teurastuksesta myöskin näytetään kuvassa huiken veriefektein. Tämä on itse asiassa osasyy siihen, miksi elokuva kestää täydet kaksi tuntia. Juoniainesten puolesta pituutta olisi riittänyt ehkä puoleentoista tuntiin, kaikki muu on pitkitettyä veristä kamppailua ja ampumista.

Gareth Evansin *The Raid* -elokuvista tuttu **Iko Uwais** tuo elokuvaan kamppailulajien osaamista, kun hänen näyttelemänsä Arian tuodaan kiireesti asemapaikaltaan Macaosta Jakartaan taistelemaan triadien puolesta Itoa vastaan. Bobbyn ja Fatihin tavoin hänkin on ollut aiemmin Iton liittolainen, mutta triadin organisaation tuomat uramahdollisuudet ovat saaneet hänet vaihtamaan puolta.

The Night Comes for Us on loistavaa toimintaelokuvaa niille, joiden vatsa kestää loputtoman pitkän sarjan äärimmäisen väkivaltaisia toimintakohtauksia erittäin asiallisin veriefektein toteutettuna. Ymmärrän kuitenkin täysin myös niitä katsojia, joille sen äärimmäisyydet yhdistettyinä uuvuttavan pitkään kestoon ovat liikaa.

Lopuksi myönnän vielä sen ilmiselvän asian, että vuonna 2021 julkaisemani novellikokoelman *Omituisia rakkaustarinoita 2* viimeisen novellin *Salvita* esikuva on juurikin tämän elokuvan Shinta, Salvita De Corte. Hän on syntyperäinen indonesialainen, syntynyt Balilla, mutta tekee mallin sekä toisinaan myös näyttelijän uraa uudesta koti-kaupungistaan Singaporesta käsin.

FRACTURED
USA 2019
Ohjaus: Brad Anderson
Pääosissa: Sam Worthington, Lily Rabe, Stephen Tobolowsky
Katsottu: 9.6.2024
Formaatti: Netflix (4K)

7

Ray Monroe (**Sam Worthington**, *Avatar)* on palaamassa vaimonsa (**Lily Rabe**) ja kuusivuotiaan tyttärensä kanssa autolla perheen kotiin epäonnistuneelta thanksgiving-päivälliseltä black fridayn aamuna. Parin avioliitto näyttää olevan päättymässä ja tunnelma on kireä.

Pysähdys huoltoasemalla osoittautuu kohtalokkaaksi. Kulkukoiran uhkaamaksi joutunut tytär murtaa kätensä ja hänet on vietävä kiireesti sairaalaan. Odottaessaan hoidon tulosta Ray torkahtaa odotushuoneeseen ja kun hän herää, maailma on muuttunut oudoksi. Vaimo ja tytär ovat kadonneet, eikä sairaalan henkilökunta myönnä edes sitä, että heitä olisi nähty paikan päällä saati hoidettu. Mistä on kyse?

Aivot nyrjäyttävän mysteerin takana on ohjaaja **Brad Anderson** *(Session 9, The Machinist),* jonka ohjaustyö saa katsojat arvailemaan mitä on oikeasti tapahtunut. Mysteeri tuntuu jollakin tapaa liittyvän

Rayn ensimmäisen vaimon Abbyn kuolemaan auto-onnettomuudessa kahdeksan vuotta aiemmin, niin kaukaa haetulta kuin se kuulostaakin. Umpisolmun avaamista auttaa Rayn tarinan tiettyyn pisteeseen asti vakavasti ottava poliisipari.

Fractured on kohtuullisen hyvin tehty Netflix-jännäri, joka tarjoaa 100 minuutin mittaisen viihdykkeen olematta silti häikäisevä millään mittapuulla. *Avatar* -elokuvista tuttu **Sam Worthington** osoittaa osaavansa näytellä stressaantunutta miestä oikein hyvin. Loppukäänteen ennakointi on vaikeaa.

Netflixin 4K-kuva on laadultaan erinomainen.

2020-LUKU

POSSESSOR

Kanada/Iso-Britannia 2020
Ohjaus: Brandon Cronenberg
Pääosissa: Andrea Rise-
borough, Christopher Abbott,
Jennifer Jason Leigh
Katsottu: 18.10.2024
Formaatti: 4K Ultra HD

10

Yksi koko 2020-luvun upeimmista elokuvista sai ensi-iltansa tammi-
kuun lopulla Sundance-festivaaleilla, vähän ennen kuin korona sai
maailman sekaisin. Ohjaajalegenda David Cronenbergin pojan
Brandon Cronenbergin ensimmäinenkin pitkä elokuva *Antiviral*
(2012) oli oikein hyvä, mutta vasta toinen ohjaus *Possessor* on todelli-
nen mestariteos.

Andrea Riseborough *(Mandy, Oblivion)* on Tasya Vos, jolla on
todella erikoinen ammatti. Käyttäen mielikuvituksellista teknologiaa
hän pääsee tunkeutumaan valitun ihmisen minuuteen ja pakotta-
maan tämän tekemään salamurhan. Tämän jälkeen hän poistuu pa-
kotettuaan "isäntäkehonsa" tappamaan itsensä. Tällaisesta salamur-
hasta ei voi jäädä mitenkään kiinni, joten palvelu on todella kysytty
niiden keskuudessa, joilla riittää pahaa tahtoa ja joilta ei lopu raha
kesken.

Possessor ajaa heti aluksi heikkohermoisimmat pois ruudun tai
kankaan äärestä näyttämällä esimerkin Tasyan tappokeikasta: aivan
äärimmäisen raaka ja verinen avausjakso on kuin suunniteltu saa-
maan aikaan yleisöpakoja elokuvan ääreltä, mikä voisi uutisoituna
kasvattaa sen kulttimainetta. 4K UHD:nä Amerikassa julkaistu ver-
sio elokuvasta on siunattu alaotsikolla "uncut", erotukseksi sitä ke-
symmästä R-versiosta.

Varsinaiseen juoneen päästään kiinni seuraavaksi, kun Tasyan
työkeikat hankkiva Girder (**Jennifer Jason Leigh**) antaa hänelle

odottamattoman haastavaksi osoittautuvan tehtävän. Tasya on tarkoitus upottaa osaksi Colin Taten (**Christopher Abbott**) minuutta, tavoitteena murhata tämän naisystävä Avan (ihastuttava **Tuppence Middleton**) inhottava toimitusjohtajaisä John Parse. Tämän roolissa nähdään kaikissa muissakin rooleissaan aina kuoleva **Sean Bean**, joten lähtötilanne näyttää hyvältä.

Murhan toimeksiantaja on Parsen ottopoika, joka haluaa raivata tieltään paitsi isänsä, myös tämän biologisen tyttären Avan ja tämän miesystävä Colinin voidakseen periä kaiken ja saada Johnin johtaman yhtiön haltuunsa. Kun Tasya on päässyt perille Colinin kehoon, tehtävä kuitenkin mutkistuu.

Possessor on uskomattoman vahva scifi-kauhun lajityyppiin sijoittuva mestariteos, joka vielä nyt kolmannellakin katselulla iski aivan yhtä lujaa kuin ennenkin. Uncut-version veritehosteet ovat sinänsä jo todella hurjia, mutta niitäkin kovemmaksi kokemukseksi osoittautuvat elokuvan esittämät moraaliset kysymykset, jotka etenkin aivan lopussa lyövät katsojasta ilmat pihalle.

Brandon Cronenberg on aktivoitunut ohjaajana harmittavan hitaasti. Hän julkaisi tämän toisen ohjaustyönsä vasta nelikymppisenä, jossa iässä hänen kuuluisampi isänsä sai valmiiksi jo *Videodromen*. Sitä ennen vanhempi Cronenberg oli ohjannut jo seitsemän pitkää elokuvaa, olkoonkin että niistä pari ensimmäistä olivat "vain" kokeellisia taide-elokuvia.

Possessorissa kiinnittää monien muiden seikkojen ohella ohjaajan ilmeinen kiinnostus omalaatuiseen arkkitehtuuriin, samalla tavoin kuin vanhempi Cronenberg teki brutaalista tyylisuunnasta osan varhaisten elokuviensa identiteettiä.

Johdantojaksossa kuvaus näyttää miltei yhtä kiinnostuneelta tapahtumaympäristönä toimivan rakennuksen yksityiskohdista kuin itse tapahtumista, ja myöhemmin Colinin liikkuessa John Parsen kartanossa se saadaan näyttämään kuin vuosisatoja vanhan loisteliaan palatsin ja labyrintin risteytykseltä, mikä tavallaan korostaa sitä miten eksyksissä mies on.

Amerikkalaisen 4K UHD:n kuvanlaatu on melko hyvä, ei huippu mutta täysin pätevä. Ääniraitana toimiva DTS HD Master Audio on myös oikein toimivasti miksattu ja luo tilan tuntua elokuvan tapahtumiin.

THE SADNESS

Taiwan 2021
Ohjaus: Rob Jabbaz
Pääosissa: Regina Lei, Berant
Zhu, Ying-Ru Zhen
Katsottu: 17.1.2023
Formaatti: 4K Ultra HD

8

Taiwanilainen zombie-elokuva *The Sadness* herätti hyvinkin ansaittua huomiota kauhufanien piirissä tämän vuosikymmenen alussa. Sen varsin reipas ote aiheeseen toi mukavan piristysruiskeen aihepiiriin, joka tuntui jo latistuneen *The Walking Dead* -tv-sarjan ja sen monien spin-offien myötä.

Elokuvan päähenkilöt ovat rakastunut pari Kat (**Regina Lei**) ja Jim (**Berant Zhu**), jotka tapaamme ensin viettämästä rauhallista aamua yhdessä. Katin lähdettyä töihin molempien päivä muuttuu kauhuntäyteiseksi, sillä juuri tänään salaperäinen virusepidemia muuttaa kaupungin asukkaat zombiemaisiksi hirviöiksi. Lopun päivää pariskunta yrittää paitsi selvitä hengissä hyökkäyksistä, myöskin löytää toisensa.

Taiwanilaiset raivotautiset zombiet kuuluvat nopeasti liikkuvaan koulukuntaan ja lisäksi niillä on yksi uusi ominaisuus. Silmittömän, verisen väkivallan käytön lisäksi ne pyrkivät myös raiskaamaan uhrinsa. Kat onkin todella vaarassa matkustaessaan metrolla, upeassa pitkässä kohtauksessa jossa muut matkustajat zombiutuvat yksi toisensa jälkeen, ja joka huipentuu niin uskomattomaan verilöylyyn että se pitää nähdä uskoakseen sen todeksi.

Sen lisäksi, että *The Sadness* on lajityyppinsä verisin edustaja aikoihin, sen roiskeisimmat jaksot myös näyttävät hyvältä, koska erikoistehosteiden teossa ei ole juurikaan käytetty tietokoneita. Likipitäen kaikki on tehty vanhaan malliin, fyysisin efektein. Loppuvaiheissa zombie-epidemiaan etsitään ratkaisua tieteen keinoin.

The Sadnessin 4K UHD -kuvanlaatu on yksi upeimmista koskaan, ehdotonta referenssitasoa. Se onkin aivan täydellinen demolevy, jos on tarvetta esitellä kavereille sitä miltä 4K voi parhaimmillaan näyttää, eivätkä nämä säikähdä verenroiskeita.

<table>
<tr><td>

SCREAM
USA 2022
Ohjaus: Matt Bettinelli-Olpin,
Tyler Gillett
Pääosissa: Melissa Barrera,
Jenna Ortega, Courteney Cox
Katsottu: 11.6.2024
Formaatti: 4K Ultra HD

6

</td><td>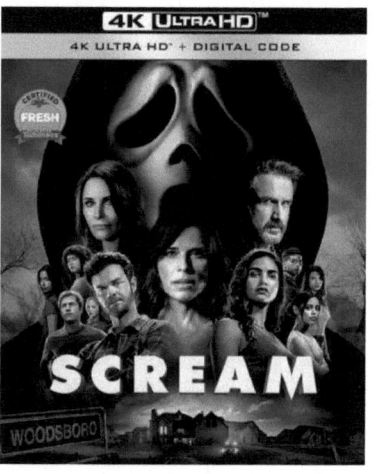</td></tr>
</table>

Wes Cravenin alkuperäinen *Scream* (1996) käsiteltiin jo CineActive 1:ssä. Kakkososa (1997) oli minusta aikoinaan niin huono, että sen skippaan. Kolmosta (2000) ja nelosta (2011) en ole koskaan nähnyt. Näin ollen siirrymme suoraan vuoden 2022 viidenteen osaan, jonka nimi on pelkkä *Scream*. Puikkoihin ovat nyt päässeet mainion komediallisen splatter-elokuvan *Ready or Not* (2019) ohjaajat **Matt Bettinelli-Olpin** ja **Tyler Gillett**.

Uusi *Scream* alkaa kuten alkuperäinen. **Jenna Ortega** on Tara, yksin kotonaan iltaa viettävä nuori nainen, joka alkaa saada uhkaavia puhelinsoittoja. Tilanne kärjistyy samanlaiseen ghostface-tappajan hyökkäykseen kuin ensimmäisessä elokuvassa, kuitenkin sillä erolla, että Tara jää (juuri ja juuri) henkiin.

Tieto uhkaavasta tilanteesta kiiri hänen viisi vuotta vanhemman isosiskonsa Samin (**Melissa Barrera**) korviin. Hän on omista syistään jättänyt Woodsboron pikkukaupungin taakseen jo vuosia aiemmin, vieläpä ketään hyvästelemättä, mutta pikkusiskon ahdinko saa hänet palaamaan takaisin.

Sam kasvaa viidennen *Screamin* päähenkilöksi. Hän pyrkii suojelemaan Taraa ja yhdessä sympaattisen poikaystävänsä Richien (**Jack Quaid**) samalla selvittämään, onko Woodsboro uuden ghostface-murhien sarjan kohteena. Apuna tässä kaksikolla on kourallinen Taran koulukavereita, joista yhtä jos toistakin on syytä epäillä. Kaveripiiristä niitä tappajia on paljastunut aiemmissakin osissa.

Myös vanhoista elokuvista tuttuja kasvoja nähdään, kun Dewey (**David Arquette**), Gale (**Courteney Cox**) ja Sidney (**Neve Campbell**) palaavat avustamaan new generationin edustajia ghostfacen paljastamisessa. Heistä erottuu edukseen etenkin David Arquette, joka on tässä uudessa osassa paljon karismaattisempi kuin vanhoissa elokuvissa ja myöskin näyttelee paremmin.

Uusi *Scream* on periaatteessa ihan pätevää, hieman komediallista kauhuviihdettä, joka tuntuu olevan nykyään vielä enemmän meta kuin alkuperäisten elokuvien aikoihin. Henkilöhahmot ikään kuin kokevat alun alkaenkin olevansa elokuvasarjan hahmoja eivätkä ota edes kuolemansa mahdollisuutta erityisen vakavasti.

4K UHD:n laatu on varsin hyvä, mutta häviää yllättävän selvästi hetken päästä käsiteltävän sarjan kuudennen osan vastaavalle.

•

Koomikkona aiemmin tunnettu **Jordan Peele** ponnisti kertaheitolla kauhuelokuvien tähdeksi esikoisohjauksellaan *Get Out* (2017). Paitsi että siitä tuli hitti, se myös palkittiin parhaan alkuperäiskäsikirjoituksen Oscarilla, mikä on äärimmäisen harvinaista kauhuelokuvan ollessa kyseessä.

Peelen seuraava ohjaus *Us* (2019) ylsi mahdottomalta tuntuvaan suoritukseen ollen vielä kuuluisaa edeltäjäänsäkin parempi elokuva. Mahdollisuuksien mukaan palaamme näihin Peelen kahteen ensimmäiseen elokuvaan jossakin myöhemmässä CineActivessa, erityisesti koska minulla on myös ne 4K UHD:nä hyllyssä.

Tällä kertaa käsittelemme kuitenkin vain Peelen kolmannen ohjauksen *Nope,* joka pääsi ensi-iltaan kutkuttavan mystisen mainoskampanjan jälkeen keskikesällä 2022. Se on miehen elokuvista vähi-

NOPE
USA/Kanada/Japani 2022
Ohjaus: Jordan Peele
Pääosissa: Daniel Kaluuya,
Keke Palmer, Steven Yeun
Katsottu: 21.10.2024
Formaatti: 4K Ultra HD

7

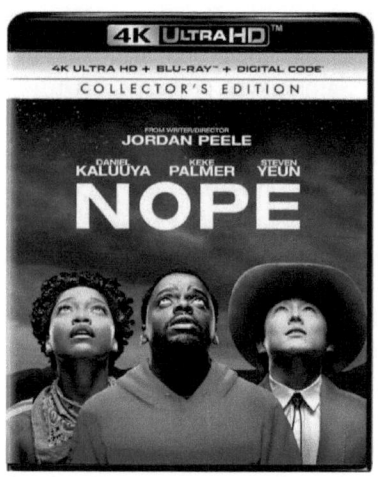

ten loistava, mutta silti oikein hyvä. Katsoin sen kertaalleen heti kun 4K-levy oli julkaistu, nyt vuorossa oli uusintakatselu.

Daniel Kaluuya *(Get Out, Sicario)* on OJ Haywood, joka pitää yhdessä isänsä Otisin (**Keith David**, *Requiem for a Dream, The Thing)* kanssa ranchia Kalifornian sisämaassa, vuokraten hevosia Hollywood-elokuviin ja mainosfilmeihin. Kun Otis saa surmansa oudossa onnettomuudessa, josta on suora kytkentä elokuvan mysteeriin, OJ jää yksin pitämään heikosti leiville lyövää bisnestä pystyssä.

Hänen avukseen tulee ylivilkas sisko Emerald (**Keke Palmer**), joka kuitenkin lyö kaksikon ensimmäisen yhteisen keikan läskiksi. Mainosfilmin ohjaajana tässä jaksossa esiintyy *Psykon* **Anthony Perkinsin** poika **Osgood Perkins**, joka ohjasi pari vuotta myöhemmin kauhuelokuvan *Longlegs*. Palaamme siihen hiukan tuonnempana.

Emerald jää OJ:n vieraaksi, kun alkaa tapahtua outoja. Yön pimennyttyä ulkona aitauksessa olevat hevoset vauhkoontuvat, ja tätä ilmiötä tutkimaan mennyt OJ havaitsee tuntemattoman, lieriömäisen esineen vilahtavan ylhäällä pilvien seassa. Onko se UFO?

Asia pitää selvittää, joten kaksikko ostaa ranchille valvontakameroita ja sijoittaa ne paikkoihin, joista käsin voi tarkkailla taivasta. Jos he saavat talteen uskottavaa videomateriaalia, ehkä sillä pääsee jopa **Oprah Winfreyn** talk show'hun haastatelluksi ja sitä kautta edelleen vauraaksi ja kuuluisaksi. Kaksikkoa tulee avustamaan kamerat heille elektroniikkaliikkeessä myynyt Angel (**Brandon Perea**) sekä ammattimainen elokuvaaja Antlers Holst (**Michael Wincott**).

Spoilerien välttämiseksi en nyt voi kertoa mistä ufomaisessa ilmiössä on kyse, mutta jännittävänä alkanut elokuva alkaa loppua kohden menettää hiukan jännitettään ja yltää lopulta seitsemään pisteeseen vain rimaa hipoen. Peele tekee mielestäni virheen ryhtymällä näyttämään tuntematonta lentävää esinettä liikaa, jolloin siihen liittyvän mysteerin kiehtovuus laimenee.

Yhden upean hiuksia nostattavan kauhukohtauksen Peele saa aikaan tilanteessa, jossa OJ liikkuu tallirakennuksen sisällä tietämättä naapurin (**Steven Yuen**) lasten olevan myös siellä. Petyin hiukan siihen, ettei elokuvan nimi osoittautunut lyhenteeksi termistä *Not Of Planet Earth* kuten oletin, sen sijaan yksi jos toinenkin henkilöhahmo lausui eri tilanteissa kieltosanan *nope*.

Katsomani saksalainen 4K UHD muistuttaa laadultaan paljon piakkoin läpikäytävää *Longlegsiä*. Se on terävyyden puolesta aivan täydellinen, mutta oudon himmeä ja valovoimaton. *Longlegs* on vielä himmeämpi, mutta myös *Nope* jättää parantamisen varaa.

SCREAM VI
USA 2023
Ohjaus: Matt Bettinelli-Olpin,
Tyler Gillett
Pääosissa: Melissa Barrera,
Jenna Ortega, Courteney Cox
Katsottu: 11.6.2024
Formaatti: 4K Ultra HD

5

Scream -sarjan kuudes osa jättää Woodsboron taakseen ja siirtyy New Yorkiin, jossa sijaitsevaan collegeen Tara (Jenna Ortega) on nyt lähtenyt opiskelemaan. Eipä siis ihme, että alussa nähdään tv:n ruudulta otteita *Friday the 13th* -sarjan kahdeksannesta osasta *Jason Takes Manhattan* (1989).

Isosisko Sam (Melissa Barrera) on joutunut ilkeiden nettihuhujen johdosta edellisen osan murhasarjan pääepäillyksi, mikä tuottaa New Yorkissa harmillisia tilanteita. Hän on silti seurannut nuorempaa siskoaan suurkaupunkiin ja suhtautuu tähän ehkä hieman ylisuojelevasti. Tara ei varsin ymmärrettävästi katso aina hyvällä siskonsa päällepäsmäröivää toimintaa.

Taralla on uuden paikkakunnan ansiosta myös uusia kämppä- ja muitakin kavereita. Myös vanhoja, edellisestä osasta hengissä selvinneitä hahmoja on seurannut mukana tähän osaan. Kun ghostface-murhat jälleen alkavat, epäiltyjä on siten riittävästi.

Scream VI:n ovat ohjanneet samat *Ready or Not:in* ohjaajat kuin edellisenkin osan. He käynnistävät tämänkertaiset murhakarkelot tappamalla tuon elokuvan pääosassa nähdyn ihastuttavan **Samara Weavingin** näyttelemän deittailijan.

Siitä en kovasti tykännyt, mutta jokunen muu murhakohtaus on tässä elokuvassa todella iskevä. Niistä etenkin elokuvan alkupuolella, ahtaassa pienessä kioskissa tapahtuva verinen kamppailu on suorastaan aplodien arvoinen. Elokuvasarjan vanhoista konkareista vaivautuu tällä kertaa mukaan vain Gale (Courteney Cox), joka myöskin saa murhaajan peräänsä yhdessä vaiheessa.

Scream VI ei ole varsinaisesti huono elokuva, mutta sen formaatti on nyt nähty niin moneen kertaan, että siitä alkaa olla jo aika vaikea innostua. Näin siitäkin huolimatta, että tekijät kyllä selvästi pyrkivät kehittelemään jotakin uutta muutenkin kuin paikkakuntaa vaihtamalla. Yli kahden tunnin pituus tuntuu sekin hieman uuvuttavalta.

Katsoin *Scream VI* 4K UHD:n välittömästi tuon edellisen osan perään, joten vertailukohta oli tuoreessa muistissa. Mielestäni kuvan laatu parani aivan selvästi kun elokuva vaihtui. Enkä tarkoita sitä, että myöskään *Scream* viitosen kuva olisi ollut mitenkään suttuinen. Kuten jo edellä kirjoitin, se oli varsin hyvä. Mutta *Scream VI* oli jo hyvin lähellä referenssitasoa. Paitsi että se oli aivan täydellisen terävä, se näytti myös valovoimaisemmalta.

LATE NIGHT WITH THE DEVIL

USA/Arabiemiraatit/Australia
2023
Ohjaus: Cameron Cairnes,
Colin Cairnes
Pääosissa: David Dastmalchian,
Laura Gordon, Ian Bliss
Katsottu: 3.10.2024
Formaatti: Apple TV (HD)

7

Jo maaliskuussa 2023 ensimmäisen festivaaliesityksensä saanut *Late Night With the Devil* on ilmaantunut laajempaan levitykseen vasta runsasta vuotta myöhemmin. Hyvää kannatti odottaa, sillä kyseessä on varsin omaperäinen riivausaiheinen kauhuelokuva, jossa *Manaaja* kohtaa 1970-luvun amerikkalaisen myöhäisillan talk show'n.

Jack Delroy (**David Dastmalchian**) on talk show -isäntä, jonka ohjelma *Night Owls* nousee suosioon 1970-luvun alussa. Delroy saa solmittua viisivuotisen sopimuksen ison lähetysverkkoyhtiön kanssa, mikä takaa show'n näkymisen maanlaajuisena. Vuonna 1977 tuo sopimus on katkolla eikä tilanne näytä enää hyvältä. Delroy ei ole koskaan yltänyt päävastustajansa Johnny Carsonin katsojalukuihin. On viimeinen hetki tehdä jotakin repäisevää.

Delroy repäisee. Hän ottaa Halloween-illan lähetyksensä teemaksi tuonpuoleisen ja kutsuu jutteluvieraiksi meedion, parapsykologin ja demonin vallassa olevan teinitytön, sekä näiden haastajaksi piinkovan skeptikon. Etenkin tuo demonin vallassa oleva tyttö osoittautuu huonoksi valinnaksi, ja kun tämä totuus tv-kameroiden edessä paljastuu, on liian myöhäistä korjata tilannetta.

Cairnesin ohjaajaveljekset **Cameron** ja **Colin** käyttävät suunnilleen kaikkia mahdollisia kuvasuhteita jossakin kohden elokuvaa, mutta suurimman osan aikaa se on muotoa 4:3 mikä onkin luonnollista. Suurin osa elokuvasta on olevinaan taltiointia kohtalokkaan illan lähetyksestä, ja kuvasuhteenahan telkkareissa oli tuolloin juurikin 4:3. Sekaan on leikattu jaksoja myös mustavalkoisena ja samassa kuvasuhteessa, minkä annetaan ymmärtää olevan ennennäkemätöntä materiaalia show'n kuvauksista.

Late Night With the Devil onnistuu mainiosti saamaan heti alusta alkaen aikaan tunteen siitä, kuin katsoisit oikeasti oikeaa tv-ohjelmaa vuodelta 1977. Tässä auttavat aikakauden tyyliä hienosti toistavat lavastus, puvustus ja kampaukset. Myös näyttelijät ovat mainioita.

Uhkaa lähdetään kasvattamaan juttelemalla ensin vain meedion kanssa, mitä kautta päästään illan pääesiintyjiin. Parapsykologinainen (**Laura Gordon**) kauhistuu ensin ajatusta, että hänen hoidossaan (mitä ihmettä?) olevan tytön riivausoireita esiteltäisiin ohjelmassa koko kansakunnalle, mutta on kuitenkin ylipuhuttavissa, ja tästä pääsemme itse asiaan. Spoilaamisen pelossa en kerro enempää, muuten kuin totean yleisellä tasolla, että meno yltyy aikamoiseksi ja jos tällaista olisi televisiosta 1970-luvulla nähty, olisivat katsojat varmuudella traumatisoituneet.

Omaperäinen aihe, hyvä toteutus, tuttuja kauhuelementtejä poikkeuksellisessa ympäristössä. Apple TV esitti elokuvan perus-HD:nä, mutta kuitenkin siistillä ja laadukkaalla kuvalla.

EVIL DEAD RISE
USA/Irlanti/Uusi Seelanti 2023
Ohjaus: Lee Cronin
Pääosissa: Lily Sullivan, Alyssa Sutherland, Mirabai Pease
Katsottu: 11.12.2023
Formaatti: 4K Ultra HD

6

Evil Dead -sarjan uusin osa *Evil Dead Rise* siirtää tapahtumat syrjäisistä metsämökeistä suurkaupunkiin, mikä kuulosti minusta etukäteen huonolta idealta. Se toimii kuitenkin yllättävän hyvin.

Elokuvan johdantojaksossa tosin ollaan vielä järvenrantamökissä, jossa pahaenteiset tapahtumat huipentuvat todella näyttävästi elokuvan nimen nousuun ruudulle. Käy ilmeiseksi, että ensimmäisenä nähty jakso on kronologisesti sen viimeinen: suurkaupungissa tapahtuva osuus edeltää sitä.

Tutustumme toisistaan vieraantuneisiin siskoksiin. Ellie (**Alyssa Sutherland**) asuu kolmen lapsensa kanssa korkealla kerrostalossa. Hänen luokseen tulee kylään perheen elämästä jo kauemmin erillään elänyt sisko Beth (**Lily Sullivan**).

Maanjäristys paljastaa kerrostalon parkkihallin alla sijaitsevan, siihen asti piilossa pysyneen tilan, jonne on kätketty aiemmista osista tutun kuolleiden kirjan eli Necronomicon Ex Mortisin loitsuja sisältäviä äänilevyjä. Ellien utelias poika (**Morgan Davies**) laittaa levyt tietenkin soimaan, minkä jälkeen demonisirkus on valmis alkamaan.

Evil Dead Rise on kaukana mestariteoksesta, mutta yllättävän toimiva kokonaisuus tutuista aineksista uudessa ympäristössä on saatu aikaan. Etenkin levyn kansikuvassa hymyilevä yksinhuoltajaäiti Ellie on riivattuna todella pirullinen. Perhe jää loukkuun kerrostalon yläkerroksiin, eivätkä satunnaiset naapurien kohtaamiset pääty hyvin.

Epäiltyäni elokuvan laadukkuutta ostin sen kokeeksi omaan hyllyyni vasta kun kotimainen blu-ray oli päätynyt alennuslaariin asti. Sen kuvanlaatu oli todella erinomainen, joten 4K UHD:ksi päivitys ei oikeastaan ollut edes kovin tarpeellinen. Tein kuitenkin sen, kun 4K-levy tuli vastaan edullisella hinnalla. Myös sen kuvanlaatu on luonnollisesti kerrassaan erinomainen. Runsaat pimeäkohtaukset jättävät tosin tuon erinomaisuuden osittain piiloon.

Ohjaaja **Lee Cronin** mainitsi haastattelussa, että elokuvaa varten käytettiin hulppeat 6 500 litraa tekoverta. Tekijöillä on siis ollut mitä roiskuttaa.

•

Nykyelokuvan jokapaikanhöylä Nicolas Cage *(Longlegs)* on professori Paul Matthews, joka elää varsin tavallisen tuntuista elämää vaimonsa Janetin (**Julianne Nicholson**) ja kahden aikuisikää lähestyvän tyttärensä kanssa. Sosiaalisesti hiukan rajoittuneen oloisen miehen elämä mullistuu, kun hänelle täysin tuntemattomat ihmiset alkavat katsoa häntä kiinnostuneina. Hän on alkanut näyttäytyä näiden unissa.

DREAM SCENARIO
USA/Kanada 2023
Ohjaus: Kristoffer Borgli
Pääosissa: Nicolas Cage, Julianne
Nicholson, Dylan Baker
Katsottu: 21.9.2024
Formaatti: Prime Video (HD)

6

Yhtenä **Ari Asterin** *(Hereditary, Midsommar)* mahdollisista projekteista alkunsa saanut *Dream Scenario* tuo mieleen **Charlie Kaufmanin** omintakeiset, monilta osin surrealistiset käsikirjoitukset ja ohjaustyöt. Se on päätynyt lopulta norjalaisen **Kristoffer Borglin** työlistalle. Se edustaa ilman muuta uuden elokuvan persoonallisinta laitaa, mutta sillä on myös omat ongelmansa.

Paulin arkielämä monimutkaistuu jo siksi, että ventovieraat tunnistavat hänet omista unistaan, mutta nämä hankaluudet ovat vielä selätettävissä niin kauan kuin hän esiintyy niissä passiivisena sivustakatsojana.

Kun Paulin ainoalaatuista kykyä ilmaantua ihmisten uniin yritetään kaupallistaa, hän tapaa sievän Mollyn (**Dylan Gelula**), jonka kanssa hän on jo vähällä syyllistyä aviorikokseen. Mutta todellisiin ongelmiin ajaudutaan vasta kun tilanne muuttuu: Paul alkaakin ilmestyä ihmisten painajaisuniin, mikä saa kaikki sekä pelkäämään että ennen kaikkea vihaamaan häntä.

Dream Scenario alkaa ja varsin pitkälle myös jatkuu kiehtovana ajatusleikkinä. Se kuitenkin ajautuu pulmiin loppupuolellaan yrittäessään edelleen takertua ainoaan ideaansa tilanteessa, jossa katsoja alkaa jo odottaa jonkinlaista käännettä. Passiivisen sivustakatsojan muuttuminen painajaisten moottoriksi ei sellaiseksi vielä riitä. Lopputulos ei ole missään nimessä huono, mutta tuntuu kuin elokuva ei saavuttaisi koko potentiaaliaan.

Tosielämästä tutun asetelman elokuva onnistuu välittämään: jos aviomies tekee jotakin "väärin", hän päätyy aina sohvalle nukkumaan pyhää vihaa puhkuvan vaimon vallatessa tällöin parivuoteen. Sellaista se on, se tasa-arvo.

Cage on roolissaan erinomainen, kuten yleensä. **Michael Cera** hauskuuttaa uniin tunkeutumisen kaupallistamista yrittävänä markkinoijahahmona. Sivurooleissa nähdään mm. Dylan Baker *(Happiness)* ja **Krista Bridges** *(Narc,* kts. CineActive 1).

NIGHTWATCH: DEMONS ARE FOREVER
Tanska 2023
Ohjaus: Ole Bornedal
Pääosissa: Fanny Leander Bornedal, Nikolaj Coster-Waldau, Kim Bodnia
Katsottu: 18.9.2024
Formaatti: Prime Video (HD)

6

Tanskalaisen Ole Bornedalin ohjaama *Nattevagten* (1994) on paras koskaan näkemäni pohjoismainen kauhuelokuva. Siitä tehtiin aikoinaan (1998) myös amerikkalainen uusintaversio *Nighwatch* (1997), jonka Bornedal niin ikään ohjasi. Nämä molemmat elokuvat edellä onkin jo käsitelty.

Ne jäivät ysärille ja unohduksiin, etenkin kun erityisesti ensimmäisestä ei ole tullut ymmärrettävillä kielillä saataville DVD:tä parempikuvaista kotivideotallennetta. On vain alkuperäisen elokuvan saksalainen blu-ray, jossa puhutaan tanskaa ja tekstit ovat saksaksi; sekä tanskalainen julkaisu jossa on tekstit ruotsiksi ja norjaksi.

Tuntuikin yllättävältä, että Bornedal teki alkuperäiselle elokuvalle jatko-osan kokonaiset 29 vuotta myöhemmin. Alaotsikolla *Demons Are Forever* valmistunut elokuva sai festivaaliesityksensä lokakuussa ja tuli teattereihin Tanskassa joulukuussa 2023. Vuoden 2024 puolella elokuva lisättiin Prime Videon valikoimiin, josta sen sitten HD-tasoisena katsoin.

Ohjaajan tytär **Fanny Leander Bornedal** (s. 2000) on alkuperäisen elokuvan pääparin Martinin (Nikolaj Coster-Waldau) ja Kalinkan (Sofie Gråbøl) aikuinen tytär Emma. Hän asuu isänsä kanssa kahdestaan sen jälkeen, kun Kalinka on tehnyt itsemurhan hirttäytymällä. Syynä tähän ovat olleet ykkösosan tapahtumien seurauksena hänen mieleensä juurtuneet "demonit". Martin vaikuttaa kärsivän edelleen masennuksesta tapahtuneen takia.

Mitä tekee Emma? Hän yrittää selättää menneisyyden haamut pestautumalla yövartijaksi samalle ruumishuoneelle kuin Martin nuorena miehenä ensimmäisessä elokuvassa. Lisäksi hän päättää kohdata tuon elokuvan sarjamurhaaja Wörmerin (Ulf Pilgaard) hoitolaitoksessa, johon tämä on suljettu.

Sokeutunut Wörmer aktivoituu tämän tilanteen seurauksena. Yliluonnollisilta vaikuttavat tapahtumat että sarjamurhaaminen skalpeerauksineen alkavat uudelleen. Yksi ensimmäisistä uhreista on alkuperäisestä *Nattevagtenista* tuttu Lotte, jota näyttelee tällä kertaa **Vibeke Hastrup**. Tämän kuolema houkuttaa paikalle hänen nuoruuden miesystävänsä Jensin (Kim Bodnia), joka on tällä välin rakentanut itselleen uutta elämää Thaimaassa.

Nightwatch: Demons Are Forever on pätevästi toteutettu, komeasti laajakankaalle kuvattu kauhutrilleri. Se ei koskaan tavoita edeltäjänsä tehoja, mutta sen mysteeri jaksaa silti kiinnostaa osittain siksi, että henkilöhahmot ja heidän taustansa ovat ennestään tuttuja. Lisäksi sen tasoisen mestariteoksen jatko-osa tuntuu muutenkin kuuluvan luokkaan pakkokatsottavat elokuvat.

Prime Videon HD-kuva on hyvää laatua.

•

Godzilla-elokuvia on tehty jo yli 30 kappaletta. Vuoden 2023 *Godzilla Minus One* herätti runsaasti positiivista huomiota fanien keskuudessa ja palkittiin lopulta myös Oscarilla vuoden parhaista visuaalisista erikoistehosteista. Omatkin odotukseni olivat siksi korkealla, kun ryhdyin elokuvaa katsomaan.

Vuosi on 1945 ja toinen maailmansota lähenee loppuaan. Shikishima (**Ryunosuke Kamiki**) on kamikaze-lentäjä, joka ei uskalla

GODZILLA MINUS ONE

Japani 2023
Ohjaus: Takashi Yamazaki
Pääosissa: Minami Hamabe,
Ryunosuke Kamiki, Kagga Jayson
Katsottu: 8.6.2024
Formaatti: Netflix (4K)

4

suorittaa hänelle annettua tehtävää vaan antaa ymmärtää, että hänen lentokoneessaan on vika ja laskeutuu itsemurhalentäjien tukikohtana toimivalle syrjäiselle saarelle.

Shikishiman koneesta ei (kumma kyllä) löydetä mitään vikaa, mutta tämä unohtuu pian kun meren syvyyksistä nousee iso lisko-hirviö Godzilla tekemään tuhoa sotilaiden keskuudessa. Shikishiman pitäisi nyt puolustaa muita ampumalla hirviötä koneensa aseilla, mutta hän ei lopulta saa tehtyä edes sitä.

Shikishima on siis pelkuri ja joutuu koko elokuvan ajan hyvittä-mään sitä. Kun hän palaa Tokioon, se on raunioina. Sattuma ohjaa hänet huolehtimaan sievän Norikon (**Minami Hamabe**) hoivaa-masta pienestä vauvasta, joka ei ole edes tämän oma. Kaksikko tu-tustuu ja päätyy saman katon alle yhteisen lapsen kanssa vaikka ei menekään naimisiin.

Pari vuotta kuluu ja Godzilla paisuu jättiläiseksi Tyynellämerellä tehtyjen ydinkokeiden myötävaikutuksella. Kun lisko lopulta täysin odotetusti hyökkää Tokioon, se on kerrostalojen korkuinen ja saa aikaan valtavaa hävitystä. Miten se saadaan kuriin ja miten Shikishi-ma saa hyvitettyä aiemman pelkuruutensa?

Godzilla Minus One on efektielokuvana todella upea ja ansainnut ilman muuta voittamansa Oscarin. Mutta muilta osin siitä jää todella vähän kotiin kerrottavaa. Elokuva kertoo lähinnä sen saman tarinan kuin suurin osa noista muistakin yli 30 elokuvasta. Ydinkokeet saavat ison liskon tuhoamaan Japania. Jotenkin se pitää pysäyttää.

Tämänkertaiseen versiointiin kehitelty draama ei ole juurikaan sen kummempaa kuin aikaisemmin, lukuun ottamatta ihan loppuun varattua twistiä. Siitä en voi kirjoittaa tähän mitään spoilerien pelossa, mutta olihan typerä lopetus ja samalla ristiriidassa sen kanssa, mitä meille aiemmin näytettiin.

Netflixin 4K-kuvanlaatu oli jälleen kerran upea.

THE BEEKEEPER
USA/Iso-Britannia 2024
Ohjaus: David Ayer
Pääosissa: Jason Statham,
Emmy Raver-Lampman, Josh
Hutcherson
Katsottu: 14.7.2024
Formaatti: Apple TV (4K)

7

Toimintasankarien vanha parta **Jason Statham** se vain jaksaa. **David Ayerin** *(Training Day, Street Kings)* ohjaamassa toimintaelokuvassa *The Beekeeper* hän on väkivaltaisista ja toiminnallisista agenttihommista syrjäiseen yksityisyyteen vetäytynyt Adam Clay, joka joutuu kuten jo premissistä voi arvata palaamaan vielä kerran aktiivihommiin.

Clay on erakoitunut mehiläishoitajaksi, vuokraemäntänään ikääntynyt, mukava musta nainen. Kun tältä huijataan kierolla internethuijauksella hulppeat kaksi miljoonaa dollaria, ei Clay voi jäädä toimettomaksi. Ilkityö on kostettava, etenkin kun nainen tekee rahat menetettyään itsemurhan. Huijariyrityksen toimiston tuhoaminen on yllättävän maltillinen vastaisku, kun Stathamin julma ilme huomioon ottaen olisi voinut luulla hänen haluavan tappaa kaikki.

Asiat eivät kuitenkaan jää tähän. Yrityksellä on mafiakontakteja, joiden kautta Claytä tullaan tappamaan. Tämä ei onnistu, mutta mehiläispesät tuhotaan. Nyt päähenkilömme on todella vittuuntunut. Hän palaa asiaan ja huomaa, että huijarifirman taustoja seuraamalla päädytään kiipeämään yllättävän korkealle yhteiskunnassa.

Ja juuri tällaiseen David Ayer on erikoistunut. Nyt ei olla Los Angelesin kaduilla paljastamassa ylemmän poliisijohdon korruptiota, mutta hyvinkin samalla tavoin hän laittaa Clayn kiipeämään hierarkiassa yhä korkeammalle, kunnes katsojaa alkaa jo huimata. Claytä ei: häntä kiinnostaa vain oikeudenmukaisuus. Ayer tykkää siitä, että saa elokuvissaan paljastaa korkeassa asemassa olevien korruptiota.

The Beekeeper on äärimmäisen epärealistinen, kostohenkinen toimintaelokuva, jonka suuri heikkous ovat sen efektit. Kun Clay alussa räjäyttää huijarifirman toimiston paskaksi, tietokonetehosteen surkeus tuottaa katsojassa suorastaan myötähäpeää. Myöhemmin onnistutaan toisessa samantapaisessa tehosteessa hieman paremmin.

Veriefektien kanssa menee jos mahdollista vielä heikommin. Kun elokuvan sankari on yhden miehen armeija ja käytössä on sekä hengenvaarallisia astaloita että tuliaseita, luulisi edes veren lentävän näyttävästi. Niin ei kuitenkaan käy. Tappo- ja silpomisefektien suhteen ollaan niin varovaisia, että oletin ilman muuta elokuvan olevan Amerikassa PG-13. Näin ei kuitenkaan ollut, vaan sen rating on R, kuten katselun jälkeen yllätyksekseni havaitsin. Kylläpä tuon ratingin rima on nykyään matalalla!

Muuten *The Beekeeperin* suhteen ei ole juurikaan valittamista. Sen tarina on epäuskottavuudestaan huolimatta oikein mukaansatempaava, eikä kelloa tarvitse sen aikana vilkuilla, kuten en tehnytkään. Veteraaninäyttelijä **Jeremy Irons** tekee vakuuttavan sivuroolin ja *The Hunger Games* -sarjasta tuttu **Josh Hutcherson** on mainio niljake. Jos juonen epäuskottavuudet eivät suuremmin haittaa, *The Beekeeper* on oikein suositeltavaa kertakäyttöviihdettä.

•

Luin **Frank Herbertin** romaanin *Dyyni* nuorena miehenä, juuri sopivasti vain vuotta viiva kahta ennen kuin David Lynch *(Blue Velvet)* teki siitä elokuvan (1984). Tuolla versiolla on toki puutteensa, mutta se pysyi kuitenkin varsin uskollisena

DUNE: PART TWO
USA + 7 muuta maata 2024
Ohjaus: Denis Villeneuve
Pääosissa: Timothée Chalamet,
Zendaya, Javier Bardem
Katsottu: 20.10.2024
Formaatti: Max (4K)

4

lähdemateriaalille ja onnistui käymään sen läpi vain vähän päälle
kahdessa tunnissa.

Nykyään sellainen ei tule kyseeseen. Nimekäs ohjaaja **Denis Villeneuve** halusi tehdä elokuvasta todellisen spektaakkelin ja venytti
sen siksi hyvän matkaa päälle viiden tunnin mittaan. Se oli niin ollen
jaettava kahteen osaan. Sittemmin on tullut vielä tieto, että ohjaaja
aikoo tehdä kolmannenkin osan, joka sentään onneksi perustuu
Herbertin kirjasarjan seuraavaan osaan.

Villeneuven *Dyynin* ensimmäinen osa vuodelta 2021 oli todellinen kuoliaaksi ikävystyttäjä pitkäpiimäisine juonenkehittelyineen ja
koomisuuteen asti juhlallisine replikointeineen. Oletin, että toinen
osa olisi samanlainen ja tarkoitukseni olikin skipata se kokonaan,
mutta kun Max-tilaus oli tilapäisesti voimassa enkä muutakaan keksinyt, katsoin sitten toisenkin osan.

En enää muista, nukahtelinko ensimmäisen osan äärellä, mutta
tämän toisen osan äärellä kyllä nukahtelin. Tosin vain ensimmäisten
kolmen vartin aikana, joiden jälkeen otin itseäni niskasta kiinni ja
pysyin sitkeästi hereillä loppuun asti.

Dyyni, osa kaksi jatkaa edelleen kirjasta tuttua tarinaa Atreidesin
suvun perintöprinssi Paulista (**Timothée Chalamet**), joka on muun
perheensä tultua murhatuksi vetäytynyt aavikkoplaneetta Arrakisin
harvempaan asutuille seuduille ja liittoutunut siellä asuvien fremenien kanssa. Hänellä on romanttista säpinää nätin Chanin (**Zendaya**)

kanssa ja tarve iskeä takaisin perheen vanhat asemat vallanneen Harkonnenin suvun edustajia vastaan.

Dyynin toinen osa on täsmälleen yhtä pitkäveteinen kuin ensimmäinenkin ensimmäisten puolentoista tunnin ajan. Sitten tapahtuu jotakin odottamatonta, joka herättää mielenkiinnon. Paljastuu, että Atreidesin suvulla on ollut Arrakis-planeetalla piilotettuna lähemmäs sata ydinkärkeä. Siis mitä vittua?! Enpä muista Frank Herbertin maininneen tällaisesta mitään.

Käänteen syy onkin mitä ilmeisimmin se, että Villeneuve on päättänyt ottaa vähän ennakkoa seuraavasta kirjasta, jota en ole lukenut, mutta joka tiettävästi maalaa Paulista varsin epämieluisan kuvan fanaattisen kultin johtajana. Tähän viittaa myös se, että fremeneistä aletaan puhua uskonnollisina fundamentalisteina, ja sellaisilta he kyllä alkavat kuvissa näyttääkin.

Tapa, jolla Harkonnenien soturipoika Feyd-Rautha kuvataan, on oireellinen ja kertoo paljastavasti 40 vuoden välein tehtyjen filmatisointien eroista. Lynchin Feyd-Rautha oli seksikäs ja puolialaston **Sting**. Villeneuven Feyd-Rautha on valkoiseksi maalattu, kaljuksi sekä päälaelta että kulmakarvoista ajeltu **Austin Butler** *(Elvis)*. Kumpaa panisit mieluummin?

Villeneuven *Dyynit* on ehkä toteutettu isolla budjetilla ja näyttävästi, mutta ne ovat ikävystyttäviä, keinotekoisia ja pompöösejä. Lynchin versio on minulle edelleen se ainoa oikea, vaikka se onkin yksi ohjaajansa heikoimmista elokuvista. Sitä katsoessa ei ollut pelkoa nukahtamisesta, mikä on näissä uusissa versioissa koko ajan merkittävä riski.

Max tarjoili elokuvan erittäin näyttävällä 4K-kuvalla ja Dolby Atmos -ääniraidalla. Kummassakaan ei ollut mitään moitittavaa.

•

Sydney Sweeney otti osaa elokuvan *Immaculate* koekuvauksiin jo vuonna 2014 ollessaan 17-vuotias. Silloin projekti ei lähtenyt lentoon, mutta hän painoi sen mieleensä. Saavutettuaan myöhemmin menestystä toisaalla hän hankki oikeudet käsikirjoitukseen ja organisoi sen tuotantoon. Nähtyäni elokuvan ymmärrän täysin miksi, sillä se sisältää jotakin aivan ainoalaatuista.

Sweeney on neitseellinen Cecilia, joka on kyllästynyt maalliseen

IMMACULATE
USA/Italia 2024
Ohjaus: Michael Mohan
Pääosissa: Sydney Sweeney,
Álvaro Morte, Simona Tabasco
Katsottu: 3.10.2024
Formaatti: Apple TV (4K)

7

elämäänsä Detroitin liepeillä. Hän jättää kaiken taakseen omistaakseen loppuelämänsä hartaudelle, kuuliaisuudelle ja siveydelle Italian maaseudulla sijaitsevassa luostarissa. Katsojalla on pahat aavistukset jo siksi, että johdantojaksossa näimme nuoren nunnan yrittävän yön pimeydessä paeta samasta luostarista ja paon päättyvän verisesti.

Jotakin pahaenteistä paikassa on, vaikka se päivänvalossa näyttää arkiselta. Sisar Ceciliaa opastaa talon tavoille kylmäkiskoinen sisar Isabelle (**Giulia Heathfield di Renzi**). Potentiaaliselta ystävältä puolestaan tuntuu hiukan maallistuneen oloin sisar Gwen (kuvankaunis **Benedetta Porcaroli**). Cecilia ottaa osaa taloin töihin muiden sisarten tavoin, etupäässä hoitaen elämänsä loppusuoralla olevia sisaria ennen kuin nämä siirtyvät taivaan iloihin.

Mutta sitten tapahtuu jotakin täysin odottamatonta. Cecilia alkaa kärsiä aamupahoinvoinnista. Hänen havaitaan olevan raskaana. Miten se on mahdollista, jos hän tuli luostariin neitsyenä eikä ole siellä ollessaan tietenkään ollut miehen kanssa sillä lailla? Ainoa selitys on ihme: Ceciliasta on tulossa äiti neitsyenä, ikään kuin Mariasta legendojen mukaan silloin aikanaan, pari tuhatta vuotta sitten.

Jumalan ihme ei herätä luostarissa pelkkää ihastuksensekaista ällistystä vaan myös kateutta, kun Cecilia saa vapautuksen kaikista muista töistä paitsi raskaudestaan, ja kaikkien pitää peräti nousta seisomaan hänen tullessaan huoneeseen. Raskauden edetessä alkaa kuitenkin tapahtua outoja. Mitä on Cecilian ihmeraskauden takana ja mikä on luostarin pahaenteinen salaisuus?

Immaculate alkaa ja myöskin pitkään jatkuu joka suhteessa keskinkertaisena kauhuelokuvana. Vastaavanlaista kuvastoa on nähty ennenkin, luostarien tavat ovat tuttuja monista muista elokuvista, eikä se että niihin kätkeytyy jotakin salaista ole vielä sinänsä minkäänlainen iso irtiotto lajityypin konventioista. Paul Verhoevenin *Benedetta* (2021) on hyvinkin samantapainen elokuva yleiseltä tunnelmaltaan, paitsi että siinä nunnat ihan oikeasti harjoittivat seksiä ja paljasta pintaa nähdään ylipäänsäkin enemmän.

Mutta sitten se irtiotto lopultakin tulee, elokuvan ollessa jo niin pitkällä ettei siitä voi tässä kertoa enää mitään spoilaamatta. Sanotaan nyt vain ympäripyöreästi, että luostarin paljastuva salaisuus on melkoinen tabuaihe, jollaista en muista käsitellyn kauhuelokuvissa enkä oikein missään muuallakaan.

Kun Cecilian kujanjuoksu vihdoin elokuvan aivan viimeisessä kohtauksessa huipentuu, nähdään kirjaimellisesti niin iskevä loppu, että teki mieli nousta jalkeille taputtamaan. Hämmentävää, että aika korkean profiilin amerikkalaiseen elokuvaan on rakennettu tällainen tabunrikkojainen. Pelkästään sen ansiosta nostin elokuvan pisteet seiskaan, kun siihen saakka olin arponut viitosen ja kuutosen välillä.

Immaculaten 4K-kuva on erittäin skarppi ja laadukas, mutta koska liikutaan enimmäkseen vanhan luostarirakennuksen sisätiloissa, siitä ei saa paljoakaan iloa irti.

•

Vuoden 2024 keväällä puheenaiheeksi noussut **Alex Garlandin** *(Ex Machina, Annihilation)* uutuus *Civil War* on toteutettu 4K Ultra HD -formaattiin aivan uskomattoman laadukkaasti. Tällaisia kaikkien 4K-julkaisujen pitäisi olla! Kuva on selkeä, terävä ja värikylläinen ja ääniraitakin ryskyy ympäri huonetta todella vaikuttavasti. Referenssitason julkaisu.

Lee (**Kirsten Dunst**) on amerikkalainen journalisti; valokuvaaja, joka tekee reportaasinsa työparinsa, toimittaja Joelin (**Wagner Moura**) kanssa. Heidän työympäristönsä on lähitulevaisuuden jakautunut Yhdysvallat. Kalifornian ja Teksasin jättiosavaltiot ovat päättäneet irtautua liittovaltiosta ja muodostaa oman valtiokokonaisuutensa,

CIVIL WAR
USA/Iso-Britannia 2024
Ohjaus: Alex Garland
Pääosissa: Kirsten Dunst,
Wagner Moura, Cailee Spaeny
Katsottu: 24.8.2024
Formaatti: 4K Ultra HD

10

mikä hanke on käynnistänyt verisen sisällissodan. Presidentti (**Nick Offerman**) on päässyt jo kolmannelle virkakaudelleen ja uhoaa voimansa yhdistäneiden kapinallisten osavaltioiden tappiota.

Presidentin ei kuitenkaan uskota kykenevän voittamaan läntistä liittoumaa. Lee ja Joel päättävät lähteä kovalla kiireellä New Yorkista Washingtoniin haastattelemaan tätä niin kauan kuin se on vielä mahdollista. Matkan pituudeksi ilmoitetaan lähes 1 400 kilometriä, mikä johtuu siitä että journalistien on tehtävä pitkä kierros vaarallisimpien alueiden ympäri. Mukaan lähtevät vanhempi kollega Sammy (**Stephen McKinley Henderson**) sekä Joelin kutsumana ja Leen ärsytykseksi nuori Jessie (**Cailee Spaeny**), joka haaveilee sotavalokuvaajan ammatista.

Garland käyttää *Civil Warissa* taitavasti tie-elokuvan formaattia. Reportterien matka on pitkä ja sen varrella kohdataan ja tapahtuu monenlaisia ihmisiä ja asioita. Niistä jotkut ovat vaarattomia ja toiset kuolemanvaarallisia. Nuori Jessie nähdään toistuvasti kameroineen harjoittelemassa tulevaa ammattiaan ja kuten arvata saattaa, lopussa hän saa kameransa tähtäimeen henkeäsalpaavia tapahtumia.

Civil War ei kerro paljoa Yhdysvaltain toisen sisällissodan taustoista. Miten kaksi niin erilaista osavaltiota kuin Kalifornia ja Teksas ovat päätyneet liittolaisiksi kapinoimaan muuta liittovaltiota vastaan? Miten presidentti on päässyt kolmannelle virkakaudelleen? Miksi hän on lakkauttanut FBI:n? Mitkä tapahtumat ovat tarkemmin johtaneet tilanteen eskaloitumiseen? Päähenkilöt varmasti tietävät asioiden laidan, mutta eivät puhu siitä mitään keskenään eikä sitä näytetä takaumina katsojalle.

Civil War näyttää myös sodan sääntöjen muuttuneen kuvaamassaan lähtitulevaisuudessa todella armottomiksi. Näemme useita taisteluja, joista yhdessäkään ei pyritä saamaan vastustajaa antautumaan tai vangiksi. Kaikki sotivat vain ja ainoastaan tappaakseen. Esimerkiksi loppupuolen tilanne, jossa kädet ylhäällä seisova ja neuvotteluyhteyteen pyrkivä nainen ammutaan kylmästi hengiltä, on ilmiselvä murha ja sotarikos.

Lisäksi jo hyvissä ajoin ennen elokuvan varsinaisia loppuselvittelyjä meille kerrotaan, ettei kapinallisten osavaltioidenkaan tavoite ole esimerkiksi syrjäyttää presidenttiä tai edes viedä tätä oikeuden eteen, vaan ainoastaan tappaa tämä. Sekö lopettaa sodan? Sitä kukaan ei mainitse. Tappaminen on *Civil Warin* maailmassa luonteva ja yleensä ainoa ratkaisukeino mihin hyvänsä ongelmaan.

Tie-elokuvaformaatti vetää katsojan mukaansa vaaralliselle matkalle halki sotivan yhteiskunnan, joka saa katsojan pohtimaan myös journalistin työhön liittyviä moraalikysymyksiä. Keneltäkään ei kysytä, voiko sodan uhreja kuvata vaan se on kaikissa tilanteissa mahdollista, teloitukset mukaan lukien. Mitä hurjimpien sotatapahtumien edessä toimittajat ovat edelleen kamerat ja mikrofonit ojossa välittämättä mitään tapahtumien oikeutuksesta tai pelkäksi sivustakatsojaksi jäämisen moraalisesta puolesta.

Civil War on helposti Alex Garlandin paras elokuva, mukaan lukien ne joihin hän on kirjoittanut vain käsikirjoituksen *(Sunshine, 28 Days Later)*. Myös hänen seuraava, tulossa oleva ohjauksensa *Warfare* kuulostaa sota-aiheiselta. Ja jos tuo aihepiiri tuottaa näin loistavia elokuvia, sitä jää odottamaan suurella mielenkiinnolla.

•

Eipä siinä. Kun kerran *The Exorcist* päätettiin ryöstöviljellä uusin elokuvin, niin tehdään sama myös sen aikalaiselle *The Omen*. Ennaltakäsin melko tuntemattomien tekijöiden *The First Omen* muistuttaa monin paikoin edellä käsiteltyä elokuvaa *Immaculate* olematta kuitenkaan yhtä mielenkiintoinen.

Tuon vain runsaat kolme viikkoa aiemmin ensi-iltansa saaneen

THE FIRST OMEN
USA/Italia/Serbia/Kanada 2024
Ohjaus: Arkasha Stevenson
Pääosissa: Nell Tiger Free, Ralph
Ineson, Sonia Braga
Katsottu: 15.10.2024
Formaatti: Disney+ (4K)

3

elokuvan tavoin pääosassa on amerikkainen nainen, joka saapuu Italiaan ryhtyäkseen siellä nunnaksi. *Immaculate* tosin tapahtui nykyajassa, kun taas tässä on vuosi 1971. Margaret (**Nell Tiger Free**) ei ole myöskään harppaamassa suoraan hapanilmeiseen selibaattiin, vaan on ensi alkuun vasta nunnakokelas.

Margaret asuu luostarin sijaan Rooman keskustan tuntumassa ja käy sieltä käsin töissä nunnien ylläpitämässä orpokodissa, jossa tehdään myös aviottomien lasten synnytyksiä. Tämä eroaa selvästi *Immaculaten* luostarista, jossa päinvastoin hoidettiin kuolemaansa odottavia vanhoja nunnia. Tarkoitus on, että Margaret vihittäisiin nunnaksi koeajan päätyttyä.

Tätä työtä tehdessään hän pääsee pikku hiljaa pahaenteisen salaisuuden jäljille, joka sekin muistuttaa etäisesti *Immaculaten* vastaavaa, mutta on tavallaan sen peilikuva. Mysteerin avain on huonosti käyttäytyvä ja siksi kaltoin kohdeltu lapsi Carlita (**Nicole Sorace**), jonka kautta Margaretille alkaa selvitä kauheita asioita.

Kun jo etukäteen tiedetään, että *The First Omen* on *The Omenin* esiosa, lienee helppo arvata mikä tässä kaikessa on päämääränä, mutta se millaista reittiä siihen pyritään on tietysti katsojalta pimennossa. En kerro siitä sen enempää spoilaamisen välttämiseksi, mutta totean kuitenkin että ratkaisuvaiheissa elokuvalle pedataan erittäin nololla tavalla jatko-osaa siltä varalta että se menestyy.

The First Omen on todella laiskaa ja ponnetonta kauhuelokuvaa. En ole oikein varma yritettiinkö katsojaa varsinaisesti pelotella. Ainakaan se ei onnistunut. Muutama äkillisen ääniefektin säestyksellä tapahtunut yllättävä tilanne sitä alkupuolella kokeili, mutta lopulta sekin unohtui ja jäätiin seuraamaan uuvuttavan tylsää juonta, jota on luultavasti vaikea muistaa enää seuraavana päivänä.

Disney+ esitti elokuvan todella upean näköisenä 4K:na. Lisäksi Dolby Atmos -ääniraita oli aivan esimerkillinen. Sääli että nämä tekniset erinomaisuudet menivät melko hukkaan yhdentekevään elokuvaan sijoitettuina.

FURIOSA:
A MAD MAX SAGA
Australia/USA 2024
Ohjaus: George Miller
Pääosissa: Anya Taylor-Joy, Chris
Hemsworth, Tom Burke
Katsottu: 13.10.2024
Formaatti: Max (4K)

4

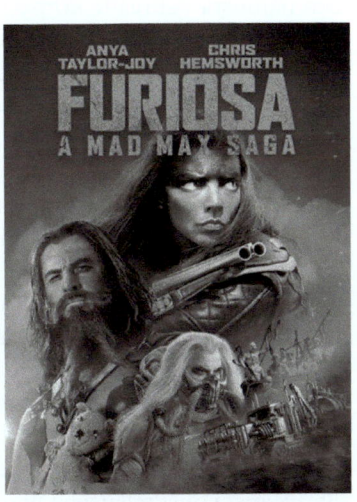

Mad Max -sarjan viidennen osan *Furiosa: A Mad Max Saga* käsikirjoitus on ohjaaja George Millerin mukaan ollut olemassa karkealla tasolla jo ennen kuin neljäs osa *Mad Max: Fury Road* (2015) valmistui. Hänen mukaansa tuossa elokuvassa ensiesiintymisensä tehneen Furiosan (silloin **Charlize Theron**) taustatarina oli tarpeen tuntea ennen kuin hänestä alettiin kertoa ylipäänsä mitään.

Yhdeksän vuotta ylistetyn ja Oscar-palkintojakin voittaneen *Fury Roadin* jälkeen Furiosa saa oman elokuvansa, jossa roolia näyttelee **Anya Taylor-Joy** *(The Witch,* kts. CineActive 1). Tarinan käynnistyessä Furiosa on vielä lapsi (**Alyla Browne**) ja tulee kaapatuksi yhden erämaita hallitsevista joukoista mukaan. Aikuistuttuaan hän päätyy osaksi jatkuvaa kamppailua erämaan eri jengijohtajien välillä, samalla kun hän etsii tietä takaisin vehreään lapsuudenkotiinsa.

Immortan Joe (**Lachy Hulme**) ja tämän johtama Linnoitus ovatkin tuttuja jo *Fury Roadista.* Nyt meille esitellään kaksi muutakin niiden kaltaista taajamaa: Luotifarmi ja Bensakaupunki, joiden kaikkien hallinnasta jengit taistelevat. Uusi henkilöhahmo on **Chris Hemsworthin** sanoinkuvaamattomassa tekonenässä näyttelemä Dementus. Tämä johtaa kilpailevaa jengiä, jonka miehet alun perin sieppaavat Furiosan.

Nimihenkilön kasvettua nuoreksi aikuiseksi tämä haaveilee edelleen paluusta vehreälle kotiseudulleen samaan aikaan kun Immortan Joen ja Dementuksen porukoiden välinen kamppailu ottaa yhä lisää kierroksia. Näemme sarjan upeita toimintakohtauksia, joista etenkin elokuvan puolivälin pitkä ja vauhdikas kamppailu bensarekan ympärillä on kuin komea päivitys *Mad Max 2:n* viimeisestä puolituntisesta.

Millään näistä asioista ei kuitenkaan ole mitään merkitystä. Miller ei saa nostatettua vähäisintäkään kiinnostusta yhtäkään henkilöhahmoa kohtaan. Furiosa oli kiinnostavampi jopa *Fury Roadissa,* vaikka emme vielä silloin tunteneet hänen taustojaan. Dementus on vain hassu karikatyyri. Samoin Furiosan hetken aikaa potentiaalinen romanttisen kiinnostuksen kohde Praetorian Jack (**Tom Burke**).

Furiosa sai heti tuoreeltaan torjuvan vastaanoton. Syyksi tähän epäiltiin silloin naispuolista päätähteä, jota incel-taustaiset uuninpankonpojat eivät voineet sietää, koska tällaisten elokuvien pääosiin sopivat heidän mielestään vain raavaat miehet. Tuskin kyse oli oikeasti siitä. *Furiosa* olisi tällaisena ihan yhtä tylsä elokuva, vaikka nimihenkilön tilalla olisi itse Mad Max. Vauhtia riittää, mutta minkäänlaista aitoa kiinnostusta henkilöhahmoja kohtaan ei saada rakennettua.

Mad Max -sarja ikään kuin kärsii jonkinlaisesta parittomien osien kirouksesta. Alkuperäinen oli hanurista, **Tina Turnerin** tähdittämä kolmonen samoin, ja nyt myös tämä viitonen. *Mad Max 2* sen sijaan on kuolematon klassikko, ja nelososa *Fury Road* samoin. Jos Miller saa vielä rahaa kuutososan tekemiseen, ehkä se on jälleen täysosuma.

Kompensaationa heikosta elokuvallisesta sisällöstä Max tarjoilee elokuvan silmiähivelevän täydellisellä 4K-kuvalla, ja Dolby Atmos -ääniraita on yksi upeimmista mitä olen kuullut aikoihin. Tässä kohden *Max* ei siis ole *Mad.*

THE STRANGERS: CHAPTER 1

USA/Iso-Britannia/Slovenia/
Slovakia/Sveitsi 2024
Ohjaus: Renny Harlin
Pääosissa: Madeleine Petch,
Froy Gutierrez, Ema Horvath
Katsottu: 3.10.2024
Formaatti: Apple TV (4K)

3

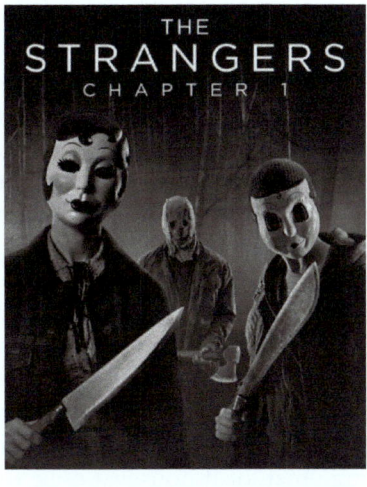

Kahden *The Strangers* -kauhuelokuvan (2008 ja 2018, molemmat käsitelty edellä) jälkeen ei tyydytty pelkästään täydentämään elokuvasarja trilogiaksi vaan lähdettiin tekemään kokonaan uutta trilogiaa. Sen valmistuttua elokuvia pitäisi siis olla koossa jo viisi. Tästä johtuu uutuuden nimen perässä oleva liikanimi *Chapter 1*. Renny Harlin kuvasi kaikki kolme osaa yhdellä kertaa ja niistä ensimmäinen tuli teattereihin toukokuun puolivälissä 2024.

Elokuvan päähenkilöinä nähdään mukavan näköinen nuoripari Maya (**Madeleine Petch**) ja Ryan (**Froy Gutierrez**). He ovat ajaneet autolla pitkän matkan kaukaa idästä läntiseen Oregoniin, jotta Maya pääsee käymään Portlandissa työhaastattelussa. Olisi varmaan kannattanut lentää. Itse kävin läpi viimeisimmät työhaastatteluni Teamsissa ja ne vielä sujuivat oikein hyvin, sain paikan. Mutta täällä siis tehdään näin.

Pariskuntaa kuitenkin nälättää ja vähän väsyttääkin, joten he päättävät pitää tauon 468 asukkaan tuppukylässä nimeltä Venus, josta löytyy pittoreski diner. He pysäköivät uudenkarhealta näyttävän BMW-maasturinsa sen edustalle, ja jostakin kumman syystä se on edelleen kiiltävän puhdas, vaikka dialogissa mainittiin kaksikon olleen tien päällä jo 16 tuntia.

Sitäkin oudompi tilanne syntyy, kun pitäisi lähteä jatkamaan matkaa, eikä uusi maasturi yhtäkkiä suostukaan käynnistymään. Paikallinen autokorjaamo on lähellä, mutta tarvitaan varaosa joka saadaan vasta huomiseksi. On yövyttävä paikkakunnalla. Onneksi lähistöltä löytyy vapaana oleva Airbnb-asunto, joka on iso talo keskellä sankkaa metsää.

Ryanin ja Mayan päästyä vihdoin yöpymispaikalleen ja illan pimennyttyä päästään itse asiaan, kun talon vaiheilla alkaa hiippailla outoa väkeä naamareissaan. Kun kauhistavat tapahtumat alkavat, Ryan on vielä hakemassa kaupungista iltapalaa joten Mayaa saadaan säikytellä yksin. Terrori jatkuu ja pahenee kun Ryan palaa. Elokuva siis noudattelee samaa kuviota kuin alkuperäinenkin.

Siinä olikin oikeastaan kaikki. Henkilöhahmot ja tapahtumaympäristö ovat hieman erilaisia kuin aiemmin, mutta sen jälkeen nähdään vain toisinto etenkin ykkösosan tapahtumista samanlaisena. Rasittavinta Rennyn versiossa on se, ettei se tuo juonikuvioon mitään omaa vaan toistaa jo aiemmin nähtyä sellaisenaan. Voi toki olla, että omat ideat nousevat esille trilogian kahdessa jälkimmäisessä osassa, mutta kuka jaksaa enää niitä katsoa jos jo ensimmäinen tappaa mielenkiinnon aiheeseen?

Oikeastaan ainoa uusi asia, joka itselleni tuli mieleen katsoessa, oli odottamaton sympatia Mayan hahmoa kohtaan. Käsikirjoitus oli jostakin syystä päättänyt rääkätä erityisesti häntä, ja kun Madeleine Petch vielä näytteli naisen pelon, tuskan ja epätoivon aika hyvin, alkoi säälin tunteita nousta pintaan.

Molempien tähän mennessä julkaistujen CineActive -kirjojen huonoimmasta elokuvasta vastaa siis suomalainen ohjaaja! Edelliskerralla **Timo Vuorensola** veti puhtaan ykkösen teoksellaan *Jeepers Creepers: Reborn* (2022).

4K-toteutus oli jälleen laadukas, mutta kun elokuvassa on hyvin suuren osan aikaa pimeää tai ainakin hämärää, ei kuvan terävyys pääse kovin hyvin oikeuksiinsa.

•

Kreikkalainen **Yorgos Lanthimos** on taiteillut ohjaajanurallaan aidon omaperäisyyden ja teennäisen kikkailun välimaastossa. Hänen edellinen ohjauksensa *Poor Things* (2023) sai osakseen paljon huomiota ja palkittiin neljällä Oscarilla mm. parhaasta naispääosasta kuten myös aiempi työ *The Favourite* neljä vuotta aiemmin.

Naispääosapalkinnon *Poor Thingsistä* voittanut **Emma Stone** oli

KINDS OF KINDNESS

USA/Iso-Britannia/Irlanti/
Kreikka 2024
Ohjaus: Yorgos Lanthimos
Pääosissa: Jesse Plemons, Emma
Stone, Willem Dafoe
Katsottu: 3.10.2024
Formaatti: Disney+ (4K)

6

mukana noissa molemmissa elokuvissa ja hänet nähdään myös pika-vauhtia *Poor Thingsin* jälkeen valmistuneessa episodielokuvassa *Kinds of Kindness,* joka sai ensiesityksensä Cannesin elokuvajuhlilla 17. tou-kokuuta 2024. Se ei saanut osakseen yhtä varauksetonta palvontaa ja pääsi pian ikään kuin unohtumaan, ilmestyen Disney+ -palveluun jo alkusyksystä.

Tällaiseen voi olla kaksi syytä: joko elokuva on luokattoman huo-no tai sitten liian outo kiinnostaakseen laajoja yleisöjä. Mahdollisesti molempia yhtä aikaa, vaikka sitä olisi vaikea uskoa Lanthimoksen ta-soisesta ohjaajasta. Nyt elokuvan katsottuani voin väittää, että kyse on jälkimmäisestä. *Kinds of Kindness* ei ole missään nimessä heikko esitys, mutta voin ymmärtää etteivät sen oudot tarinat herätä laajalti kiinnostusta elokuvayleisöissä.

Kinds of Kindness sisältää kolme omalaatuista tarinaa, joista kahden ensimmäisen pituus on likimain 50 minuuttia ja kolmas lähentelee täyttä tuntia. Kokonaispituudeksi tulee 2 tuntia 44 minuuttia, missä on jo sinänsä sulateltavaa lyhytpinnaisemmille.

Kaikkien tarinoiden keskeiset näyttelijät ovat samat: **Jesse Ple-mons** *(Civil War),* Emma Stone, Willem Dafoe *(American Psycho, Affliction),* **Margaret Qualley** *(Once Upon a Time in Hollywood)* ja **Hong Chau** *(The Whale).*

Ensimmäisessä tarinassa Plemons on pidättyväisen oloinen val-kokaulustyöläinen, jonka koko elämää ohjaa pienimpiäkin yksityiskohtia myöten tämän eksentrinen, upporikas pomo (Dafoe). Jos et halua noudattaa määräyksiä pilkulleen, sinut hylätään ja tilalle hankitaan uusi käskytettävä.

Toisessa tarinassa Plemonsin näyttelemä poliisimies saa takaisin kateissa olleen, veneonnettomuudessa jo kuolleeksi luullun vaimonsa (Stone) vain tullakseen vähitellen vakuuttuneeksi siitä, että vaikka nainen näyttää päällisin puolin samalta kuin ennen, hänet on vaihdettu toiseen. Tarina sisältää yhden roisiudessaan ällistyttävimmän seksikohtauksen jonka olen nähnyt vuosiin, ja loppupuolella päädytään pitkälle surrealismin puolelle.

Kolmannessa tarinassa Plemons ja Stone ovat kaksi uskonlahkolaista, jotka ajelevat ympäri Louisianaa (tosielämässä Stonen miehen omistamalla) Dodge Challengerilla etsien naista, jonka uskotaan pystyvän parantamaan kosketuksen voimalla ja jopa herättämään kuolleet. Siinä sivussa Stonen hahmo ratkoo välejään jättämiinsä tyttäreen ja mieheen. Jälleen nähdään yksi aivan uskomaton seksikohtaus ja loppu on aika täräyttävä.

Lanthimoksen tarinat ovat hyvin omalaatuisia käänteitä sisältävää draamaa, jotka ainakin itse koin pikemminkin mielenkiintoisiksi kuin keinotekoisiksi, mutta ymmärrän jos joku muu kokee asian toisin. Shokeeraamisen tarvetta ohjaajalla tuntuu riittävän. Kolmas tarina on kahta ensimmäistä selkeästi heikompi, vaikka on silläkin kyllä hetkensä. Tiivistäminen olisi voinut auttaa.

4K-presentaatio on ensiluokkainen. Jostakin oudosta syystä striimauspalvelujen kuvanlaatu on omassa katsomossankin paljon takuuvarmemmin laadukas kuin levyjen.

•

Psykosta tutun Anthony Perkinsin vanhin poika Osgood Perkins (s. 1974) on ohjannut neljä pitkää elokuvaa, jotka kaikki ovat olleet enemmän tai vähemmän kauhuaiheisia. Miehen kolme ensimmäistä ohjausta vuosilta 2015 – 2020 eivät ole saaneet kovin mairittelevaa palautetta, mutta uusin eli *Longlegs* muotoutui pienimuotoiseksi kauhuhitiksi kesällä 2024.

Minun on harvoin ollut näin vaikea sanoa elokuvan loputtua, oliko se mielestäni hyvä. Perkins tekee niin omituista elokuvaa, että se toimii vieraannuttavana tekijänä. Ympäristöt ovat hämäriä, päähen-

LONGLEGS

USA/Kanada 2024
Ohjaus: Osgood Perkins
Pääosissa: Maika Monroe,
Nicolas Cage, Blaid Underwood
Katsottu: 9.10.2024
Formaatti: 4K Ultra HD

6

kilö puhuu mahdollisimman vähän ja tuijottelee häiriintyneen oloisena. Jopa silloin kun näytetään tämän dialogia poliisiparinsa kanssa molempien istuessa autossa, se tehdään auton ulkopuolelta jolloin emme näe keskustelijoita kunnolla.

Tällainen kikkailu antaa vaikutelman ohjaajasta, joka haluaisi olla uusi David Lynch, mutta joka tähän verrattavien kykyjen puuttuessa antaa itsestään vain pikkuisen nolon vaikutelman.

Mutta sitten taas toisaalta: aivan lopussa elokuva perustelee päähenkilönsä outouden täysin pätevästi, ja se sisältää useita yksittäisiä kohtauksia jotka ovat lähellä mestariluokkaa. Esimerkiksi tapa, jolla Nicolas Cagen hahmon puhetta kuunnellaan näyttämällä vain tämän kasvojen voimakkaasti maskeerattu alaosa, on häiriinnyttävyydessään todella toimiva. Myös muutamat verenroiskeiset kohtaukset on toteutettu upeasti.

Maika Monroe *(It Follows)* on Lee Harker, kolmekymppinen FBI-agentti, joka ei totisesti muistuta Clarice Starlingia vaikka onkin sarjamurhaajan kannoilla. Hän tuijottelee eteensä, ei puhu sosiaalisissa tilanteissa ja vaikuttaa jopa hiukan autistiselta. Hän tutkii kokonaisia perheitä kerralla murhaavan, Longlegsiksi itseään kutsuvan oudon sarjamurhaajan (Cage) tekosia pomonsa agentti Carterin (**Blair Underwood**) kanssa ja ohjauksessa.

Longlegs jättää jälkeensä kryptisiä kirjeitä, joiden sisältö on salakirjoitettu oudoilla symboleilla. Kun Harker onnistuu ratkaisemaan tuon salauksen, viestien takaa paljastuu okkulttisia, saatananpalvontaan viittaavia merkityksiä. Vaikuttaa siltä, että murhaajalla ja Lee Harkerilla on jonkinlainen yhteys, tai että tämä on ainakin jostakin syystä kiinnostunut Leestä.

Nicolas Cagen naamataulusta on tässä elokuvassa tullut melkoinen erikoisefekti. Aivan kummallisen näköiseksi maskeerattu näyttelijä voisi olla hyvin vaikea ylipäänsä tunnistaa, ellei häntä tuntisi äänestä. Monet Longlegsin suuhun kirjoitetuista repliikeistä ovat myös aidosti outoja ja lisäävät hahmon vakuuttavuutta samoin kuin taitava tapa kuvata tämän kasvoja vain osittain.

Longlegs on outo, pimeä tarina myös kirjaimellisesti sillä 4K UHD -kuva on jäänyt pääosin aika hämäräksi. Ehkä kyseessä on tyylikeino, vaikkakin kuvan vähäinen valovoima on kyllä varsin yleinen ongelma muissakin julkaisuissa. Kuvan resoluutio on sen sijaan huikea ja se on täysin häiriötön. Hämäryys poislukien tämä on ilman muuta referenssitason julkaisu.

UNDER PARIS
Ranska 2024
Ohjaus: Xavier Gens
Pääosissa: Bérénice Bejo,
Nassim Lyes, Léa Léviant
Katsottu: 26.6.2024
Formaatti: Netflix (4K)

5

Ranskalaisen extreme-kauhun kulttiklassikon *Frontier(s)* (2007, kts. CineActive 1) ohjaaja **Xavier Gens** pelottelee jälleen, tosin tällä kertaa huomattavasti kiltimmin, laajemmalle yleisölle soveltuvasti.

Kuvankaunis **Bérénice Bejo** *(The Artist)* on pariisilainen haitutkija Sophia, jonka koko työryhmä saa surmansa Tyynellämerellä sattuvassa onnettomuudessa. Kolme vuotta tämän johdannon jälkeen edelleen surumielisen oloinen Sophia on kotikaupungissaan, kun siellä aletaan tehdä outoja havaintoja. Vaikuttaa siltä, että onnetto- muuden aiheuttanut, peräti seitsemän metrin mittaiseksi kasvanut makrillihai, joka on saanut nimekseen Lilith, on seurannut Sophiaa Pariisiin ja uiskentelee nyt Seinen vesissä aiheuttaen haittaa yleiselle turvallisuudelle.

Tuntuu aika uskomattomalta, että hai osaisi seurata tutkijaansa maapallon toiselta puolelta asti. Sophia saa sivustatukea hänen tari- naansa lopulta uskomaan päätyvältä poliisimieheltä (**Nassim Lyes**), mutta Pariisin pormestari ei suostu uskomaan haijuttuihin. Niin etenkin kun Pariisissa on pian alkamassa suuri triathlon-tapahtuma ikään kuin olympialaisten kenraaliharjoituksena. Teräsmieskisan en- simmäinen laji on tietenkin Seinessä uinti.

Under Paris muistuttaa monia kauhuelokuvia siinä, että keskus- henkilö saa ennakkotietoa vaarasta, yrittää vakuuttaa uhasta muut, ja epäonnistuu siinä surkeasti. Sophian pyrkimys on saada hai poistet- tua Pariisin vesiltä, mitä tavoitetta vaikeuttavat myös hänen kolle- gansa kuulumalla elokapinamaiseen kollektiiviin, joka tekee parhaan- sa estääkseen sen. Merkit siitä, että hai on aikeissa lisääntyä, saavat tilanteen näyttämään vieläkin uhkaavammalta, etenkin triathlonin uintiosuutta silmällä pitäen.

Under Paris on suurelle yleisölle suunnattua kevyttä ja pääosin aika kilttiä kauhuviihdettä, jonka henkilödraama on silmiinpistävän puisevaa. Jostakin syystä Bérénice Bejon poikkeuksellinen kauneus yritetään piilottaa leikkaamalla hänen hiuksena lyhyiksi ja pukemalla hänet homssuisen oloisiin, erittäin epänaisellisiin asuihin. Sivuosassa Pariisin poliisipäällikkönä nähdään **Patrick Ligardes**, joka teki aika- naan vaikutuksen *Frontier(s)in* julmana, palavasilmäisenä Karlina.

•

Läntisen Irlannin Galwayssä asuva Mina (**Dakota Fanning**) on hie- man flegmaattisen ja vähän tunteettomankin oloinen nuorehko nai- nen, johtuen ainakin osittain traumatisoivasta lapsuudenkokemuk- sesta. Hänen ollessaan autoilemassa läheisessä metsässä autoon tulee vika ja kun hän lähtee hakemaan apua, hän ei enää löydä lainkaan pois metsästä.

Tällä tavoin Mina päätyy outoon, keskellä metsää sijaitsevaan ra-

THE WATCHERS
Irlanti/USA 2024
Ohjaus: Ishana Shyamalan
Pääosissa: Dakota Fanning,
Georgina Campbell, Olwen
Fouéré
Katsottu: 21.10.2024
Formaatti: Max (4K)

6

kennukseen, jossa on ennestään teoriassa vapaina mutta käytännössä vankeina kolme muuta ihmistä: iäkäs nainen Madeline (**Olwen Fouéré**), nuori kaunotar Ciara (**Georgina Campbell**, *Barbarian)* ja oikukas nuorimies Daniel (**Oliver Finnegan**).

Tämä joukko on jäänyt loukkuun, koska metsässä asuvat hirviöt tekevät heistä selvää jos tavoittavat heidät sieltä pimeän tultua, eikä tarpeeksi lyhyttä reittiä metsän ulkopuolelle ole onnistuttu löytämään. Tarpeeksi lyhyt tarkoittaa tietenkin matkaa, jonka ehtii kulkemaan valoisan aikana.

Rakennuksen sisällä ryhmä on sitä vastoin turvassa myös pimeällä. Sen etuosassa on suuri maisemaikkuna, jonka läpi ilmeisesti jonkinlaisiin suuriin muinaisiin kuuluvat hirviöt haluavat tarkkailla ihmisiä. Ikkunan sisäpinta on peiliä, joten sisältä ei näe ulos mutta ulkoa näkee kyllä sisään. Miten päästä pois tästä loukusta?

The Watchersin premissi ei tuntunut erityisen kiinnostavalta, ja vielä vähemmän se kiinnosti siksi, että Mina oli heti alusta alkaen niin luotaantyöntävä henkilöhahmo. M. Night Shyamalanin tyttären, ohjaaja **Ishana Shyamalanin** ansioksi on kuitenkin pakko lukea se, ettei elokuva juutu kovin pitkäksi aikaa yllä kuvattuun tilanteeseen vaan löytää sarjan mielenkiintoisia käänteitä siitä eteenpäin.

Toisaalta miinuksen puolelle menee se, että jopa minä joka olen todella huono ennakoimaan yllättäviä käänteitä, arvasin hyvissä ajoin Madelineen liittyvän salaisuuden, joka paljastettiin ikään kuin yllätyksenä lopun lähestyessä. Jos minäkin pystyn sen päättelemään, siihen pystynevät useimmat muutkin. Buu!

Streaming-palvelu Max tarjoili elokuvan likipitäen virheettömällä 4K-kuvalla.

| A QUIET PLACE: DAY ONE
USA/Iso-Britannia/Kanada 2024
Ohjaus: Michael Sarnoski
Pääosissa: Lupita Nyong'o,
Joseph Quinn, Djimon Hounsou
Katsottu: 20.9.2024
Formaatti: Apple TV (4K)

4 |  |

Michael Sarnoskin *(Pig)* ohjaama *A Quiet Place: Day One* täydentää elokuvien *A Quiet Place* (2018) ja *A Quiet Place Part II* (2020) aloittaman tarinakokonaisuuden trilogiaksi. Molemmat aiemmat osat oli ohjannut **John Krasinski** ja niiden pääosassa nähtiin hänen vaimonsa, ihana **Emily Blunt**. *Day One* on prequel, eli se kertoo kahden ensimmäisen elokuvan tapahtumiin johtaneista asioista. Ohjaajan lisäksi myös henkilöhahmot ovat siksi täysin uusia.

Etukäteen ajateltuna tämä kuulosti erittäin kiinnostavalta. Kaksi ensimmäistä elokuvaa eivät juurikaan taustoittaneet avaruusolioiden hyökkäystä; sen sijasta siirryttiin suoraan tilanteeseen jossa nämä olivat vallanneet maapallon ja ihmisten tuli olla hiljaa välttääkseen kuulon perusteella etenevien öttiäisten kuolettavat hyökkäykset.

Day One taustoittaa tapahtumia seuraavasti: ilman mitään sen kummempia selityksiä taivas on täynnä maan pinnalle meteorien tavoin putoavia alieneita, sitten alkaa pakokauhu, ja päästään juuri samaan tilanteeseen jossa kahdessa aiemmassa elokuvassakin oltiin. Emme siis oikeastaan opi mitään uutta.

Tarinan keskushenkilö on tällä kertaa syövän terminaalivaiheessa oleva Samira (**Lupita Nyong'o**), joka tuodaan sairasvuoteelta muutamien kohtalotoveriensa kanssa New Yorkin Manhattanille seuraamaan nukketeatteriesitystä. Kainalossaan hän kuljettaa ärsyttävää lemmikkikissaansa, joka tietenkin selviää kaikista koettelemuksista siinä missä useimmat Samiran lähellä olevat ihmiset kuolevat.

Kuulon perusteella etenevien hämähäkkimäisten avaruusolioiden vallattua koko Manhattan saamme tietää uusia asioita. Ne eivät osaa uida! Niinpä ihmiset räjäyttävät tarkoituksella kaikki saarelle johtavat sillat, mikä on toki tavallaan loogista, mutta ihan oikeastiko kaikki avaruudesta tulleet oliot putosivat nimenomaan Manhattanille, eikä näiden aiheuttamaa ongelmaa tunneta muualla?

Aiemmat elokuvat toki jo vahvistivat avaruusolioiden hallitsevan myös maaseutua, mutta tämän elokuvan kontekstissa taistelun rajautuminen pelkästään Manhattanille aiheuttaa hämmennystä. Henkilöhahmojen pakokeinoksi tarjotaan nimittäin ihan oikeasti pelkästään hakeutumista saarelta pois liikennöivälle lautalle. Tähän myös Samira kumppaneineen pyrkii.

Koska mitään sen kummempaa taustoitusta ei ole tarjolla, *Day One* saa katsojan väsähtämään aika nopeasti. Kaikki tämä hiiviskely ja äänien välttely nähtiin jo kahdessa aiemmassa elokuvassa, ja niistäkin jälkimmäisessä se tuntui vanhan toistolta. Asiaa ei auta sekään, että Samiran ja hänen ihmiskumppanikseen valikoituvan Ericin (**Joseph Quinn**) henkilöhahmot jäävät raakileiksi. Samira on syöpäsairas ja sen pitäisi riittää sympatian herättämiseen, mutta ei se riitä jos hahmo jää muuten niin etäiseksi kuin hän tässä jää.

Apple TV:n vuokravideon kuvanlaatu on merkitty 4K:ksi, mutta suurimman osan aikaa se näyttää aika vaatimattomalta jopa perus-HD-asteikolla. Kuitenkin kuva on kieltämättä hetkittäin niin terävä, että kaiketi se oli UHD:nä tallennettu.

•

Ishana Shyamalanin lisäksi myös hänen isänsä M. Night teki uuden elokuvan vuonna 2024. Miehen kaksi edellistä ohjausta *Old* (2021) ja *Knock at the Cabin* (2023) käsiteltiin CineActive 1:ssä ja molemmat todettiin aika hyviksi. *Trap* vaikuttaa kuitenkin siltä, että Shyamalan on lähdössä uppoamaan takaisin keskinkertaisuuden suohon.

TRAP
USA/Kanada 2024
Ohjaus: M. Night Shyamalan
Pääosissa: Josh Hartnett, Ariel
Donoghue, Alison Pill
Katsottu: 25.10.2024
Formaatti: Max (4K)

6

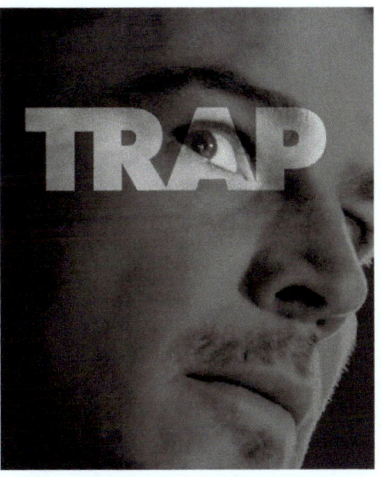

Suunnilleen nelikymppinen perheenisä Cooper (**Josh Hartnett**) on menossa teini-ikäisen tyttärensä Rileyn (**Ariel Donoghue**) kanssa nuorisoidoli Lady Ravenin (**Saleka Shyamalan**) konserttiin. Musiikki on aivan hirveää, mutta teinit hihkuvat innoissaan. Kaikki näyttää olevan siis täysin normaalilla tolalla.

Iso käänne tapahtuu elokuvan alkupuolella, kun Cooper ja Riley menevät tauon aikana ostamaan viimeksi mainitulle t-paitaa. Myyjä lipsauttaa Cooperille shokeeraavan tiedon: koko konsertti on pelkkä ansa. Yleisön joukossa on sarjamurhaaja, josta käytetään nimitystä Teurastaja, ja poliisi on heti konsertin alussa sulkenut kaikki uloskäynnit haluten varmistaa, ettei tämä pääse pakenemaan.

Cooper alkaa käyttäytyä oudosti. Hän poistuu toistuvasti Rileyn seurasta pyrkien etsimään pakoreittiä paikalta. Cooper on selvästikin poliisin etsimä Teurastaja. Ja tämä ei ole mikään spoileri, sillä asia selviää jo elokuvan ensimmäisten 20 minuutin aikana. Nyt kyse on eri asiasta: onnistuuko Cooper pääsemään ulos saartorenkaasta? Ja onnistuuko hän tekemään sen ilman, että Riley oivaltaa mistä on oikeasti kysymys?

Elokuvan premissi on varsin nokkela. Kun yleensä tällaisissa tilanteissa arvuutellaan melkein loppuun asti kuka on syyllinen, nyt syyllinen paljastetaan heti aluksi ja arvuutellaan sen sijaan onnistuuko tämä pakenemaan ja jos kyllä, miten. Ehkä voin vielä sen verran kertoa, että monien vaiheiden jälkeen Cooper onnistuu livahtamaan konserttihallin ulkopuolelle, mutta FBI onnistuu seuraamaan häntä myös sinne, ja tässä kohden elokuva ei edelleenkään ole edes puolivälissä.

Josh Hartnett, joka oli parikymmentä vuotta sitten silloin tehtyjen elokuvien (mm. *Pearl Harbor* ja *Black Hawk Down*) kaunis mutta ei erityisen näyttelytaitoinen poika, on mielenkiintoinen valinta pääosaan. Hän ei varsinaisesti vakuuta sarjamurhaajana: hullun kiilto silmistä puuttuu, mutta toisaalta hän on kyllä uskottava perheenisänä.

Kiinnostavasta lähtöasetelmasta huolimatta *Trap* ei onnistu esittämään katsojalle mitään erityisen säväyttävää. Kahden edellisen, onnistuneemman elokuvan jälkeen se maistuu välityöltä. Lady Ravenia näyttelevä Saleka Shyamalan kasvaa tarinassa epäuskottavan suureen rooliin, ilmeisesti johtuen sukulaissuhteestaan ohjaajaan.

Max ilmoittaa kuvan olevan 4K-tasoinen, mutta pitkän aikaa se näytti perus-HD:ltä. Kauempana kamerasta olevien henkilöhahmojen kasvonpiirteitä ei esimerkiksi erottanut kovinkaan tarkasti. Toisaalta loppupuolen paremmin valaistut kuvat kyllä olivat selvästi 4K-tasoisia. Ehkä striimi ei jostakin syystä päässyt alkupuolella täyteen kaistanleveyteen, tai jotain.

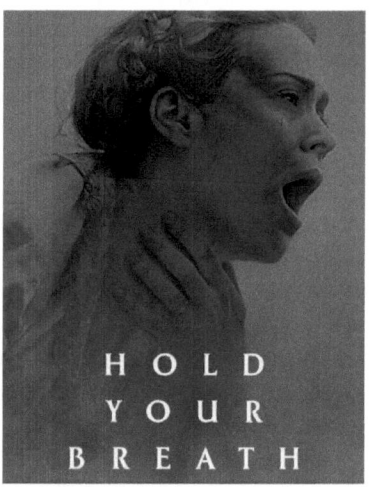

HOLD YOUR BREATH
USA 2024
Ohjaus: Karrie Crouse & Will Joines
Pääosissa: Sarah Paulson, Amiah Miller, Alona Jane Robbins
Katsottu: 29.11.2024
Formaatti: Disney+ (4K)

5

Kauhuelokuvamaisia piirteitä sisältävä psykodraama *Hold Your Breath* oli katselujärjestyksessä aivan viimeinen elokuva, jonka ehti mukaan tähän kirjaan. Joulukuun alusta alkaen katselut menevät CineActive

3:een, joka valmistunee tällä vauhdilla vuoden 2025 loppukeväästä tai alkukesästä. *Hold Your Breath* on varsin uusi: se sai ensiesityksensä Toronton elokuvajuhlilla 12. syyskuuta 2024 ja päätyi sen jälkeen Disney+ -palveluun, jossa se debytoi 3. lokakuuta.

Oklahoma, 1933. Margaret Bellum (**Sarah Paulson**) on maaseudulla asuva perheenäiti, joka on jäänyt yksin huolehtimaan kahdesta tyttärestään sillä aikaa, kun perheen isä on matkoilla etsimässä työtä ja sitä kautta mahdollisuutta aloittaa perheenä parempi elämä toisaalla. Perheen kolmas tytär on kuollut.

Elämä nykyisellä tilalla ei nimittäin ole herkkua. Köyhyys ahdistaa, elanto on kirjaimellisesti kiinni siitä säilyykö navetassa asuva lehmä hengissä, ja kaiken tämän lisäksi seutua piinaavat päiväkausia jatkuvat hiekkamyrskyt.

Vanhempi tytär pelottelee nuorempaa legendoilla Harmaasta miehestä, joka on eräänlainen tämän ajan *boogeyman*. Harmaa mies vaanii ulkona, kykenee tunkeutumaan rakennusten sisälle ja edelleen asukkaiden sisälle hengitysteiden kautta saaden nämä tekemään hirmutekoja.

Perhe uskoo jonkinlaiseen ulkoiseen uhkaan äitiä myöten, joka on tämän tästä haulikko tanassa valmiina puolustautumaan. Legenda näyttää jo osittain toteutuvankin, kun navetasta löytyy ulkopuolinen, mutta tämä ei olekaan Harmaa mies vaan seudulle osunut kiertolainen, joka on ammatiltaan pastori.

Vaikka miehen oudot ilmeet ja puheenparsi vaikuttavat huolettavilta, tämän sallitaan kuitenkin jäädä auttelemaan perhettä; kuitenkin sillä ehdolla, että tämä asuu ja pysyttelee navetan puolella. Mistä mies tuli ja mihin hän pyrkii?

Hold Your Breath vaikutti ennakkoon enemmän kauhuelokuvalta kuin mitä se lopulta on. Pari hyytävää kohtausta se toki sisältää, mutta enimmäkseen se on kohtalaisesti toteutettua psykodraamaa, jossa pulaan jäänyt perheyhteisö vähitellen murtuu paineiden alla. Ulkona koko ajan jatkuva hiekkamyrsky tekee niistä entistäkin vaikeampia kestää, mutta ne olisivat olemassa sitä ilmankin.

Kokonaisuus jää varsin puolivillaiseksi. Se ei säväytä minkään aspektinsa osalta: kauhuelokuvaksi se on aika vaisu, draamaksi liian umpinainen ja epäkiinnostavin hahmoin kansoitettu. Perheen äidin vihjatään kokevan painetta myös harvaan asutun alueen muun yhteisön taholta, mikä näyttäisi konkretisoituvan vaatimuksena uskonnolliseen oikeaoppisuuteen. Tätä puolta olisi ollut mukava nähdä valotettavan hieman tarkemminkin.

Huomaan kyllä olevani aika kriittinen uusia elokuvia kohtaan, kun tämä on jo kymmenes elokuva peräkkäin, joka saa korkeintaan kuusi pistettä tai alle. Eikä seuraavakaan elokuva siitä paranna, ja se on kirjan viimeinen. Ehkä ennen oli tosiaan paremmin.

Disney+ esittää *Hold Your Breathin* laadultaan aivan erinomaisella 4K-kuvalla.

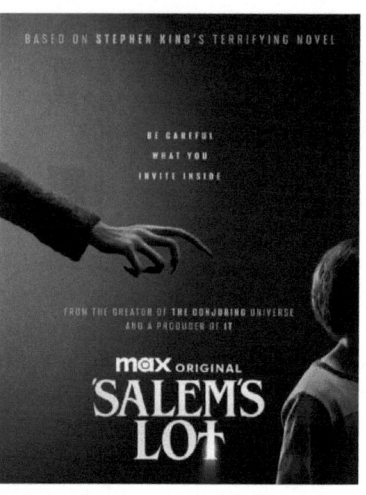

SALEM'S LOT
USA 2024
Ohjaus: Gary Dauberman
Pääosissa: Lewis Pullman,
Makenzie Leigh, Jordan Preston
Carter
Katsottu: 17.10.2024
Formaatti: Max (4K)

5

Stephen Kingin toinen julkaistu romaani debyytti *Carrien* jälkeen oli vampyyritarina *Salem's Lot* (1975). Luin kirjan alkuperäiskielellä joskus 1980-luvun alkupuolella ja muistaakseni vasta sen jälkeen näin vuokravideolta Teksasin moottorisahaaja **Tobe Hooperin** ohjaaman elokuvaksi muotoillun koosteen alun perin kaksiosaisesta minisarjasta.

Vuoden 2024 syksyksi aiheesta tehtiin moderni versio, joka sijoittuu alkuperäisen romaanin julkaisuvuoteen 1975. Se ilmestyi Max-palveluun samana päivänä kuin edellä käsitelty *Hold Your Breath* Disney+:lle, eli 3. lokakuuta 2024.

Tarinan päähenkilö on kirjailija Ben Mears (Lewis Pullman, vain kaksi päivää aiemmin katsomastani ja edellä jo käsitellystä elokuvasta *The Strangers: Prey at Night),* joka on saapunut lapsuutensa maisemiin,

Jerusalem's Lotin pikkukaupunkiin Mainen osavaltiossa tekemään valmistelutyötä seuraavaa kirjaansa varten.

Perillä Ben kiinnittää niin ikään vain tilapäisesti paikkakunnalle tulleen kaunotar Susanin (**Makenzie Leigh**) huomion eikä aikaakaan, kun näistä kahdesta tulee rakastavaisia. Kolmas keskushenkilö on sisukas tummaihoinen Mark (**Jordan Preston Carter**), joka osaa jo 11 vuoden iässä pitää puolensa koulun kiusaajia vastaan, mistä on tietenkin lyhyt matka vampyyrien kukistamiseen.

Ja kyse on tosiaan vampyyreistä, kun pikkukaupungin keskustaan ilmaantuvan antiikkiliikkeen Barlow & Straker äänetön yhtiömies asettuu suljettuun arkkuun pystyen poistumaan sieltä vain pimeällä. Straker *(Game of Thronesin* **Pilou Asbæk**) toimii vampyyri-Barlow'n suojelijana tämän ryhtyessä imemään kaupunkilaisten verta. Imetyksi tulleet muuttuvat vampyyreiksi itsekin, mikä nopeuttaa epidemian leviämistä.

Salem's Lot on kaikin puolin pätevää työtä. Sen haasteita ovat tarinan tuttuus sekä hirviövalinta. Jos joku oikeasti pelästyy elokuvaa, hän lienee katsomassa yhtä ensimmäisistä kauhuelokuvistaan. Niitä enemmän nähneille ei ole tarjolla minkäänlaisia yllätyksiä. Toiseksi, vampyyrien ongelma on, etteivät ne pelota kuin varsin rajallista osaa yleisöstä.

Viimeksi mainittu pulma näkyy selvästi elokuvassakin, kun vampyyrit pelkäävät mitä hyvänsä ristin muotoista esinettä, kunhan se on kiinteästi koottu. Pelkkä kahden esineen risteäminen ei riitä. Kun tällainen kiinteä risti on valmis, se muuttuu vampyyrin ollessa lähistöllä eräänlaiseksi valaisimeksi, jota tämä säikähtää ja säntää kovaa vauhtia karkuun.

Kuka muu kuin hartaasti uskova kristitty pystyy vakuuttumaan tällaisen hirviönkarkottimen toiminnasta? Vampyyrielokuva on tavallaan rajannut muut kuin kristityt siitä yleisöstä, joka uskoo hirviön aitoon uhkaavuuteen, kun taas esimerkiksi ihmissudet, sarjamurhaajat ja zombiet eivät valikoi uhrejaan tällä perusteella, jolloin niillä on myös enemmän valinnan varaa.

Vampyyrielokuvat ovatkin mielestäni aina olleet kauhuelokuvien mitättömämpi alalaji, koska niiden hirviöiden pelko kohdistuu turhanpäiväisiin uskonnollisiin symboleihin. Sama ongelma toki koskee myös joitakin riivauselokuvia tyyliin *Manaaja*.

Max tarjoaa elokuvan moitteettomalla 4K-kuvalla.

•

Tässä oli kaikki tällä kertaa! Aloitimme vuodesta 1968 ja nyt olemme päätyneet vuoden 2024 syksyyn. Viimeksi arvioin, että CineActive 2 olisi valmis vasta alkukesästä 2025, mutta valmista syntyikin jouluksi. Ehkäpä CineActive 3 saadaan sitten juhannukseksi 2025, nelonen jouluksi 2025 ja niin poispäin.

Kiitokset seurasta tällä erää, ja muistakaa katsoa hyviä elokuvia seuraavaa CineActive -kirjaa odotellessa.

HAKEMISTO

Kirjassa käsitellyt elokuvat:

Elokuva	Arvio	Sivu
1922	10	222
Absurd	6	82
Adam	7	201
Affliction	8	161
American Pie	9	173
American Psycho	9	179
Amityville Horror, The	6	56
Anthropophagus	8	69
Armee Gretchen, Eine	8	32
Bad Lieutenant	8	135
Basic Instinct	8	131
Battle Royale	9	182
Beekeeper, The	7	246
Better Tomorrow, A	6	105
Better Tomorrow II, A	8	115
Blue Velvet	9	109
Bound	9	156
Boy, The	7	217
Breakdown	9	160
Brokeback Mountain	10	193
Cannibal Apocalypse	6	67
Carlito's Way	10	141
Civil War	10	251
Cloverfield	10	198
Collateral	10	186
Counselor, The	8	213
Crash	10	154
Dawn of the Dead	10	53
Day of the Dead	8	101
Deliverance	8	18
Don't Go in the Woods	6	86
Dracula: Dead and Loving It	6	151
Dream Scenario	6	241
Driller Killer, The	8	51

Elokuva	Arvio	Sivu
Dune: Part Two	4	247
Edge of Tomorrow	9	214
Election	10	168
Evil Dead, The	9	83
Evil Dead Rise	6	240
Fight for Your Life	8	43
Firm, The	8	138
First Omen, The	3	253
Forest of Fear	7	71
Found	8	211
Fractured	7	227
Friday the 13th, Part 2	5	80
Furiosa: A Mad Max Saga	4	255
Gestapo's Last Orgy	9	41
Girl Traders, The	7	22
Godzilla Minus One	4	244
Green Mile, The	10	175
Halloween	10	48
Halloween III: Season of the Witch	9	91
Happiness	9	167
Hard Boiled	10	133
Hell of the Living Dead	7	75
Hitcher, The	9	103
Hold Your Breath	5	268
House on the Edge of the Park	7	73
I Know What You Did Last Summer	7	163
Immaculate	7	249
In the Line of Fire	8	140
Justine de Sade	7	14
Killer, The	10	119
Kinds of Kindness	6	258
Land of the Dead	8	191
Late Night With the Devil	7	239
Léon	10	146
Longlegs	6	260
Mad Max 2	9	87

Elokuva	Arvio	Sivu
Megan Is Missing	8	208
My Bloody Valentine	7	77
Naboer	9	189
Naked Blood	8	152
Nattevagten	9	142
Night Comes for Us, The	8	225
Night of the Demon	7	61
Night of the Lepus	6	26
Nightmare on Elm Street, A	10	98
Nightwatch	4	158
Nightwatch: Demons Are Forever	6	243
Nikita	8	127
No Way Out	10	112
Nope	7	235
Once Upon a Time in the West	8	13
Passengers	8	221
Possessor	10	231
Prestige, The	10	197
Pulp Fiction	10	144
Quiet Place: Day One, A	4	265
Rabid Grannies	9	117
Red Dawn	10	96
Requiem for a Dream	10	180
Reservoir Dogs	10	130
RoboCop	9	110
Sadness, The	8	233
Salem's Lot	5	270
Santa Sangre	9	121
Scarface	10	95
Scream (2022)	6	234
Scream VI	5	237
Sensuela	7	30
Shining, The	10	65
Signs	7	184
Slumber Party Massacre, The	7	89
Source Code	8	207

Elokuva	Arvio	Sivu
South Park: Bigger, Longer & Uncut	10	170
Squirm	7	37
Starship Troopers	10	165
Strangers, The	8	200
Strangers: Prey at Night, The	7	223
Strangers: Chapter 1, The	3	257
Suburra	9	216
Team America: World Police	8	187
Tenebrae	7	93
Texas Chainsaw Massacre 2, The	8	106
To Die For	8	148
Total Recall	8	128
Trap	6	266
Twelve Monkeys	10	149
Under Paris	5	262
Unforgiven	10	136
United 93	10	195
War Dogs	10	219
Warriors, The	8	50
Watchers, The	6	263
Yeti: Giant of the 20th Century	5	45
Zombi Holocaust	8	62

Bibliografia,
Jukka Halttunen

Julkaistu:

Omituisia rakkaustarinoita	(2020)
Omituisia rakkaustarinoita 2	(2021)
Uusi maailma	(2023)
CineActive 1	(2024)
CineActive 2	(2024)

Tulossa:

CineActive 3
Omituisia rakkaustarinoita 3